U0725909

三聯學術

的命脉所系。19 世纪的古典学科建制，只不过是这的结果。随着现代研究性大学和学科规范的确立，一谨的古典学学科应运而生。但我们必须看到，西方典学学科的真正基础，乃在于古典教育在中学的普别是拉丁语和古希腊语曾长期为欧洲中学必修，才可学古典学的高深研究源源不断地提供人才。

世纪古典学的发展不仅在德国而且在整个欧洲都带的一轮文明思考。例如，梅因的《古代法》、巴霍芬权论》、古朗士的《古代城邦》等，都是从古典文明发，在哲学、文献、法学、政治学、历史学、社会类学等领域带来了革命性的影响。尼采的思考也正是流的产物。20 世纪以来弗洛伊德、海德格尔、施特福柯等人的思想，无不与他们对古典文明的再思考有20 世纪末西方的道德思考重新返回亚里士多德与古伦理学，更显示古典文明始终是现代西方人思考其自的源头。可以说，现代西方文明的每一次自我修正，开对古典文明的深入发掘。正是在这个意义上，古典仅仅只是象牙塔中的诸多学科之一而已。

此，中国学界发展古典学的目的，也绝非仅仅只是而学科，更不是以顶礼膜拜的幼稚心态去简单复制一式的古典学科。晚近十余年来“古典学热”的深刻意，中国学者正在克服以往仅从单线发展的现代性来理文明的偏颇，而能日益走向考察西方文明的源头来重古今中西的复杂问题，更重要的是，中国学界现在已

作与不作

早期中国对创新与技艺问题的论辩

〔美〕普鸣 著

杨起予 译　唐鹤语 校

Classics & Civilization

生活·讀書·新知 三联书店

图书在版编目（CIP）数据

作与不作：早期中国对创新与技艺问题的论辩 /（美）普鸣（Michael Puett）著；杨起予译；唐鹤语校. —北京：生活 · 读书 · 新知三联书店，2020.1 （2024.4 重印）
（古典与文明）
ISBN 978 – 7 – 108 – 06592 – 6

Ⅰ. ①作…　Ⅱ. ①普… ②杨… ③唐　Ⅲ. ①先秦哲学 – 研究
Ⅳ. ① B220.5

中国版本图书馆 CIP 数据核字（2019）第 091402 号

THE AMBIVALENCE OF CREATION: DEBATES CONCERNING INNOVATION AND ARTIFICE IN EARLY CHINA by Michael J. Puett published in English by Stanford University Press.

责任编辑　钟　韵
装帧设计　薛　宇
责任印制　董　欢
出版发行　生活 · 讀書 · 新知 三联书店
　　　　　（北京市东城区美术馆东街 22 号 100010）
网　　址　www.sdxjpc.com
图　　字　01-2018-6211
经　　销　新华书店
印　　刷　河北鹏润印刷有限公司
版　　次　2020 年 1 月北京第 1 版
　　　　　2024 年 4 月北京第 3 次印刷
开　　本　880 毫米 × 1092 毫米　1/32　印张 12
字　　数　237 千字
印　　数　08,001 – 10,000 册
定　　价　49.00 元
（印装查询：01064002715；邮购查询：01084010542）

“古典与文明
总 序

甘 阳

古典学不是古董学。古典学
的生长中。进入 21 世纪以来，中
研究的兴趣日增并非偶然，而是
表现。

西方古典学的学科建设，是在
现的。但任何一本写西方古典学历
候才开始写，而是至少从文艺复兴
到希腊化时代乃至古典希腊本身。
方古典学的本质和意义，在于面对
明注入新的活力。中世纪后期和文
重新发现，是西方文明复兴的前奏
共和之于马基雅维利，亚里士多德
霍布斯，希腊科学之于近代科学，都
源。对古代哲学、文学、历史、艺术
的研究，为现代西方文明的思想先驱
他们获得了思考的动力。可以说，那
是现代西方文明的土壤。数百年古典

方文明
一过程
门规则
大学古
及，特
能为大

1
动了新
的《母
研究出
学、人
这一清
劳斯、
关。西
典美德
身处坦
都离不
学绝不

为学和
个英礼
义在于
解西方
新思

经超越了“五四”以来全面反传统的心态惯习，正在以最大的敬意重新认识中国文明的古典源头。对中外古典的重视意味着现代中国思想界的逐渐成熟和从容，意味着中国学者已经能够从更纵深的视野思考世界文明。正因为如此，我们在高度重视西方古典学丰厚成果的同时，也要看到西方古典学的局限性和多元性。所谓局限性是指，英美大学的古典学系传统上大多只研究古希腊罗马，而其他古典文明研究例如亚述学、埃及学、波斯学、印度学、汉学以及犹太学等，则都被排除在古典学系以外而被看作所谓东方学等等。这样的学科划分绝非天经地义，因为法国和意大利等的现代古典学就与英美有所不同。例如，著名的西方古典学重镇，韦尔南创立的法国“古代社会比较研究中心”，不仅是古希腊研究的重镇，而且广泛包括埃及学、亚述学、汉学乃至非洲学等各方面专家，在空间上大大突破了古希腊罗马的范围。而意大利的古典学研究，则由于意大利历史的特殊性，往往在时间上不完全限于古希腊罗马的时段，而与中世纪及文艺复兴研究多有关联（即使在英美，由于晚近以来所谓“接受研究”成为古典学的显学，也使得古典学的研究边界越来越超出传统的古希腊罗马时期）。

从长远看，中国古典学的未来发展在空间意识上更应参考法国古典学，不仅要研究古希腊罗马，同样也应包括其他的古典文明传统，如此方能参详比较，对全人类的古典文明有更深刻的认识。而在时间意识上，由于中国自身古典学传统的源远流长，更不宜局限于某个历史时期，而应从中国古典学的固有传统出发确定其内在核心。我们应该看到，古典中国的命运与古典西方的命运截然不同。与古希腊文字和典籍在欧洲被遗忘上千年的文明中断相比较，秦火对古代典籍的摧残并未造成中国古典文明的长期中断。汉代对古代典籍的挖掘与整理，对古代文字与制度的考证和辨识，为新兴的政治社会制度灌注了古典的文明精神，堪称“中国古典学的奠基时代”。以今古文经书以及贾逵、马融、卢植、郑玄、服虔、何休、王肃等人的经注为主干，包括司马迁对古史的整理、刘向父子编辑整理的大量子学和其他文献，奠定了一个有着丰富内涵的中国古典学体系。而今古文之间的争论，不同诠释传统之间的较量，乃至学术与政治之间错综复杂的关系，都是古典学术传统的丰富性和内在张力的体现。没有这样一个古典学传统，我们就无法理解自秦汉至隋唐的辉煌文明。

从晚唐到两宋，无论政治图景、社会结构，还是文化格局，都发生了重大变化，旧有的文化和社会模式已然式微，中国社会面临新的文明危机，于是开启了新的一轮古典学重建。首先以古文运动开端，然后是大量新的经解，随后又有士大夫群体仿照古典的模式建立义田、乡约、祠堂，出现了以《周礼》为蓝本的轰轰烈烈的变法；更有众多大师努力诠释新的义理体系和修身模式，理学一脉逐渐展现出其强大的生命力，最终胜出，成为其后数百年新的文明模式。称之为“中国的第二次古典学时代”，或不为过。这次古典重建与汉代那次虽有诸多不同，但同样离不开对三代经典的重新诠释和整理，其结果是一方面确定了十三经体系，另一方面将“四书”立为新的经典。朱子除了为“四书”做章句之外，还对《周易》《诗经》《仪礼》《楚辞》等先秦文献都做出了新的诠释，开创了一个新的解释传统，并按照这种诠释编辑《家礼》，使这种新的文明理解落实到了社会生活当中。可以看到，宋明之间的文明架构，仍然是建立在对古典思想的重新诠释上。

在明末清初的大变局之后，清代开始了新的古典学重建，或可称为“中国的第三次古典学时代”：无论清初诸遗老，还是乾嘉盛时的各位大师，虽然学问做法未必相同，但都以重新理解三代为目标，以汉宋两大古典学传统的异同为入手点。在辨别真伪、考索音训、追溯典章等各方面，清代都取得了巨大的成就，不仅成为几千年传统学术的一大总结，而且可以说确立了中国古典学研究的基本规范。前代习以为常的望文生义之说，经过清人的梳理之后，已经很难再成为严肃的学术话题；对于清人判为伪书的典籍，诚然有争论的空间，但若提不出强有力的理由，就很难再被随意使用。在这些方面，清代古典学与西方 19 世纪德国古典学的工作性质有惊人的相似之处。清人对《尚书》《周易》《诗经》《三礼》《春秋》等经籍的研究，对《庄子》《墨子》《荀子》《韩非子》《春秋繁露》等书的整理，在文字学、音韵学、版本目录学等方面的成就，都是后人无法绕开的，更何况《四库全书总目提要》成为古代学术的总纲。而民国以后的古典研究，基本是清人工作的延续和发展。

我们不妨说，汉、宋两大古典学传统为中国的古典学研究提供了范例，清人的古典学成就则确立了中国古典学的基本规范。中国今日及今后的古典学研究，自当首先以自觉继承中国“三次古典学时代”的传统和成就为已任，同时汲取现代学术的成果，并与西方古典学等参照比较，以期推陈出新。这里有必要强调，任何把古典学封闭化甚至神秘化的倾向都无助于古典学的发展。古典学固然以“语文学”（philology）的训练为基础，但古典学研究的问题意识、研究路径以及研究方法等，往往并非来自古典学内部而是来自外部，晚近数十年来西方古典学早已被女性主义等各种外部来的学术思想和方法所渗透占领，仅仅是最新的例证而已。历史地看，无论中国还是西方，所谓考据与义理的张力其实是古典学的常态甚至是其内在动力。古典学研究一方面必须以扎实的语文学训练为基础，但另一方面，古典学的发展和新问题的提出总是与时代的大问题相关，总是指向更大的义理问题，指向对古典文明提出新的解释和开展。

中国今日正在走向重建古典学的第四个历史新阶段，中国的文明复兴需要对中国和世界的古典文明做出新的理解和解释。客观地说，这一轮古典学的兴起首先是由引进西方古典学带动的，刘小枫和甘阳教授主编的“经典与解释”丛书在短短十五年间（2000—2015）出版了三百五十余种重要译著，为中国学界了解西方古典学奠定了基础，同时也为发掘中国自身的古典学传统提供了参照。但我们必须看到，自清末民初以来虽然古典学的研究仍有延续，但古典教育则因为全盘反传统的笼罩而几乎全面中断，以致今日中国的古典学基础以及整体人文学术基础都仍然相当薄弱。在西方古典学和其他古典文明研究方面，国内的积累更是薄弱，一切都只是刚刚起步而已。因此，今日推动古典学发展的当务之急，首在大力推动古典教育的发展，只有当整个社会特别是中国大学都自觉地把古典教育作为人格培养和文明复兴的基础，中国的古典学高深研究方能植根于中国文明的土壤之中生生不息茁壮成长。这套“古典与文明”丛书愿与中国的古典教育和古典研究同步成长！

2017 年 6 月 1 日于北京

献给我的父母

目 录

致　谢 vii

本书的前身是笔者向芝加哥大学人类学系提交的博士论文。衷心感谢论文指导委员会的诸位导师：夏含夷（Edward Shaughnessy）教授、余国藩教授、马歇尔·萨林斯（Marshall Sahlins）教授与保罗·弗里德里希（Paul Friedrich）教授。每位导师都以特殊、独一无二的方式助益于我。夏含夷教授给了我宝贵的学术训练，引人严谨地阅读早期中国文献，同时帮助我坚定了自己的一个基本信念：细读文本和更广阔的关怀之间并无冲突。余国藩教授则在两个方面起了关键作用：他不但帮助我去归纳中国与早期希腊比较研究中的特定议题，也从总体上展示了以国际视野治学的重要性。我着手研究文化，颇受到马歇尔·萨林斯教授助益及影响，我的研究受益于其作品之处俯拾皆是。保罗·弗里德里希教授则强调架构研究之时，须从具体人物的所行所思入手。总之，得到四位导师的指导，幸莫大焉。长期以来，他们的著作始终是我的灵感源泉。四位先生授我良多，远非本节所能尽言。

此外，1993—1994 年间，我在中国学习，承蒙北京大学李零教授的指点和慷慨招待，我们的交流振奋人心，对此我深表感激。

viii 近来与哈佛大学同事切磋学问，获益无穷。特别感谢包弼德（Peter Bol）、李欧梵、宇文所安（Stephen Owen）、史华慈（Benjamin Schwartz）和杜维明，他们共同营造了研究、教授中国思想的激荡人心的环境。

因几位关键人物指点，本书相较于原稿本身有了长足进步。吉德炜（David Keightley）和一位斯坦福大学出版社的匿名审稿人对本书提出了大量批评建议。在此向二位表示深深感谢。同时，我想对斯坦福大学出版社的编辑团队表达感激与敬意。在本书的出版过程中，海伦·塔塔尔（Helen Tartar）的编辑工作堪为典范，在提高原稿质量上，帕梅拉·霍薇（Pamela MacFarland Holway）和珍妮特·莫厄里（Janet Mowery）实可谓功德无量。

美隆人文学科奖学金、芝加哥大学东亚研究中心提供的论文写作奖助金和国家资金夏季奖助金，为本书的写作提供了慷慨的经济支持。美中学术交流委员会提供了我在北京一年所需费用。对此我深表感激：没有它们的支持，本书绝无可能问世。

本书第二章原名为《自然与人工：战国晚期就创作文化问题的论辩》（“Nature and Artifice：Debates in Late Warring States China Concerning the Creation of Culture”），第三章原名为《圣人、臣下与乱贼：早期中国关于最初创作国家的叙事》（“Sages，Ministers，and Rebels：Narratives from Early China Concerning the Initial Creation of the State”），分别发表

于《哈佛亚洲学报》(*Harvard Journal of Asiatic Studies*)57辑，第2期，1997年12月，第471—518页；58辑，第2期，1998年12月，第425—479页。感谢《哈佛亚洲学报》允许我重新修改、刊布这些章节。

一路走来，由衷感激曾帮助过我的一众好友。需要向太多人道谢，有太多人名需要一一提及，但特别感谢布拉德利·巴斯勒(O. Bradley Bassler)、白牧之和白妙子(Bruce and Taeko Brooks)、周成荫(Eileen Chow)、顾史考(Scott Cook)、齐思敏(Mark Csikszentmihalyi)、金鹏程(Paul Goldin)、何莫邪(Christoph Harbsmeier)、艾文贺(P. J. Ivanhoe)、吕立亭(Tina Lu)、麦安迪(Andrew Meyer)、梅嘉乐(Barbara Mittler)、裴德生(Willard Peterson)、桂思卓(Sarah Queen)、瑞丽(Lisa Raphals)、罗浩(Harold Roth)、田爱竹(Indira Satyendra)、苏源熙(Haun Saussy)、迈克尔·斯科特(Michael Scott)、郭锦(Laura Skosey)、石彬伦(David Spindler)、魏定熙(Tim Weston)和约翰·泽美尔(John Ziemer)。

最后，每一位家人都始终在支持我、鼓励我。为此，我希望向他们表达深切的感激。

普　鸣

译者例言

1. 在对中国古典文献的理解上，作者之英译间或与传统注疏、训释不合。今出“译按”标出作者理解独到之处，如有必要，附白话文“译文”于脚注处。有需要的读者可按图索骥，自行查阅传统训释，观察、判别异同得失。

2. 引文中的通假字、古今字、异体字、讹字，随释文括注出本字、今字、正字。其中通假字、古今字、异体字用（ ）括注，讹字用〔 〕括注。凡残缺但能补定的文字，在补定的文字外加［ ］。□表示缺文。

绪　论

公元前221年，秦王创作（created）[1]了中国历史上首 1
个统一帝国。据汉代史家司马迁记载，秦王自称“始皇帝”，此后立石琅琊附近，辞云：

> 维二十八年，皇帝**作始**。端平法度，万物之纪。……普天之下，抟心揖志。器械一量，同书文字。……匡饬异俗，……功盖五帝。[2]

碑铭称颂始皇一统中国，借法度、规纪与原则为天下创立秩序。然而，这种创制并不仅仅是对往圣秩序的又一次贯彻：在碑铭的赞颂下，始皇以一煌煌作者之身，开辟了全新的历史，功绩超迈五帝这类古圣先贤。

---

〔1〕 译按：在西方语境中，create一词含义极为复杂。至17世纪末期，create一词才普遍指涉一种人为的创造，表达了一种人的力量及自主性。普鸣此处所谈的create及creation（译者依据语境将该词译为“创作”“制造”等），是在这种表示人为创造、造作的意义上讲的。

〔2〕 《史记·秦始皇本纪》，中华书局，卷六，第245页。五帝皆为古圣人，又以黄帝最尊。在战国晚期和汉初，人们以“五帝”统称古代圣人。可究竟黄帝以外的四帝是谁？人们有所争议。

秦亡以后，在汉代人的描述中，这类主张代表了自恣、傲慢。可他们却也接受了一个既定事实：“帝国”实是一新
2 近发明，前所未有。而倘若创作帝国之人实非大圣，这一创新如何合法？除此之外，能否另辟蹊径，赋予新制度合法性？或者，统治者是否应该拒绝帝国这一创造本身，重返往圣所作的制度中去？

汉代前期的人们对帝国制度的合法性聚讼纷纭，这些问题乃是首要问题。然而，这些聚讼脱胎于早期中国的另一场论辩，相较之下，这场论辩远为古老。早至战国时期，一些国家创立了前所未有的制度，人们便开始对这些问题展开争论：以怎样的方式、在什么情况下，才能合法地创制新的制度？然而，讨论很快超越了此类变法是否合法的层面，关于创造、创新的深层问题迅速被推到了风口浪尖：圣人可否创新？在怎样的情况下才可以创新？人类文化（culture）源自何处？它乃是为圣人所作吗？若确为圣人所作，文化乃是一种人工造作，还是在某种意义上基于自然之文理？且有无可能会有新的圣人出世，创作出更好的文化？

本书考察了这场从战国至汉代前期的论辩，梳理其来龙去脉。论辩诸家立场不一，本研究则剖析不同立场之历史影响。笔者的讨论细究了以下几点：诸家就创新问题的论辩如何展开？叙述国家最初的兴起之时，他们笔下的叙事何以相互矛盾？在最初帝国的形成过程中，这些观点、叙事又是以怎样的方式，为意识形态目的所操纵？

笔者希望，本研究能够提出中国历史成型时期的一些新问题。最起码应该深化我们对早期中国哲学和宇宙观的认识，使我们以更复杂的眼光看待这一时期的叙事，厘清早期中国帝国文化的诸多面向。

不仅如此，本书理应被视为一次尝试，去凸显早期中国文明中的另一些议题，如当时人们对人工（artifice）[3]、创作、创新问题的看法。这一工作的意义在于，当今学界不时将早期中国描述为一个预设自然和文化相连续（continuity *3*
between nature and culture）的文明，这一文明否认文化出于人为，认为圣人从不创作，仅仅效法自然世界。然而，本研究的结论之一是，这一预设兴起于早期中国的特定时段，绝非不言自明。直到漫长论辩的末期，人们才普遍承认，人类文化仅是自然世界的一部分，至圣从不创制，而仅仅效法自然世界中的文理。本书并不把这类观念视为早期中国的普遍预设，而意在追问促使这类观念成型的论辩本身，解释何以"连续说"在汉代前期终成主流。

针对这些问题，笔者会从相关二手文献入手，展开研究综述。或有意或无意，相当一批提倡此类"连续说"的文献皆奠基在对中西之别的理解之上：中国强调自然与文化的连续性，西方则强调二者之间的断裂性。追溯学术史，笔者

---

〔3〕 译按："artifice" 词根为 "art"，原指各种技艺、技术。早期之 "art" 指人类技术下之产物，意义远较今日为广，而 nature 指天生、内在本有之物，二者对立。本书往往依据语境，将 "artifice" 一词译为 "技艺" "技术" 或 "人工" "人为"。

试图解释这一分析框架何以长期存在，流衍至今。

对中国文化的分析

对此问题进行研究的学术史，可上溯至17世纪的欧洲。原因不难寻觅：正是在17世纪，早期中国文献的最初译本（至少是节选）被引介至欧洲学界，似乎使许多欧洲思想家为之一震。彼时学者试图重新阐释古希腊和基督教中人与自然分离的观点，借以发展一种文化演进（或退化）的观念。而他们惊讶地发现，大量正统中国文献宣称，文化仅是自然过程的一部分。这一发现使得大批学者把中国放入与古希腊和基督教观点对立的框架中研究。笔者并不打算详细梳理这段知识史，因为这已超出了本书的研究范畴。但提挈其中的一些观点，仍然会对我们有所助益。如下所述，原来包括张光直在内的许多当代学者都认为自己发展了这一传统。

4 早期现代欧洲学者论中国文化

自17世纪晚期起，一些学者开始迷恋中国文明。在他们的想象中，中国人对自然、创作、人工的看法尤为令人神往。这种想象始自早期耶稣会传教士。他们着力于阅读中国经典，以确定中国传统在基督教教义中的位置。

当时，官方持“退化”（degeneration）立场：自流散始，所有的社会皆遗失了对上帝和上帝律法的理解，因此人们需要皈依《圣经》给予的启示。因而，传教士亟须确认中国文化是否保留了人们在流散前已然知晓的真理。虽然在18世纪，教皇的一系列诏书全盘否定了中国礼仪，这种否定在1742年本笃十四世《自从上主圣意》(*Ex quo singulari*)臻于极致，但起码在16世纪晚期至18世纪早期，耶稣会士多半坚信，中国传统中实包含了对上帝律法的理解。下一步任务在于：如何解释这种理解的存在？异说频出，有人主张这种认识源自过往残存；有人以为流散之后，上帝又对中国有所启示。

利玛窦（Matteo Ricci，1552—1610）的观点是最早，也是最为重要的观点之一，他认为，中国人的这些认识源于自然理性。正如古希腊人运用理性，重新学会了人类流散后遗忘的部分真理，中国人同样运用理性充分认识了自然法："同我们的国家一样，从一开始的古代，他们（中国人）就忠实地遵循一种自然法……如果我们仔细阅读文本，会发现很少有异于理性之光的表述，他们合乎理性，其自然哲学不比任何人差。"[4] 虽然中国人明显缺乏启示宗教教育，他们依然发展了先进的自然哲学。

与之相反，法国传教士白晋（Joachim Bouvet，1656—1730）相信，所有古文明都有一位原初的制法者。虽则此制法者在不同文明中称谓不一（中国的伏羲，古埃及和古希腊的赫尔墨斯·特利斯墨吉斯忒斯，希伯来的以诺，波

〔4〕 引自 Gernet，*China and the Christian Impact*，p. 25。

5 斯的琐罗亚斯德），实际上都是同一个人，而此人所传正是上帝的律法。因此，所有的古文明都从造物主那里得到了启示。[5]

但最终，利玛窦的观点影响更广。其间莱布尼茨（Gottfried Wilhelm Leibniz，1646—1716）的著作起了关键作用。学者多据其与白晋就《易经》卦象的长时间通信，认为莱布尼茨与白晋的观点相合。实际上，他的想法更接近时代远较白晋为早的利玛窦。与白晋不同，莱布尼茨将中国文明的产生归因于自然理性，这点很接近利玛窦。然而，此处他比利玛窦走得远得多，以为中国人借重返自然已经克服了堕落（the Fall），也解决了堕落之后与自然的分离问题。诚然，在莱布尼茨看来，正是这种与自然的深厚关系使得中国思想瑕瑜互见：

> 在知识的深奥程度和理论学科方面，我们更胜一筹。我们不仅在逻辑、形而上学以及无形之物的知识方面更为擅长——这些知识完全可以说是在我们的掌控之下，而且相较于中国人，我们更易理解那些用心灵从物质材料中抽象出来的概念，比如数学。若将中国之天文学与我们相较，以上观点确然成立……因此，如果说在工艺上，我们与他们不相上下，在沉思科学上，我们位居前列，然而毫无疑问，他们在实践哲学

〔5〕 Mungello，*Leibniz and Confucianism*，pp. 46–48.

> 上的成就足以使我们汗颜。[6]

西方思维更具抽象能力，源于它与中国文明的不同出发点。中国人从自然中汲取知识，所以在实践哲学上卓有成就；欧洲人从启示中获取知识，因此站在抽象的、概念化的根基之上探索无形世界。“中国人似乎仅以为我们只有‘一只眼睛’，我们还有‘第二只眼睛’，这就是第一哲学（First Philosophy），而中国人对此尚未全然领会。通过这只眼睛，我们甚至可以理解无形之事物。”[7]由此，莱布尼茨得出的结论是，虽然中国人必须皈依基督教，欧洲人也要向中国人学习关于自然的知识：

> 鉴于空前的道德败坏，就我个人看来，我们似乎 *6*
> 需要中国传教士到欧洲，去向我们传授如何应用、实践自然宗教，就像我们带去启示神学，传授给他们一样。而且我相信，我们之所以能赢，是因为一位超人赋予我们礼物，即基督教给我们的神圣馈赠。若非如此，倘若推举一位智者来评判哪个民族最为杰出，而非评判哪个女神最为美貌，他会把手中的金苹果判给中国人。[8]

---

〔6〕 Leibniz，*The Preface to Leibniz' Novissima Sinica*，pp. 68–69.

〔7〕 Ibid.，p. 74.

〔8〕 Ibid.，p. 75.

在18世纪，这类观点影响甚巨。然而，为了更好地厘清这些观念在时代中的位置，概括当时更大的思潮会对我们有所帮助。对此，孔多塞（Antoine-Nicolas de Condorcet）的《人类精神进步史表纲要》（*Sketch for a Historical Picture of the Human Mind*）便是一把进入当时思潮的钥匙。这本书近乎是对此前的启蒙思想的一次总结。与同时代的人一样，孔多塞认为，技术文明（artificial culture）的发展使得科学进步得以可能："（人类）对额外的奢侈品的猎奇刺激了工业发展。这种猎奇心正促使人们贪婪地撕开自然界用以遮蔽自身的面纱。"〔9〕然而，这种技术确实可以促进科学进步，但也导致了道德退化：

> 我们必须正视开化民族的贪婪、残忍、腐败和偏见。对原始民族来说，相比自己，这些开化民族似乎显得更为富裕、强大、开明、活跃；与此同时，他们也更腐败，最重要的是，他们更为不幸。因此，这些原始民族并未为开化民族的优越而惊异，反而对他们需求之泛多，所受贪欲之折磨，欲壑之难填感到恐惧。〔10〕

然而，"从一种社会的原始状态，向一种享受着自由、启蒙国度的文明程度迈进，必然会历经艰难困苦。但这条道路绝

〔9〕 de Condorcet, *Sketch for a Historical Picture of the Human Mind*, p. 32.
〔10〕 Ibid., p. 24.

不意味着人类的衰退，而是人类走向绝对完满进程中的必由之难”。[11] 在这一进程的尽头，人类终将完全回归自然，与之合一。其最高表现是创造出一种“普世语言”，这种语言 7
“或能用符号表达真实事物本身，或能用符号表达定义明确的集合体。这些集合体由简单、通用的观念构成”。[12]

许多研治思想史的学者指出，从许多方面上看，这种历史观重新阐释了古希腊和基督教传统下的神话与历史叙述。18 世纪的思想家强调，欧洲文明脱离了自然世界：西方文化的创始也是人类专断（arbitrariness）的开始，狄德罗所谓“人造的人”（artificial man）自此诞生。[13] 人们相信，唯有如此专断，如此脱离自然，欧洲文明所特有的进步才得以可能：唯有突破自然，才可能如孔多塞所说“撕开自然界用以遮蔽自身的面纱”。然而，突破自然可能让人进步，也可能导致退化——比如，人类已然开始的“专断之专制”（arbitrary despotism）正是退化的具体表现。为了避免退化，人们当然要回到自然法中，却也不能放弃原先突破自然所获得的知识。

在如此背景之下，我们才能开始理解人们视中国为“比较对象”（或者说，中国更常被视为欧洲的“对立面”）的原始动机：中国似乎代表了一种截然不同的对自然的态度。从许多方面看，莱布尼茨对此问题的见解在思想史上承

---

〔11〕 de Condorcet, *Sketch for a Historical Picture of the Human Mind*, p. 24.

〔12〕 Ibid., p. 197.

〔13〕 Diderot, “Supplement to Bougainville’s Voyage,” p. 187.

前启后。与18世纪后期思想家相似，莱布尼茨的构想建立在各个社会对自然的态度之上。可与其后继者不同，莱布尼茨认为，不论中国、西方，堕落已然发生。因此问题在于，不同文明是怎样摆脱了野蛮状态的？是通过理性研究自然，还是通过上帝启示？然而，对18世纪的一些思想家而言，恰恰因为欧洲人脱离自然，开始专断，创造出无法满足的欲望，西方才真正成为西方。相反，从没有人这样定义中国。此外，大多早期耶稣会传教士的观念早已过时，时人不再认为人们遗失了对原初知识的认识，故转而视“停滞”为中国历史的主要特征之一。他们相信，技术之引进带来了欧洲人对进步与退化的焦虑，既然中国从未突破自然，他们对此种
8 焦虑便是闻所未闻。中国没有进步，无法专断，社会一成不变，陷入了它所顺应的自然之泥沼。

然而，与世界其他文明相比，中国文明与自然相合的方式显得独特。中国人不仅与擅长抽象思维的西方人不同，而且与依据自然法生存的原始人也有显著差异。原来，中国已经进步到了对自然法有真正理解的程度，可不知为什么，即便如此，也并未脱离自然。此后，顺着莱布尼茨的思路，一些学者逐渐认为，与西方的成就不同，中国人缺少用技术控制自然的能力，可正因如此，他们更有道德感。

伏尔泰的作品将这类主张推向极致。从学术生涯的相对早期开始，伏尔泰已对此问题抱有兴趣。例如，其早年作品《咏自然规律》(*Poème sur la loi naturelle*)的基础即为自然与启示宗教之别。与莱布尼茨不同，伏尔泰果断地将天平

偏向自然一边。在附于该诗的一则笔记中，伏尔泰赞美孔子的教诲，将之视为自然宗教的典范。[14]1776年，在《简明圣经》（*La Bible enfin expliquée*）中，他深化了这一观点，说："似乎唯有中国人接受了世界的本然……中国人并不像我们拥有启示，他们放弃了创造。"[15]根据伏尔泰的说法，中国之政府依据自然法进行统治，他们依靠父权而非专断命令。他在《风俗论》（*Essai sur les moeurs et l'esprit des nations*，1756）中指出：

> 道德和法律，乃是中国人最为明晓、最精心培育与最臻于完满之处。儿女对父亲的孝敬乃是中国政治之根基所在。父权从未被削弱……文官被视为县和郡之父，而皇帝又是帝国之父。这一观念烙印于他们心中，构成了一个广大的帝国家庭。[16]

然而，与莱布尼茨相似，伏尔泰也以为中国与自然的关系暧昧。原来，在他看来，这种关系同样阻碍了中国的进步发展。在他看来，中国之所以无法进步发展，并非缺乏启
示，而是太过亲近自然。因此，这种亲密关系致使中国文 9
明起步极早，此后却全然止步不前。相反，欧洲远离自然，苦于起步之慢，此后却日进千里。在《风俗论》中，伏尔

---

〔14〕 Voltaire，*Oeuvres complètes*，M. ix. 444.

〔15〕 Ibid.，M. xxx.6.

〔16〕 Ibid.，M. xi. 333.

泰强调：

> 人们或许会纳闷，既然中国人在远古时期已如此先进，何以始终停滞于此限制之上……这一族群与我们迥然不同，似乎自然赐予他们的感官能够轻而易举地发现所需的一切，可正因如此，他们却无法走得更远。与此相反，我们获取知识很晚，却迅速使自身臻于完善。[17]

自然无法满足欧洲人的需求，却给予中国人所需的一切。最终，作为“自然宠儿”[18]的中国人并不如西方一般为需求所驱：“中国地大物博，得天独厚，他们并无必要如我们一般，向地球尽头求索。”[19]

总而言之，启蒙文化的特点是它对理解“机械论”（mechanisms）[20]的兴趣。它既导向欧洲科学的进步，也导向道德退化，致使人进入专断的专制境地；既带领人们撕开自然的面纱，也致使人类与自然法渐行渐远。理解这一点，就

---

〔17〕 Voltaire，*Oeuvres complètes*，M. xi. 332–333.

〔18〕 Ibid.，M. xi. 329.

〔19〕 Ibid.，M. xi. 331.

〔20〕 译按：该词词源为拉丁文之 mechanicus，自 15 世纪起，描述工匠之技艺。至 18 世纪末期，mechanism 一词之出现往往与无神论者、唯物主义者相关联，显示出一种启蒙运动摆脱宇宙秩序统治而自主自为的意识。值得注意的是，mechanic 一词往往与 organic 对立，后者更强调生物或社会的自然生长，也着重事物作为某种整体，彼此互相依赖的关系性。

明白何以在此框架之中，中国占据了如此重要的位置。人们借由中国这一绝佳反例，既得以批评欧洲人以专断为治，又得以赞颂西方与日俱进之力。据称，中国文化始终坚守自然，也正是因此，它从未撕开自然的面纱。对 18 世纪欧洲思想家而言，中国逐渐成为了绝佳的“他者”。

同样，可在 19 世纪的文献中得见大量类似论据。然而在这些文献里，面对停滞的中国，进步的西方常常摆出一副高高在上的姿态。就本书的分析议题而言，黑格尔对中国的理解属于最为耐人寻味的理论架构之一。在其《法哲学原理》（*Philosophy of Right*）的描绘下，中国——实际上是整个“东方王国”，存在于精神自我意识成长的最初阶段（希腊、罗马、日耳曼王国分别存在于其他阶段）。与前人观点相似，黑格尔在此强调东方王国缺乏对自然的抽象，这种缺乏与宗教和文化领域的混沌有关：

> 东方王国的世界观产生于家长统治下的自然社会， 10
> 这种世界观是实体性的，尚未从内部分化。根据这样一种世界观，政府的世俗样式就代表着神权，世俗统治者亦由高级祭司担任；宪法和法律同时即是宗教，而宗教和道德律令（更确切地说——习俗），同时也是自然法和实定法。[21]

〔21〕 Hegel，*Hegel's Philosophy of Right*，p. 220.

中国不存在自然法与实定法之别，也不存在人神之别。

在此节的补释中，黑格尔本人强调东方精神植根于自然，这种根于自然的品质处于国家历史的开端："国家发展历程中的一个时刻表现为一种静止的、实体性的自然心智，这一时刻是任何国家在历史上的绝对出发点。"〔22〕同样的观点，在其对历史哲学的讲演中有所重复：

> 精神尚未取得主体性，在表面上，仍然受到自然限制。外在与内在、法律与道德意识尚未区分——它们仍然是一个未分化的整体——宗教与国家亦然。政体通常就是一个神权政体，神的国家在同等程度亦是世俗国家，反之亦然。〔23〕

中国被描述为一个缺乏外在与内在之别、法律与道德之别、宗教与国家之别的国度。

继而，黑格尔认定中国植根于自然之上，缺乏人性与神圣之别。然而，他在截然不同的背景下讨论这些特点。在此，中国（或者更宽泛地说"东方"）没有被用来扮演一个进化/退化框架中的"他者"，而被转化为国家演化进程中的一个阶段。黑格尔并非视中国为一个可资借鉴的、与西方相比瑕瑜互见的文明，而将其牢牢钉在国家历史的开端、欧

---

〔22〕 Hegel，*Hegel's Philosophy of Right*，p. 220.

〔23〕 Hegel，*Lectures*，p. 112.

洲演化兴起的前夕。

这些观点在黑格尔关于历史哲学演讲的“绪论”部分得到进一步深化，彼处，黑格尔讨论了作为“精神呈现的最
初形式”的东方。[24]他所强调的是东方国家的停滞，这种停 11
滞奠基于一种“缺乏对峙与理想”的家庭宗教。“东方国家无法自我改造，所以它们会始终处于停滞状态。这就是远东的特点，中华帝国尤为典型。”[25]黑格尔继续说道：

> 战斗与冲突要求自我镇静与自我理解，但这一觉醒仍然相对微弱，尚未自觉，植根于自然之中……一切替代僵死之物的创新必然会重新陷入自然之泥淖；人们不能创造进步：所有不停息的运动导向了一种停滞的历史（unhistorical history）。[26]

停滞形成的根由在于，中国缺乏对直接存在（immediate existence）的突破（break）：“中国式精神并非一种再现（representation）。与之相反，它仍然处于直观状态，是一种直接存在。”[27]换言之，中国精神内部缺乏互相竞争的原则，缺乏对立：“它并未同化或克服对立。对立并未从它的

[24] Hegel, *Lectures*, p. 198.

[25] Ibid.

[26] Ibid., p. 199.

[27] Ibid.

内部生发，因而在其外部消亡。”[28]

总而言之，黑格尔认定东方尚未突破自然，缺少神圣与人世之别，缺乏内部冲突与对立，处于历史的静止状态。在黑格尔看来，关键的转折在于希腊人引入了断裂性（discontinuity），至此，历史方才摆脱了这一停滞状态，使历史的开端、对自然的真正理解成为可能。与18世纪思想家们相似，黑格尔所面临的哲学问题在于如何保有人类专断之后所取得的成果，然后再复归自然世界。

贯穿整个19世纪，人们一而再、再而三地讨论这些问题。不过，19世纪后来的思想家们亦聚焦于其他一系列议题，如“东方专制主义”或“亚细亚生产模式”。因为这些观点与本研究的联系较为松散，论点也多为今日之常识，在此毋庸赘述。

关键在于，在比较中国与其他文明时，早期思想家始终假定中国并未突破自然世界。学者们基本认同中国这片土地缺乏“人为”观念，虽然他们的立论方式，甚至论据都主
12 要在参照早期现代欧洲文化，但这一论断至少可以部分溯源自中国文献本身。不仅如此，欧洲思想家借古希腊与基督教文献分析自身文化的工作，亦对中、欧比较颇具影响。当20世纪学者企图对古代中国与早期希腊、基督教进行比较时，同样面临类似的问题。当然，绝大多数现代学者（虽绝非全部）主张，中西之别不仅在于两种文明与自然本身的关

---

〔28〕 Hegel，*Lectures*，p. 201.

系不同，更在于两种文明对自身与自然关系的看法不同。即使如此，今人与前人所面临的问题仍然极为相似。

20 世纪学术史

两类学者试图以一种比较的眼光研究中国，皆代表了一种现代的中国研究进路。第一类包括一些对早期希腊与近东文明有不同深度之了解的汉学家，试图将彼处所见对自然与创作文化的看法与早期中国比较。第二类学者则更为直接地运用了人类学方法去处理类似问题。

第一类学者将犹太教对造物主的看法与早期中国比较，认为中国人强调一种自发的宇宙（spontaneous cosmos），并没有创造的概念。例如，牟复礼（Fredrick Mote）称："中国人……以为世界与人类并非受造而来（uncreated），而是一个自发、自生（self-generating）宇宙的重要组成部分，这一宇宙并无造物主、上帝、终极因或者在自身之外的意志（will external to itself）。"[29]这类学者同时强调，在中国，人类世界被视为自然过程的内在组成部分，换言之，中国并未经历一次堕落。正如杜维明所言："人类是宇宙谦恭的子女……因此人类有机地同岩石、树木与动物互相关联。"[30]

另一些学者则明确将早期中国文明与古希腊作比。他们认为，中国缺乏人类与自然领域的区分，意味着在早期

---

〔29〕 Mote，*Intellectual Foundations of China*，p. 13.
〔30〕 Tu，*Confucian Thought*，p. 43.

中国宇宙论中全无弥漫于希腊思想中的悲剧性张力。如吉
德炜强调中国人与自然之间的“和谐合作”（harmonious
13 collaboration）致使中国文明中“并无神与人、宙斯与普罗米
修斯之间的紧张”。[31]继而，古希腊文学里经常出现的处于
两难抉择中的英雄形象，在古代中国则是缺失的：

> 在早期中国……英雄之为英雄，恰恰因为他们是让人模仿的样板；至少如神话及历史所载，这个讲求道德行为的宇宙从未阻于矛盾。此即《左传》的基本乐观预设——善人当即会得到福报，如晋升、荣誉、地位。宇宙严格遵循因果逻辑，善人繁盛，恶人衰微。[32]

如此，吉德炜说，与希腊世界居于主导地位的悲剧概念相反，中式宇宙论更为“简单明了”[33]。

还有一些学者的立论基础与上文提及的相似，称早期中国叙事缺失了史诗与悲剧。史诗与悲剧在一些文明（如早期希腊文明）中是占主流地位的文体（genres），它们将文化、人为创作视为神圣世界的潜在对立。[34]在谢和耐

---

〔31〕 Keightley, “Early Civilization in China,” p. 32. 同时参 Keightley 的 “Clean Hands and Shining Helmets,” pp. 41–42 中的讨论。

〔32〕 Keightley, “Early Civilization in China,” p. 20.

〔33〕 Ibid.

〔34〕 参譬如 James J. Y. Liu, *The Art of Chinese Poetry*, p. 152: “Epic and tragedy are practically absent in Chinese.” 史诗的问题，参 Jaroslav Prusek,（转下页）

（Jacques Gernet）另一篇比较希腊与中国文明的论文中，他对中国政治思想提出了相似的看法：

> 秩序之由来，既非源于外部强令的干预，又非源于专断权威部门的运作和威力，亦非源于敌对势力妥协而形成的平衡。简言之，秩序不可因专断而起。与耕者无异，君主仅仅鼓励他的作物生长，而绝不干预作物繁育、生长的过程。君主的举措与天的秩序保持一致，又借天的秩序确立自身。秩序的原理仅能在事物本身中发见，内在于世界自身之中。[35]

此处之基本想法，即早期中国政治思想并无“专断”的概念：顺着上文的思路，在中国宇宙论中，文化与自然没有分离。早期中国政治思想的主导倾向完全是自然主义的（naturalistic）。

梅维恒（Victor Mair）将这些观点套在叙事观念上，说 14
西方将世界奠基于创造，印度将世界奠基于幻象；与二者皆异，中国本土的世界观奠基于“真实和实在”之上。[36] 因为中国本土并没有“有意造作”（conscious creation）这一观念，早期中国人在倾向上完全是经验主义和自然主义

（接上页）“History and Epics,” pp. 17–34；又 C. H. Wang, “Towards Defining a Chinese Heroism.”

〔35〕 Gernet with Vernant, “Social History,” p. 77.

〔36〕 Mair, “The Narrative Revolution,” p. 6.

的。对中国人而言，“问题在于领悟、揭示之前已然存在的（preexistent）自然世界的样态”[37]。“在中国精英看来，一切事物皆是真实和实存。事物并非心灵的产物——它们是在经验上、历史上皆可证实的物质构造。”[38]梅氏称，迟至佛教影响中国以后，人们才可在中国发现一种强烈的创造观，因而首次出现了虚构的著作（fictional writings）。

以上所有的论点皆由一个基本观念生发而来：与近东和希腊文明不同，早期中国思想并未假定一种与自然世界的断裂，并未用冲突性的语词去定义人神关系，当然也没有强烈的专断观念。换言之，中国只是从未以创造、断裂的观点看待文化的出现。

笔者下文将提及的另一派观点源自 20 世纪二三十年代的欧洲。这派学者试图比较早期中国与“原始”社会，特别注重如萨满教、图腾崇拜等“人类学”议题。这一运动的领袖包括马伯乐（Henri Maspero）、葛兰言（Marcel Granet）和韩策（Carl Hentze）。其流风遗俗或显或隐地影响了日本、中国台湾及大陆的学者。其间又以赤冢忠和孙作云的著作最为著名。

这两派学术传统为张光直融合为一，他将早期中国社会与其他古代文明置于同一框架比较，这或许是近年来最为广博的一次比较尝试。他试图分析每个文明的基本形态，继

---

〔37〕 Mair，“The Narrative Revolution，” p. 20.

〔38〕 Ibid.，p. 26.

而定义“中国文明属于**连续性**（**continuity**）形态的一种，西方（近东和之后的欧洲）属于**断裂性**（**rupture**）形态的一种”[39]。所谓“断裂性”，指西方文明起源于文化与自然的断裂：“人类越过与动物伙伴所共享的自然世界，来到自己缔造的世界。在新的世界中，他用人工制品将自己包裹起来，这些人工制品使他与动物伙伴隔绝，将他拔高至它们之上。”[40]所谓“连续性”则意味着缺少这种破裂：“人与兽、天与地、文化与自然的连续性。”[41]连续性形态主要基于一种“有机的”（牟复礼语）宇宙论，也奠基于人与自然世界的萨 15
满教关联之上。[42]

在张光直看来，中西文明之根本差异不仅在于其预设的相互对立，更在于它们与早前旧石器时代背景的关系不同：张氏以为，连续性形态是所有“原始”社会的基本形态。西方突破了这一形态，中国则没有。“连续性形态出现在古代中国的独特意义在于，这一真正的文明建立在此形态之上而受其束缚。古代中国文明是一个连续性的文明。”[43]继而，西方文明的兴起使得“人类历史进入了一个新阶段。与我们被自然束缚的野蛮祖先相比，在新的阶段中，技术文明的出现将人类拔高至更高的维度，……［然而］，中国最初

〔39〕 Kwang-chih Chang, “Ancient China,” p. 161.

〔40〕 Ibid., p. 165.

〔41〕 Ibid.

〔42〕 Ibid., pp. 161-164. 张光直在其《美术、神话与祭祀》（*Art, Myth, and Ritual*）中详细阐发了其关于萨满教的论点。

〔43〕 Ibid., p. 162.

的文明社会接续了他们原始、野蛮祖先的许多重要特征”[44]。与早先阶段人性的连续性是中国、玛雅文明的共同特征，西方则全然突破了这一连续性：“在这一广大文化连续体的束缚中（我称之为‘玛雅—中国连续体’，此连续体的形成可回溯至玛雅或中国之前，远比它们更早），欧洲文明及其近东先人取得了重大突破。”[45]

大体言之，张氏汲取牟复礼、杜维明等的“汉学”主张，假定中国思想缺乏自然与文化之别，再结合其他学者关于早期中国与诸原始社会的“人类学”比较，形成了自己的基本思路。[46]张氏以为，这种“有机的”宇宙论由萨满教的原始形态脱胎而来。此说又支持了张氏的另一论断，这一论断与上述渊源已久的观念直接相关：与西方“突破自然”的特质不同，中国有一条自己的发展“形态”。张氏如此解读这一传统：“然而，对那些受马克思、恩格斯、韦伯、柴尔德或其他关于社会演进、城市化和国家社会兴起理论训练的社会科学家而言，通向文明的中国道路似乎是一次反常——我们习惯称之为‘亚洲式’反常。之所以称其为反常，恰恰是因为它承继了先祖之业，向前行进了如此距离。”[47]

---

〔44〕 Kwang-chih Chang, *The Archaeology of Ancient China*, pp. 418–419.

〔45〕 Ibid., p. 421.

〔46〕 Kwang-chih Chang, “Ancient China,” pp. 161–162.

〔47〕 Ibid., p. 165.

何以如此之多学者都强调中国思想缺乏自然与文化之别，缺乏“创作”观念？这点不难理解。许多战国与汉代前期的文献皆有同于这类思路的表述。譬如，这些文献明确反对人为创新，其间最常为人称引者，当属孔子“述而不作”[48]和司马迁称其志业所谓“述故事，整齐其世传，非所谓作也”[49]。

我们还可发现，人们在很久以前已然认为人的作为应与上天在规范上保持一致。约略公元前3世纪中期起，一些作者强化了这一观点，意欲阐明：宇宙是一个生长过程，而在其中，文化乃是这一自然过程之实现。大概在同一时段，相关学说经过发展，将王朝兴衰与自然五行相联系；由此，人类历史的展开被收摄于自然的循环运动之中。

最后，中国文献以道德说解历史的特点也证明了中国文明与自然的相合。《尚书》文本形成时间很早，那时人们便或多或少地认为上天会惩恶扬善。及至公元前3世纪中期，一些文献将这一解释与上述宇宙论推想相结合，用以展示人类历史、自然循环与道德之间的相互关系。

一并观之，这些文献确然呈现了一种自发的、道德化的宇宙图景，其中自然与文化相互连续的观点，似乎让中国

[48]《论语·述而》,《四部备要》版。

[49]《史记·太史公自序》，卷一三〇，第3299—3300页。

文明摆脱了众多古希腊文献中一再上演的悲剧性矛盾。正是这些观点生发出上述大部分学术史。

然而，若能够更加注重将这些文献置于论辩背景下考察，可能会揭示出在早期中国，实有大量关涉诸如自然与文化关系的论辩。这样说不仅意在表明，我们可以在上述对“中国文化”的种种概括之外找到某些例外。例外显然存在，笔者确信上文提到的所有学者都会对此直认不讳；他们仅仅主张，早期中国与早期希腊的“主导预设”（dominant
17 assumptions）不同。然而，笔者认为，这类观点绝不应该被理解为“主导预设”：恰恰相反，它们产生于一场更大的论辩之中，为人有意建构，用以反驳他说。借由关注这一时期的论辩本身，我们应该可以不再汲汲于去利用这些明显出于建构的主张，以寻觅所论文化背后之“预设”，转而尝试去理解思想家所努力解决的历史张力（historical tensions）：彼时所提出的种种主张，恰恰是他们绞尽脑汁，意欲解决时代张力之结果。

问题的关键在于方法论：我们应该如何解读上述“人类文化是自然的一部分”这类观念呢？当分析者面对这一观念，他有许多办法将之置于时代背景之中。笔者以为，最蹩脚的办法之一，便是将此观点视为这一时期的既有预设。这一观点的论辩性质极力暗示它绝非一种“预设”，而是一种“主张”（claim）。因而，应该去追问：这种主张为什么得以形成？它在当时又意味着什么？

知之非难，行之不易。原来，对某一问题的明确论述未必意味着这一问题就是引起论辩的主因。比方说，当一个人面对 12 世纪欧洲经院哲学对上帝存在的论证时，笔者看来，他不应该将“上帝是否存在”视为问题的核心：笔者怀疑，这一小撮写下论证的学者从未严肃质疑上帝的存在。真正的问题似乎关乎信仰和理性，或者更确切地说，上帝是否在理性上是必要的，抑或仅仅关乎信仰？因此，面对从一场更大的论辩中产生的表述，分析者必须去追问：何以在当时的背景下，这一主张会应运而生？它又意味着什么？

遵循这种研究思路，我们终会发现：相较于仅由不同
文化内部的寥寥数语勾勒而来的中西比较，这种以阐明观点
背后文化、政治论辩复杂性为第一要务的研究框架更为有
效。笔者并非简单主张更细致地解读手头资料，放弃比较。
实际上，笔者认同将早期中国与其他早期文明进行比较的做
法，认为此举有所裨益。然而，若能避免将注意力放在那些
尚待厘清的文化预设之上，将目光转向理解这些文化内部激 18
发论辩的张力，我们的理解会更为深刻，进行比较的能力也
会有所提升。

做出这一论断之时，有一位学者或许值得一提，而上文仅仅对他一带而过——葛兰言。乍看之下，葛兰言以人类学模型勾连早期中国与“原始”文化，似乎是人类学传统坚定的拥护者。如其他学者所言，葛兰言试图在早期中国寻觅诸如图腾崇拜与夸富宴（potlatch）等现象的踪

迹。[50]然而，他从未断言这些现象存在于譬如青铜时代的中国。与之相反，葛兰言有一套关于中国历史发展阶段的进化论，其论证建立在此进化主张之上。因此，图腾崇拜这类现象被置于王权产生之前的早期时代。与上述所有的观点有异，葛氏将中国的青铜时代视为英雄时代。继而，将早期中国对自然和文化的宇宙论思索视为战国晚期和汉代前期的产物。

葛兰言用以展开这些观点的方法论饱受诟病——这也完全在情理之中。鉴于他在写作之时，史前考古才刚刚起步；又因全未使用任何甲骨、金文等青铜时代一手材料，他试图从战国和汉代的文献中读解出更早的时代现象。下文将略举一例，介绍其方法论的这层面向，也借此引出下文会详加讨论的问题：到底葛兰言对早期中国历史的看法，与此处提及的其他学者有多么大相径庭？

一些中国古典文本记载了王者射天的叙事。譬如，《战国策》记述了一位典型的暴君——宋康王射天之事。随后不久，康王便为人所弑，宋国灭亡。[51]与此类似，《史记》也记载了此前一昏君代表——商王武乙的故事，武乙称一革囊为“天”，以箭射之，亦随即暴卒。[52]在两个叙事的处理中，射天这一行为意味着王者之道德的沦丧，是故昏君

〔50〕 Granet，*Danses et légendes*，pp. 602–606，611–615.

〔51〕《战国策·宋卫策》。

〔52〕《史记·殷本纪》，卷三，第 104 页。

之死便是罪有应得。[53]然而，在葛兰言看来，因为后世意 19
欲以道德的眼光评判某种古代仪式，这类故事才得以形成。在这种古代仪式中，所有王者都必须象征性地射天——唯有展示出自己拥有征服天帝的魄力，才能被承认为真正的王者。[54]显而易见，葛氏此种解读文本方法之失，在于没有独立证据能够证实这类仪式曾经存在：毕竟，这些故事仅仅意在描述恶人之举。

然而，葛氏论证耐人寻味之处在于：它与我们在“绪论”前一部分提及的对早期中国的讨论背道而驰。一些学者将某些特定文本中“文化与自然合一”的表述视为中国古典时期的普遍思想，称此类表述也是早期中国的主流文化取向：中国从未突破自然。葛兰言的论证正好相反。譬如，他在《中国文明》(*La civilisation chinoise*)中勾勒中国社会的兴起之时，以一个崇拜“圣地”的早期田园社会的消遣时光开场。[55]然而，讨论王者的兴起时，他认为王者在从自然中篡夺这种力量：正是在此语境下，他才提出、讨论了射天仪式。因此，与主张中国社会发展从未突破自然的观点相反，葛兰言如此描述王权的兴起：王者开始僭越自然，借此象征

---

〔53〕若能更进一步，可发现故事中的两位君主皆属商人世系（宋国乃为商人后裔所立）。商人崇拜上帝，周人崇拜天。可能作者在此谈商人射周人之天，是在拿这个文化差异做文章。

〔54〕Granet，*La civilisation chinoise*，pp. 223–227.

〔55〕葛氏的这一视角主要取材于《诗经・国风》。对这一论点更完整的讨论可参其早年的《中国古代的节庆与歌谣》(*Fètes et chansons anciennes de la Chine*)。

性地篡取自然力量。

不出所料，葛兰言的观点饱受争议。如杜希德（D. C. Twitchett）认为："与其说葛兰言描绘的世界与传统中国文献相合，不如说与《金枝》（*Golden Bough*）中的世界更为近似。"〔56〕

尽管如此，笔者相信，葛兰言发现了文本中实际存在的张力。葛兰言对射天仪式的具体复原并不可信，他将这一仪式置于中国文明的进化脉络之中的努力亦未必让人信服，但其基本论点却极具洞见：恰如笔者第三章所论，中国文献对王权兴起的表述背后疑义重重。一些早期中国的作者讨论古代国家的起源时（笔者以为，中央集权国家机构的出现激起了时人的关切，引发了这一讨论）认为，国家之兴起带来
20 了文化与自然的断裂。诚然，在早期文本中，葛兰言著作所分析的许多冲突随处可见，其中包括文化与自然之间、君臣之间的张力等。若能够剥离其进化论框架，在分析这些张力的本质之时，葛兰言对解读早期中国叙事的具体建议极为有益。

是故，葛兰言作品的价值在于指明了一种方法，让我们着力发现那些文化表层之下的冲突，少去用力比对不同文化的"基本预设"。冲突产生了论辩，分析之时，应该离析出冲突之所在，厘清那些论辩之来龙去脉。唯有在其他文化中离析出相似的问题，问题内部的张力也相似之时，我们才

〔56〕 D. C. Twitchett 为 Maspero，*China in Antiquity* 写的"序言"，p. xix。

能比较不同文化。笔者相信，这一分析问题的框架足以揭示：早期中国文明远非一个独特的文明，它与其他早期文明面临着类似的问题。因而，同类型的思想、政治论辩既然可在中国发生，也可在别处发生。我们要去分析这些论辩，观察其缘何而起，研究其如此发展的历史影响。

研究架构

在首章之中，笔者简要讨论了晚商至西周作品如何表述创新问题。笔者无意全面探讨这些材料（这本身将是一项完整的研究），而是介绍它们如何处理那些在战国及汉代备受瞩目的议题。这样做的原因在于，一些战国和汉代的作者利用了青铜时代遗留下来的文献（特别是《诗》），借以确立自己对“创作”这一问题的看法。所以，讨论这些材料应该可以提供一些重要背景，有助于理解后世的论辩。

以下四章构成了全书核心。第二章聚焦于战国时期对一些问题的论辩：如，文化为何人所作？这一创作牵涉什么？如此“作”出来的文化，是否仍与自然世界相连？抑或，能否“作”出一套逾越于自然之上的文化？笔者详细追溯了这些论点的发展，说明这些问题为何在这一时期变得如此重要，也讨论了这场论辩为何如此展开。

诸家对国家如何兴起的叙述互相乖异：第二章所谈的这些与“创作”相关的问题，又是如何以不同的方式为诸家所用，借以叙述“创作国家”（state）问题的呢？笔者在第 21

三章中，分析对国家起源的不同叙述，试图将它们放在更大的论辩中，解释每种叙事所扮演的角色。这一工作反而促使我们反思过去研究早期中国神话的方法。在此，笔者更为深入地探讨了葛兰言的一些观点。

第四章则回溯了在中国帝国（empire）的形成过程中，人们如何利用这些与创作相关的观点和叙事。笔者分析了始皇帝如何昭告天下，视自己为煌煌作者，以一己之力开创了中国历史的新纪元；也探讨了秦亡以后，汉代前期，诸生就如何理解始皇帝的创新所展开的论辩。笔者认为，直至汉代前期，许多学者所预设的“天人合一”说才逐渐流行。

第五章分析了汉代史家司马迁如何描述帝国在早期中国的兴起。他见证了帝国统治的成功巩固，重构了帝国的形成过程，借此向我们阐明：在这样一个帝国统治的形成期，史家如何重新架构此前几个世纪中不断发展的论辩。司马迁对创新虽有批判，但态度极为暧昧，是故许多前几章讨论到的张力，也在他笔下凸显了出来。

第一章　御疆辟土 22

青铜时代对祖先与创作的看法

我们从起源谈起。至少，从一位东汉学者笔下的起源谈起：

> 古者庖牺氏（原注：即伏羲）之王天下也，仰则观象于天，俯则观法于地，视鸟兽之文与地之宜，近取诸身，远取诸物，于是始**作**《易》八卦，以垂宪象。[1]

此节引自许慎作于1世纪的字书《说文解字》的“叙”。许慎在此论及八卦之发明。八卦是一系列由阴爻、阳爻构成的神兆。据上文所述，圣人伏羲受自然界的“文理”（pattern）启发而发明八卦。需要让自然界所见之文理得以兴起（“作”），将之引入人类世界，这一发明之举才得以可能。

继而，许慎论及古圣黄帝之史官——仓颉的造字过程，说这一过程与伏羲作卦相类。伏羲使自然的文理得以兴起（“作”）而发明八卦，与之相仿，仓颉效仿鸟兽足迹之别而

〔1〕《说文解字·叙》,《四部备要》版。

23 始造书契。[2]如此一来，许慎以为仓颉“初作书也”。[3]

在许慎的叙述中，八卦与文字皆不被视为人工造作，二者也丝毫没有与自然断裂。诚然，圣人绝未去“创作”这些事物；相反，圣人使自然世界的文理得以兴起，将之引入人世，借此发明了这些事物。

汉语用“作”字描述此类发明。战国及两汉，人们频频使用“作”字描述圣人所发明的文化。许慎本人则将“作”释为“起”:《说文》释“作”为“起”，或以为使役动词“使……兴起”。是故，若谓文化之诸多面向为往圣所“作”，我们便不应将“作”字理解为“创作”(creating)，而应理解为“使……兴起”(causing to arise)。

这样释“作”将对后世影响深远。如后世文论中，文人往往在“使……兴起”的意义上谈“作”：不应虚构，不尚人工矫饰，而应汲取自然（自然的文理，抑或诗人的自然情志）之精华，使之凝练入诗。[4]换言之，对中国古代文人而言，创作无须编造，不求造作，当顺应自然而不可求工。

“绪论”中引及的几位作者颇受这股中国式思潮影响。《说文》也极为明确地倡导了这种理念。这一事实指向了上文提到的问题：文化与自然相连续的观念，确实植根于早期中国文明内部，不仅是欧洲学者强加于人的虚妄东方主义想

〔2〕《说文解字·叙》,《四部备要》版。

〔3〕同上。

〔4〕在中国文学传统中，对此重要观念的经典讨论见 Owen，*Traditional Chinese Poetry*。

象。其实，如本书第二章所论，许慎对“作”字的释义很可能受成书于公元前3世纪的《系辞》影响；并且，上引许慎对伏羲作卦的讨论，也出自《系辞》。

可之所以《系辞》如此释“作”，意在反驳他说。彼说明言文化出自圣人之造作，以“创作”[5]解“作”，特别突出其“人工”内涵，强调这一行为带来与自然的断裂。是故《系辞》《说文》中对“作”的理解意在回应另一些对“作”字 24
的不同用法。不仅如此，直至汉代期间，许说才成为主流。

可是，如果许慎对“作”字的解释未必代表其“本义”，那么它的早期语义范围究竟何谓？本书“附录”讨论了“作”字的词源及其早期用法，认为在早期的卜辞、铭文中，“作”字含义丰富——它不单指“起”，还有“积极主动”“做”“建造”“为”“创作”等义。而所有对“作”的定义也为战国和汉代的论辩所利用：早期思想家穷极“作”字的语义范围，确立各自对文化起源的看法。此处与其他在早期中国饱受争议的语词一样，在不同的文本中，“作”字用法各异；诸家旨意各殊，一再重释“作”字以申己意。如果能够深入考察、探究这些问题，必将劳有所获。

“作”字的意义问题促使我们思考更大的问题：早期中

---

〔5〕 在研究伊始，为避免一些可能出现的误解，请允许笔者对“创作”（creation）一词加以说明：笔者使用“创作”一词指一种造作（fabricating）、建构（constructing）和塑造（fashioning）行为，绝非“无中生有”（*creatio ex nihilo*）。“无中生有”只是诸多创造方式中之一，它强调在创作行为之前并不存在任何物质。然而，“创作”一词的词义与该行为是否需要原料无关。

国的思想家如何理解自然与文化的关系？在上引叙述中，许慎说，因为圣人效仿自然世界之文理，才可能有八卦、文字等文化制品（cultural artifacts）的出现。笔者将在第二章指出，与许说相似，《系辞》以为：网罟、耒耜乃至舟楫、宫室……一切发明，皆由圣人效法自然世界之文理而来。这一主张自然与文化相连续的特殊解释，恰如将“作”释为“起”一般，其实出自战国百家争鸣之中，在历史上出现得很晚。

在本章剩余的篇幅里，笔者将讨论青铜时代的文献和出土材料，为理解这一论辩提供一个背景。其中一些材料往往成为后世论辩的参照，特别是《诗》。有鉴于此，简要讨论它们对文化、自然及圣贤之道的表述，将会有所裨益。笔者将这些作品置于时代背景下分析，研究人们出于什么原因、以怎样的方式写下它们。许多表述与《说文解字》等后世著作迥然不同，可正是这其中一些表述，被用来支持后来
25 极具影响的“连续说”。在第二章中，笔者将分析在战国的论辩中，人们以怎样的方式及原因重新阐释、利用青铜时代的材料。故我们在此检视早期材料，有助于第二章的分析。

青铜时代的《诗》与卜辞、铭文

晚商时期

现存的商代卜辞资料或可追溯至武丁统治时期，它们

为各种自然神、祖先神和帝而作。帝或是至上神。〔6〕商代之神殿全然是有神论的（theistic），而我们会发现，“有神论”这一概括同样适用于周人：他们以为，自然现象皆由不同的、活跃的神灵操控。继而，据卜辞所载，商人试图解释、胁迫、支配这些神灵。宾组卜辞中即有一典型例证：

> 癸未卜，宾贞：“兹霝隹降祸。”
>
> 癸未卜，宾贞：“兹霝不隹降祸。”〔7〕

占卜意在探寻：要不要将下雨视为上天降灾？显然，若占卜显示下雨是灾异，人们必将着手祭祀，并安抚、胁迫这些可疑力量。尽管卜辞于此并未明言究竟是哪个神灵作祟，其他卜辞中往往会点明上帝本身喜欢降灾于人世：“申……巳，

---

〔6〕 譬如，由宾祭即可明确推论“帝”是某种高级神灵。在宾祭中，商王去迎导一位近祖，该近祖将依照祀序迎导下一位祖先，祭祀链一直延续，直至处于最高位的祖先迎导帝。吉德炜对宾祭的讨论耐人寻味，特别应注意他如何将宾祭与商代祖先阶层（hierarchy）相互关联。参 David Keightley，“The Religious Commitment.” 伊若泊（Robert Eno）试图论证“帝”并非至上神，而仅是对商代祖先的统称。其看法挑战学界共识，参 Eno，“Was There a High God *Ti* in Shang Religion?”

〔7〕 《合集》11423。

译文：在癸未（第 20 天）灼兆，宾预测：“这场雨意味着降灾。”在癸未（第 20 天）灼兆，宾预测：“这场雨不意味着降灾。”

译按：以下甲骨卜辞的释文，参考了《甲骨文合集释文》（中国社会科学出版社，1999 年）和《小屯南地甲骨》（中华书局，1980—1983 年），并根据作者的英译进行了调整。为理解方便，甲骨卜辞的释文均采用宽式释文。

帝其降祸。”[8]

我们也可以在与疾病相关的卜辞中发现，人们以同样的方式与神灵打交道：“贞：‘疾止（趾），隹有害。’”[9]商人以为：祖先会频频祸害生者，近日死去的祖先尤喜作祟。在该卜辞中，一人染疾，贞人追问是否由祖先作祟所致。如果确定了是祖先作祟，则需明确究竟是哪位祖先。相应地，可
26 找到大量如下卜辞：

> 乙亥贞：“隹太庚**作**害。”[10]
>
> “太庚不作害。”[11]
>
> “帝其作王祸。”[12]

一旦发现居心叵测的祖先，人们则举行禳祓之祭，用以祛除身上的诅咒。卜辞中有大量祛除祖先诅咒、降灾的祭祀：

---

〔8〕《合集》14178。
　　译文：申……巳，帝将降灾。

〔9〕《合集》13683。
　　译文：预测：“脚趾有病；是因为（祖先）害了它。”

〔10〕《合集》31981。
　　译文：在乙亥（第 12 天）灼兆：“是太庚制造了灾害。”

〔11〕同上。
　　译文：“不是太庚制造灾害。”

〔12〕《合集》14182。
　　译文：“帝将在王身上制造灾祸。”

戊寅卜，宾贞："御妇姘于母庚。"〔13〕

"御𡆥于父乙。"〔14〕

乙亥卜，宾贞："作大御自上甲。"〔15〕

乙卯卜，㱿贞："御妇好于父乙，𢦏羊，㞢豖，酉十宰。"〔16〕

与战事有关的占卜也是出于同样的考虑：始终在关切是否获得神力之庇佑。

贞："今春王勿作从望乘伐下危，下上弗若，不我其受佑。"〔17〕

有关农事的占卜亦然：

---

〔13〕《合集》2725。

译文：在戊寅（第15天）灼兆，宾预测："从母庚身上祛除妇姘（的诅咒）。"

〔14〕《合集》2194。

译文："从父乙身上祛除灾害。"

〔15〕《合集》14860。

译文：在乙亥（第12天）灼兆，宾预测："从祛除上甲（的诅咒）开始，大兴禳祓之祭。"

〔16〕《合集》271。

译文：在乙卯（第52天）灼兆，㱿预测："从妇好身上祛除父乙（的诅咒），砍羊，供猪，保证十头关在羊圈里的羊。"

〔17〕《合集》6506。

译文：预测："这个春天王不会和望乘一起攻打下危，（因为如果他这样做），上下神灵都不会同意，可能不会授予我们佑助。"

> 甲午，贞："今岁，受禾。"〔18〕
>
> 戊辰，贞："祷禾自上甲，尞。"〔19〕
>
> 癸亥，贞："其祷禾自上甲。"〔20〕

至此，我们应该已经清楚：商人所召唤的神灵与后人
27 观念里自生、自发的自然过程大相径庭。与后世观念相反，在商人的世界中，神灵各具个性，积极操控自然世界的方方面面。考虑至此，或许就不难理解何以卜辞中的"作"字往往带有某种"建造"含义，表示制造、塑造等。我们看见，商人不仅在涉及太庚作祟的卜辞中这样使用"作"字，而且在提到帝的行为时，也在"制造"的意义上使用"作"字："帝其**作**王祸。"〔21〕

弄清楚哪种人类行为可获神灵庇佑，乃是甲骨卜辞的主要关切之一：在卜辞中，"作"字亦被用以形容人的建造之举：

> 贞："王**作**邑，帝若。"〔22〕

---

〔18〕《屯南》2124。

译文：在甲午（第 31 天）预测："今天我们会举行岁祭，（因为如果这样做）将获得黍的收成。"

〔19〕《合集》33209。

译文：在戊辰（第 5 天）预测："我们向上甲以降的祖先祈祷黍的收成，会举行燎祭。"

〔20〕同上。

译文：在癸亥（第 60 天）预测："我们会向上甲以降的祖先祈祷黍的收成。"

〔21〕《合集》14182。

〔22〕《合集》14201。

译文：预测："如果王建造城邑，帝会同意。"

壬子卜，争贞：“我其**作**邑，帝弗左。”若。三月。[23]

辛卯卜，㱿贞：“基方缶**作**𩫏，不𡆥，弗𢀛。”[24]

在卜辞中，人与神往往以积极主动的形象出现。继而，卜辞重点关心人与神行为之间的潜在张力。

谈到这种人神之间的潜在张力，有几点可以说明。一者，在人与神力的关系中，似乎不存在道德考量。神灵为害人间，与人的道德过失无关；人类虽然试着终结神灵的恶行，却从未保证今后会更注意修德行善。与之相反，神的恶行似乎不可琢磨、肆意妄为，而阻止神灵作恶的办法，不过是去完成各种祭祀而已。

第二点与上一点密切相关：人与神力似乎时不时相互对立。恶灵暗藏歹意，蠢蠢欲动，卜辞似乎多是为了控制它们而作，起码是为了规避之。此时，祖先不讲道德，他们与
生者的关系似亦变幻莫测，至少在有些时候，二者水火不 28
容。所以，这些神灵可能肆意妄为，商人对他们采取行动，

〔23〕《合集》14206。

译文：在壬子（第 49 天）灼兆，争预测：“如果我们建造城邑，帝不会阻碍。”会同意。第三月。

〔24〕《合集》13514。

译文：在辛卯（第 28 天）灼兆，㱿预测：“如果基方缶建造城墙，不会遭遇不幸，不会有灾害。”第四月。

译按：普鸣译文中有“四月”，而此条下并无“四月”，“四月”原在下一条卜辞末尾。

加以控制。

随着商代统治的延续，人类操控神灵的倾向愈发显著。至帝乙、帝辛统治时期，占卜行为似愈发程式化，内容主要是“旬亡祸”[25]这类习语，并且不再正反对贞。恰如许多学者指出，这似乎是在暗示，商人已不太希求向神灵卜问未来，更注重用祭祀规劝（exhort）神灵，避免其危害人间。[26]

总之，似乎足以论断：商代的神灵力量行事主动，各具个性，目的明确，绝非“自发的自然过程”。商人相信，帝与祖先危害人间，并没有什么明显理据可循，而占卜呼告、祭祀活动起码能对神灵略加控制。张光直先生希望从中国青铜时代读出后世所谓自然与文化的连续性，可这一切与之大相径庭。诚然，在战国晚期至汉代前期文化中，人们多半认同自然与文化的连续性，可它与卜辞所揭示的图景有天壤之别。换言之，卜辞中人性与神性之间隐含着张力，而商人祭祀，应该是为了在二者之间取得某种和谐。然而，在继续探讨这一问题之前，转而讨论一些西周材料，会对我们有所裨益。

西周早期

西周史料较商代大为丰富，形式更为多元：甲骨卜辞资料（虽然数量很少），大量青铜铭文，文献有《诗》、《尚

---

〔25〕译文：在下一个十天里，不会有灾难。

〔26〕对此问题的争论，参《早期中国》（*Early China*）第 14 期，1989 年，第 77—172 页。裘锡圭、倪德卫（David Nivison）、范毓周、饶宗颐、吉德炜、雷焕章（Jean A. Lefeuvre）、李学勤、夏含夷和王宇信皆有讨论。

书》和《逸周书》。虽然一些甲骨、可能还有一些青铜铭文的年代在克商之前，但其他大部分材料应该断在克商之后。相较商代而言，西周材料的形式更为多样，使深入讨论得以可能。笔者将简单地谈一谈周原卜辞，借此展开论述。

现存周原甲骨卜辞为数稀少，多有残损。虽自身特点
与商代卜辞有异，二者亦大有共通之处。以如下占卜为例： 29
“丁卯，王在川，告于天：‘思亡咎。’”[27]与上文所论商代卜辞有异，西周甲骨多用“思”字，表示“愿”（would that）、“希望”（let it be that）之意[28]；卜辞针对周人之神“天”而非“帝”[29]。然而，与商代卜辞相类，周原卜辞意在规劝神灵，避免其作祟于王。

除去甲骨，从其他西周早期的材料中（亦即青铜铭文以及《诗》中时代较早的几篇），我们也能发现周人对神灵的规劝。铭文、诗篇旨在否认生人与神祖的潜在张力，称人的行为，尤其是周王的行为与神意相连。就此而言，《诗·思文》是一绝佳例证。周人视后稷为始祖，而《思文》乃针对后稷而发。他们对后稷的看法对理解《思文》息息相关：据《诗·生民》所述，一位名为姜嫄的女人踩了上帝的脚印，此后怀上了后稷。因此，周人以为，后稷持有帝或天

〔27〕王宇信：《西周甲骨探论》，H11:133–96。
译文：在丁卯（第4天），王在河边向上天呼告：“希望不要降灾。”

〔28〕见 Shaughnessy，“Zhouyuan Oracle-Bone Inscriptions，” pp. 156–157；夏含夷：《试论周原卜辞思字》；李零讨论了该词在后世楚简中的用法，参 Li Ling，“Formulaic Structure，” p. 76。

〔29〕如我们所见，天为周人之主神，帝为商人之主神。

的部分神力。后来，周王取“天子”[30]这一尊号，其重新夺取这一神力的意图可见一斑。同时，如《思文》所述，后稷教民以农事，被视为周人的文化英雄（cultural hero）：

思文后稷，
克配彼天。
立我[31]烝民。
莫匪尔极。
贻我来牟。[32]

《思文》针对后稷本人而作，后稷因引入小麦、大麦而为人所知。与周原卜辞之“思”字一样，《思文》之“思”也被

---

〔30〕在此，有必要对“帝”与“天”的关系略加说明。克商之后，周人不加区分使用“帝”与“天”。近人时常断论：此举意味着周人试图同化商人。这种解释看似合理。然笔者仅试图指出：一些学者以为此举意使商人信奉周人之神祇（参譬如 Creel，*The Origins of Statecraft*，p. 500）。此说很可能以偏概全。同样，或许早在克商之前，周人已主动吸收商人之神祇以为己用。

〔31〕笔者以为，吟诵此诗之人是周王，至少是有周贵族。是故“立我烝民”之“我”指王者或贵族，别于此句之“民”。烝，有“兴盛”或“上升”义，亦与“献祭”“用蒸汽熟物”有关。如参大盂鼎（Sh. 12.61: 647）（取材见本章注释〔36〕）：“昭我一人，烝四方。”高本汉（Bernhard Karlgren）读“立”为“粒”，“提供粮食”，又训“烝”为“众”。是故高氏译为：“你把粮食带给众民。”笔者以为此说牵强，并无理据。

〔32〕译文：希望有文德（cultured）的后稷可以与上天匹配，建立王族，振兴民人。天下无不视你为样板。你带给我们小麦和大麦。
译按：普鸣对文献字词的理解或综合传统说解，或与诸家有异。以下参考普氏英译，考核诸家说解，附汉译于此。

翻译为情态动词“would that”（“愿”）；与卜辞相类，此诗之写作，也在一定程度上有规劝祖先之意。朗诵诗歌的人向他们的始祖后稷呼告，让他与天相配，攫取天的神力来帮助他们。《思文》也强调周人与后稷的关系，在它的描述下，后稷成了全体周人之楷模。因此，《思文》规劝始祖后稷，全 30
力将其置于一系列关系之中：上使其配天，下命其成为周人之典式。

与甲骨卜辞相似，此诗呼告先祖，力求使之息怒。《思文》背后有其焦虑：后稷未必忠于自己沟通天人的中介职分，所以该诗一则要求后稷恪尽职守，二则向他担保周人会视之为楷模。周人要求祖先勾连天人，安分守己，借此，诗歌仪式性的规劝得以完成。

与甲骨卜辞相类，此诗试图假定、坚持后世子孙的行为与先祖之间的一致性。这些诗在战国论辩中影响甚巨，必须在上述背景下理解它们。恰如以下例证所表明的，大量西周诗歌与青铜器铭文的典型特征在于：它们都想把生者与先祖勾连于一系列连续性中。不仅如此，若我们在恰当的背景下阅读它们，则会意识到：人们主张天人之间的连续性背后，实则主张必须克服天人之际可能出现的断裂。

这种关切在《诗·天作》中昭然可见。周人自以为自岐而兴，此诗则叙述了作邑岐山的过程。恰如诗文所述，太王作邑，文王继之：

天**作**（made）高山。

大王荒之，彼**作**（cleared）矣。
文王康之，彼徂矣，岐有夷之行。
子孙保之！〔33〕

周祖太王、文王是《天作》的主角。据《天作》所述，太王、文王已使周人御疆辟土的生活得以蓬勃开展。不同于《思文》,《天作》并未直接呼告祖先，而是以叙述的形式书
31 写祖先的行为。然而，叙述与规劝殊途同归：简言之，二者皆将创作置于从上天降至时周之人的连续性关系之中。在《天作》中，所谓“创作”，即指作邑岐周。据诗人所述，此事始自天意，太王、文王继之；只有周室世系中的主要人物前赴后继，这一连续性乃得以可能。每位人物仅以祖述前人之业的面目呈现。此后,《天作》呼吁后裔保存祖先之创作，以此作结。

在描述营建岐周的过程时，诗人的措辞颇让人玩味。开篇，诗人便使上天有意作用于大地。例如，岐山之出现，并非由于大地自身的某些变化，与此相反，上天“制造”（makes，“作”）了它。为了继续在原由上天制造的土地上御疆辟土，王者做出了一系列尝试。先说太王“荒”（扩大）了天之所作，又以“作”字形容太王此举，呼应上天之“作”。在此背景之下，虽则诗人用“作”字表示“清理”（clearing）、

〔33〕译文：上天制造了高山，太王扩大了天的作为，他清理了高山。文王使这里安宁，他努力行进（marched about），（于是）岐山有了平坦的路。（希望他们的）子孙能够保存祖先的创作！

“开发”（opening up），然而他并未选取更能够确切地表达“清理”义的字（如“启”），反倒坚持使用“作”字。换言之，此处未言太王“启”土，反谓太王“作”之，故英译直译为太王“制造”（made）或“做”（did）土地。对“作”字的选择可能是我们正确理解诗歌的关键。虽然英语口语不说“to do the land”（“做土地”），因而最好分别翻译诗中两个“作”，但不应忽视在两句诗中，诗人其实都使用了同一动词“作”以表达惯用的“制造”义。诗人在此背景下，利用“作”字的语义范围，乃有意为之[34]，亦即将上天与周王的举动并而观之：说二者皆在“作”土。虽然天的力量胜于太王（太王能够清理土地，却无法制造高山），然而天的行为被塑造为王者行为之模范。因此，据诗人所述，上天创作了土地，太王开垦之举虽较为渺小，亦是在承继上天之业。

在殷商甲骨卜辞中，商人多用“作”字表示王与神灵的行为，表达天人之间的潜在对立。周人同样使用了“作”
字，却表达出人对天的效仿。其中，周王是昊天在地上的匹 32
对。因此，《天作》之叙事需如此解读：诗人要求周人子孙继续去保有“作邑”之传统，而这一传统可以直接追溯至上天本身。

这一主题在《诗·皇矣》中表现得更为详尽。《皇矣》属《大雅》，故创作时间或晚于《天作》与《思文》。开篇讨论上帝不满夏、商之统治，转而有意于周：

---

〔34〕译按：对此段的理解，读者可参本书“附录”《“作”字探源》。

乃眷西顾。此维与宅。
作之屏之，其菑其翳。
修之平之，其灌其栵。
启之辟之，其柽其椐……
天立厥配，受命既固。
帝省其山……
帝**作**邦作对，自大伯王季。[35]

同样，周人之举仅仅为了施行上帝的神圣规划。《皇矣》开篇，上帝应允有周作邑，周人随即御疆辟土，在大地上劳作（“作”）、开发（“启”“辟”）。因而周人御疆辟土之举，旨在遵循上帝之意。不仅如此，王权亦奠基于帝，据《皇矣》说，帝立周王于下，以之为自身匹对。诚然，帝既创作了周邦，也创作了与自身相匹的周王。是故，诗人将周王描绘为上帝的匹配，他统治着由上帝所作的周邦，在帝的指引下御疆辟土。

在《皇矣》此处的叙述中，周人御疆辟土的过程仍然与帝相关，诗人仍以同一个“作”字描述帝与人的行为。因
33 此，据诗人所述，为了回应帝对王权和邦国的创作，周人承

〔35〕 译文：（帝）于是环顾四周，向西观望。正是这个地方，（帝）赐予太王以为居邑。他们清理、去除了那些枯死的树干、倒下的树木。整治、芟平了那些灌木丛、丛生的小树。开发、清理了柽柳和木柱……天给它自己立一个匹对，赋予他的大命已经巩固。帝审视岐山……上帝创造了一个国家，创造了他自己的一个匹对，从太伯和王季开始。

担起开垦、开发土地的职分。在《皇矣》的塑造下，“历史”是一系列连续的创作：始于上天的创作，继之以周人的御疆辟土。

类似的套语又见于西周青铜器铭文。康王器大盂鼎[36]即是一例。铭文中有一段简要叙述了周之克商：

> 王若曰：“盂！不（丕）显玟王，受天有大令（命），在珷，嗣玟乍（作）邦，辟厥匿，匍（敷）有四方，畯（畯）正厥民。”[37]

武王克商，仅是在承继先王之业。商代实为武王所败，周邦实为武王所作，此处却仍以为是文王承受了天命，而创建了一个新的朝代。因而，在作者的描述中，武王的征服、创作仅仅是践履了先人，乃至上天的规划。在创作周邦的过程中，武王仅仅履行了先祖之业。

作器者的措辞亦值得玩味：武王创作（“作”）了周邦，亦开拓（“辟”）了疆土。上引《皇矣》谈到周人营建岐周之时，亦用了“作”与“辟”二字。是故在大盂鼎的描述中，武王征服中国北方平原之举也是在创造、开垦和规治。周王

---

〔36〕 Sh. 12.61: 647。所有铭文取自白川静《金文通释》(神户：白鹤美术馆，1962—1984 年)，缩写为“Sh.”。

〔37〕 译文：王如此说：“盂呀！大为显赫的文王，被授予上天所保有的大命。在武王，承嗣文王（之业），创造邦国。开拓那些隐藏的土地，扩展了对四方的拥有，管治了他的百姓。”

逐步践行天命，一切不过是顺理成章。

作于成王五年的何尊[38]，亦如此在叙事上安排周人攻克商朝、巩固政权二事的位置：

> 隹（唯）王初鄠（遷）宅玗（于）成周，复亩（禀）[39]珷王丰禶（福）[40]自天[41]。才（在）四月丙戌，王弇（诰）宗小子玗（于）京室，曰：“昔才（在）[illegible]（爾）考公氏克逨（弼）玟王，肄（肆）玟王受丝（兹）[大令][42]，隹（唯）

---

〔38〕 Sh. 48. 1: 171。

〔39〕 此处从唐兰说，释该字为“禀”（《何尊铭文解释》，《文物》，1976 年第 1 期，第 60 页）。铭文十分模糊。

〔40〕 唐兰（《何尊铭文解释》，第 63 页，注 2）和马承源（《何尊铭文初释》，《文物》，1976 年第 1 期，第 65 页）将“丰”和“禶”视为祭礼。诚然，在西周文献中，“丰（豐）”可用作祭名，然而如笔者译文所示，“丰”亦常表示“丰富”的意思（如《诗·湛露》“湛湛露斯，在彼丰草”）。“禶”字的释读更有问题。若“禶”字下方无手形符号，那么此字仅表示“祝福”。唐兰和马承源则以为，如铭文所示，“禶”字下方有手形符号，因而该字可能表示一种祭礼。然而，并无确证说明该字在别处被用作祭名，因此笔者以为，没有理由给“禶”字假设一个不同的解释。一般而言，或许我们应力求避免一种普遍倾向：将略不寻常的字形简单视为祭名。当尚存疑义的字的常用义能够与上下文互相契合的时候，我们更应避免这种倾向。当前对“禶”字的释读便是例证之一。

〔41〕 唐兰（《何尊铭文解释》，第 63 页，注 3）和马承源（《何尊铭文初释》，第 65 页）说“天”是“天室”，系举行祭礼之地。笔者以为稍显牵强。

〔42〕 青铜器上无法得见“大命”二字。唐兰（《何尊铭文解释》，第 63 页，注 7）称可见二字边缘，但笔者恐无法得见。然唐说或是：《尚书·洛诰》亦言及受命，且《洛诰》之风格、内容与何尊铭文极为相似。不仅如此，《尚书·君奭》径言文王受命。纵使克商者实是武王，其他时代稍晚的铭文如大盂鼎（上文所论）、史墙盘（下文所论）仍称文王受命。唐说有依可据，却并非全然可靠。

珷王既克大邑商，𠟭（则）廷告𢍉（于）天曰：‘余其宅兹（兹）中或（国），自之辥（乂）民。’”〔43〕 34

这几行铭文意在将成王营建成周（今洛阳附近）一事视为历代周王前仆后继之业。若我们将残字补为“大令（命）”，那么，在铭文的叙述下，率先承受天命者乃是文王。下一位提到的人物是武王。实际上，是武王完成了克商大业，并称将居于“中国”，由此统治万民。据铭文所述，在此过程中，成王再进一步，作邑成周，完全在意料之中。事实上，成周就是武王所谓自此统治万民的“中国”。唯如此规矩行事，成王乃能再次禀受居住在上天的祖先——武王的祝福。

与迄今讨论的其他铭文、诗篇相类，何尊铭文明确将周王置于世系之中。在此世系里，每位周王在不断的征服、开垦中扮演自己的角色。这是一个农垦、城市化、军事征服水平不断进步的过程。自始至终，上天被塑造成这一过程的发起者、努力背后的支持者、王者行事所效仿的典范。

人们发现，此后的长篇铭文多列举周王不断进步的作为。譬如，共王器史墙盘〔44〕叙述了世系中全体周王的作为——自文王始，及至当时的共王。一小段节选足以阐明

---

〔43〕 译文：［成］王首次迁都于成周，他又一次禀受了武王从天而降的丰厚祝福。在第四月的丙戌日（第23天）这天，王在大室中诰训宗族里的年轻人，说：“过去你们的父亲，宗族的主公能够辅弼文王，故文王得以接受这个［大命］。武王战胜了大邑商，就在庭上向上天呼告：‘我要住在中央地区，由这里来治理民众。’”

〔44〕 Sh. 49. *Ho* 15:335。

论点：

> 曰古文王。初教（盭）龢（和）于政。上帝降懿德、大甹（粤）〔45〕。匍（敷）有上下，迨受万邦。䎽（讯）圉（圄）武王。遹征四方，达（挞）殷，畯（畯）民……害（宪）圣成王，ナ（左）右绶（授）䋎（会）刚（纲）鲧〔46〕，用肇（肇）彻（彻）〔47〕周邦。〔48〕

据铭文所述，文王开创了和谐政治。创制虽新，然铭文对之有所限定，以为文王实是因循古昔。自此以后，诸王世代相
35 继，参与西周与日俱进的历史进程：武王克商，成王开发、清理领地，借以御疆辟土。

统而观之，对周邦不断进取的看法贯穿于此类铭文、诗歌之中：上天创始，继之以太王开垦岐山，文王承受天命，武王挞殷作周，成王创建“中国”，开疆辟土。后王皆

---

〔45〕唐兰将该字释为“甹”，参《略论西周微史家族窖藏铜器群的重要意义》，《文物》1978年第3期，第23页，注14。

〔46〕说从Shaughnessy，*Sources of Western Zhou History*，p. 186。

〔47〕“彻（徹）”字有“除去”“撤除”之义。“彻”字之义或近于“清除不良分子”（疑指镇压其治下的叛乱）。义见《诗·楚茨》“废彻不迟”与《黍苗》“式辟四方，彻我疆土”。

〔48〕译文：因循古代者是文王。他是最早给政事带来和谐的人。上帝降赐给他美好的德行和广大的安定。他扩展了对上下的拥有，聚合并接纳了万国。善于管控（controlling）、强壮多力者是武王。他因循（前人之业）征服四方，挞伐殷商，统治民众……有法度、圣德者是成王，他向左右抛授、聚合绳和网（形容统治广而周密），因此开发、清理了周邦。译按：普鸣读“曰”为“聿”，述也。讯，审问，引申为管控。

追随先王之法，因而一切嗣后之举仅仅是在延续先祖功业。在铭文、诗歌的处理下，自太王开垦岐山，至于武王建立周邦，所有的创新都仅仅是在承继先人之业，而在最终意义上，所有的创新都会回溯到上天本身。

这些作品主张，上天的后嗣（descent）周王嫡出于天、法效上天，意在根本否认历史上的所有断裂：周王是上天的嫡系后裔；他让自己法效上天之举：上天企图让周人统治，而周王谋划实现上天的企图。这些作品要么如此措辞以组织叙事，要么呼吁祖先去作上天之配，致使先祖发起的一切作为，都被后嗣承继。

与甲骨卜辞相类，铜器铭文、诗歌意在申明现世行为与神意之间的联系。然而，与上述甲骨卜辞不同，西周材料以为生者系先祖之嫡出，先祖为生者所法效，借此实现了这种联系，致使任何后世之举都被塑造为对过往行为的承继。或谓殷商卜辞暗示了人神对立，时至西周，人们转而信奉人神之间的绝对联系，然而，需要重点强调：几种材料形式上的不同并不意味着商、周宗教信仰上的变革。首先，如我们所见，周原卜辞与殷商卜辞如出一辙，似预设了周王与天之间的冲突关系。可惜，给周原卜辞断代极为不易[49]，但很有可能将年代定在克商前后。若是，这意味着周原卜辞与西周最早的青铜铭文应处于同一时期。

---

〔49〕王宇信曾做过这项工作，见《西周甲骨探论》。然而夏含夷有所批评，见“Zhouyuan Oracle-Bone Inscriptions,” pp. 150–154。

36 然而，更重要的问题在于：虽则西周铭文、诗歌所用套语相类，但这并不代表周人预设了人神之间的连续性。与之相反，这些文本背后的关切与我们在卜辞所见并无不同：王权与神权之间始终隐含着敌意，迫使周王宣称自己的行为，乃至先祖之举，皆合乎上天的规划。

有趣的是，这也暗示张光直先生等人的尝试未必可信：他们试图从青铜时代读出后世自然与文化相合的观念。虽则青铜时代的叙事非常重视人、神之间的连续性，却并未出现主张“与自然世界相合”的情况。诚然，这些《诗》所主张的“连续性”与《说文解字》这种文献所言的“连续性”有天壤之别。与后世作品不同，上述西周叙事将“作”字用作行为动词，有强烈的制造、创造、开垦意涵。笔者主张：周邦之创建并非由周王使自然之文理得以“兴起”，而是他们将意志强加于自然之上的结果。显而易见，周人不断御疆辟土、开拓自然，乃得以崛起，这与“自然与文化的连续性”观念大为相悖。因此，周人在另一层面考虑连续性，即认为周王御疆辟土仅仅是在效仿神灵之举：帝与王并“作”（行动、创造、建造）之。而那些要求人、神相契的仪式性规劝也绝非主张去与自然相契。

周之衰亡

西周前段的观念如上所述。彼时周王处于权力顶峰，不断征服、巩固自己在中国北方平原的统治。然而，时至西周中期，王权似开始明显衰落，与之同时，受封诸侯愈发独立。毫无疑问，导致这种情况出现的原因众多，笔者在此仅涉及一点：西周权力分配的内在动力。在此后的早期帝制时期，人们对统治政策有所论辩，而西周政制逐渐成为论辩的关键。克商以后，领土幅员广阔，远非武王之力所能及。所 37
以，武王着始封土于同姓、将领及近臣——武王信任他们会尽忠于王室。彼时，一般只在王权相对弱势的时候，反对周王的声音才会出现，譬如成王统治之初。然而，恰如后来秦始皇丞相李斯所言，西周权力结构有一种根本缺陷：周王给予诸侯领地，唯有诸侯持续地支持王室，周邦方得以延续。世代更替，诸侯对王室的支持逐渐为时间侵蚀。这似乎与周王朝的实际情况极为近似：世代更迭，同姓后属相继疏远，诸侯愈发独立而无意拱卫周室，开始捍卫自身之独立性。

终于，公元前 771 年，周都为犬戎所破。平王迁都成周（成周于两世纪前为成王所建），拉开了所谓东周历史的序幕。直到公元前 3 世纪，秦灭周室以前，东周诸王仍然在名义上统领诸侯。不过，诸侯实已独立，全部政权已然下移。中国分裂为一系列兵戈不断的独立国家，西周早期诸侯拱卫周王的景象，逐渐邈如旷世。

结　论

剧烈的政治与社会转型频发于东周时期，最终导向公元前 221 年的帝国统一，也构成了此后两章的历史背景。随

着国家、王权、神圣的本质统统被人从根本上重新评估，论辩愈发激烈，本章点到的许多问题成为议题。自始至终，西
38 周时常作为最后一个成功的王朝为人追忆。时人愈发清楚，现实国家与西周政制渐行渐远，是故如何理解王国愈加重要。于是，西周政制成为一种众多政治理论家、统治者借之定义自身的国家形式：他们或为西周君主制招魂，或欲逾越周王所达到的中央集权水平。

除却上述所论的《诗》，传世西周文献还有《尚书》诸篇。《诗》《书》中的理想图景为后世思想家勾勒出西周早期政制的本质。我们已经将这些作品置于当时背景下分析，现在则可以考察后世论辩如何利用它们。本章所论，在战国对于创作问题的论辩中影响甚巨，而那种将上天与周文化、周邦的兴起联系起来的说法变得尤为重要。西周模式屡屡将文化、国家塑造成一种肇始于天，此后周王世代相继的造作（constructed objects）。

下面，我们终于可以转向争论本身。随着人们意欲托附最为古远的存世文献，借以确立自身的位置，西周材料中的用字、概念逐渐被人愈发紧张地审视、讨论。

第二章 人之技艺 39

战国时期对自然与文化问题的论辩

战国时代的主要特征是政治、行政、技术上的一系列变革。[1]政治上，诸国多源于西周王者之分封，战国时期则互相博弈，愈发独立。至公元前 4 世纪，许多国君甚至僭取周号，开始称王。虽则公元前 3 世纪之前，东周尚未真正覆灭，但诸国僭越称王的事实已清楚表明：各国全然自治，脱离周王统领。事实上，诸侯自治之势已持续数百年。

行政上，各国普遍采取中央集权政策，据功绩而非出身选官，发布成文法令，大规模征兵务农。所有这些措施导致旧贵族的权力、特权逐渐没落，士这一群体逐渐兴起，取而代之。士的出身低于贵族，却在不断发展的官僚体系中占据众多席位。[2]中央集权也表现在领土扩张上：强国为获取资源兼并周边小国，以至于到战国晚期仅有寥寥数国存世。科技发展亦助力于领土扩张：约略公元前 6 世纪起，冶铁技

---

〔1〕 杨宽《战国史》对战国历史的研究最为出色。陆威仪（Mark Edward Lewis）在其引人入胜的研究里解释了这些变化，见 Lewis，*Sanctioned Violence in Early China*。

〔2〕 许倬云对这一时期内社会变动的讨论极为精彩，参 Hsü Cho-yun，*Ancient China in Transition*。

40 术出现，此后，越来越多的人将冶铁技术用于生产工具上，这一创新大大提高了可耕作土地的面积与种类。

正是在如此背景下，本章要讨论的论辩得以开展。论辩的主角多属士人群体，所涉内容则关乎这些新型国家的本质：显而易见，彼时之国家与西周政制渐行渐远。相应地，论辩涉及如下议题：文化的本质与起源何谓？文化在何种程度上可以改变、应该改变？王者应该在多大程度上继承西周传统，抑或将统治建立在其他准则之上？在论辩的早期阶段，许多思想家借西周文献，特别是首章所论的一些《诗》中体现的观念来界定自身。譬如孔子，便如此表达自己的大部分想法。

论辩之始

天之文理：孔子的《论语》

在战国晚期就“创作”问题的论辩中，孔子在《论语》中的一段表述最常为人援引[3]：

---

〔3〕 对《论语》编纂问题的传统看法源自《汉书·艺文志》。《汉志》以为《论语》是夫子卒后，弟子纂辑而成。参《汉书》卷三十，北京：中华书局，1959年，第1717页。这意味着《论语》系据孔子及其弟子在公元前6世纪后期、公元前5世纪早期的言行而作，在公元前5世纪的某个时间写定。

然而，许多学者早已指出：《论语》的某些部分为后人所续，或整篇为后世所增。清代学者崔述对此问题做了大量文本考订。崔氏以为，相较于他篇，第十六《季氏》到第二十《尧曰》五篇似时代较晚。其观点至今广为接受。参崔述：《考信录》，1810年；台北：世界书局，1960年重印。近人之研究既涉及《论语》文本本身，也涉及其他（转下页）

子曰："述而不作，信而好古，窃比于我老彭。"[4]

此章为孔子自谦之语：自谓承述过往，而无意创新，喜爱、笃信古代文化。如此一来，"述而"章此说明显与《论语》其他几章互相关联，旨在宣扬遵循往圣之道的必要性。

诚然，《论语》多见孔子尚古之语，如：

子曰："我非生而知之者，好古，敏以求之者也。"[5]

孔子显然以"好古"之人自许。譬如，孔子坚持相比于重新 41
建筑，不如修缮旧址：

鲁人为长府。闵子骞曰："仍旧贯，如之何？何必

（接上页）相关材料（无论作者确定与否，这些材料囊括了与论语各章相类的段落，后代对《论语》编纂问题的说法等）。其中有武内义雄：《論語の研究》。此研究的部分发现为刘殿爵、伊若泊、程艾兰（Anne Cheng）概括，以便读者阅览。参 Lau，*The Analects*，pp. 222–233；Eno，*The Confucian Creation of Heaven*，pp. 240–241 n.4 and n.6；Cheng，"Lunyu，" pp. 313–323。除非特殊注明，本节引用的段落取自《论语》的较早部分。对创作问题的讨论、关切主导了此后几个世纪的论辩，而《论语》的较早部分可能在公元前 5 世纪形成，故表现了讨论的最初形态。

为方便起见，笔者遵循惯例，将《论语》中的"子曰"视为孔子本人所说。虽然如此，笔者绝非认定《论语》所载即孔子亲口所言。显然，没有其他文献基础可供核实，因而无法讨论《论语》所载与历史上的孔子可能真正说了什么之间的关系。

〔4〕《论语·述而》。

〔5〕同上。

改作？”子曰：“夫人不言，言必有中。”〔6〕

此章所言似与另一章关联紧密，彼处孔子以为，应该追述前朝（虽然有所择选），尤其应承述周朝之业：

子曰：“周监于二代，郁郁乎文哉！吾从周。”〔7〕

此类言辞在《论语》中随处可见，如：

颜渊问为邦。子曰：“行夏之时，乘殷之辂，服周之冕。”〔8〕

另有一点尚待说明：上引“述而”一章似不仅表达了孔子大体上对过往的谦逊，也具体表现了他在圣人面前的谦恭。对他而言，若谓无须述古，实与自许圣贤无异。这一观念对于《论语》的读者们亦不陌生，有章云：

子曰：“若圣与仁，则吾岂敢？抑为之不厌，诲人不倦。”〔9〕

---

〔6〕《论语·先进》。
〔7〕《论语·八佾》。
〔8〕《论语·卫灵公》。
〔9〕《论语·述而》。

故孔子仅将自己视为一介教师；而自谓“圣者”乃至“仁人”，皆为僭妄之举。

总之，借由首章所论的青铜铭文理解“述而”一章，
似为不二之选。铭文中的周人称其一举一动，仅是承继先祖
之所作。这一主张未必意味着周人在否弃创新本身，更像是
出于谦逊，称自身不配创作而已。同样，“述而”一章似在 42
表明：相较此前周文化之伟大，孔子本人所能创作之物实不
足挂齿，故仅在尽己所能地追述而已。

因此，当我们读到墨者对此说之攻讦，便会稍感诧异：

> ［儒者］又曰：“君子循而不**作**。”应之曰：“古者羿作弓，伃作甲，奚仲作车，巧垂作舟。然则今之鲍（鞄）[10]、函、车、匠皆君子也，而羿、伃、奚仲、巧垂皆小人邪？且其所循，人必或作之，然则其所循皆小人道也。”[11]

作者引儒生“循而不作”，说儒家大体上以为君子不应创作。在墨者眼中，孔子并非自谦，实是从根本上否弃创作。而墨者认为，这种立场荒谬不经：文化若非君子之创作，便是出于小人所作。如此一来，君子所为，不过是在因循小人所作。这意味着儒者所追求的最高志业，无非是因循小人所作

〔10〕“鲍”读为“鞄”，制革之人。

〔11〕《墨子·非儒下》，《四部备要》版。

之文化而已。

显然,《墨子·非儒》此节所理解的孔子，与《论语》本身所呈现的理念极为不同。毕竟，孔子仅仅谦言自己并非作者，却并未否认古之圣人曾经创作，也并未否定创作本身。事实上，与孔子所言相类，大量青铜铭文明言先人之创作，作器者仅仅因循先人规划的道路前行。

然而，为何墨家认为孔子之立场颇为可疑？纵使墨家之攻讦有失偏颇，探究这一问题仍然重要。墨者所构想的创作观念、对儒者的批评，在后世论辩中逐渐变得十分关键。

43 首先，墨者之着眼点在于：在何种程度上，儒家畏惧创新？儒家传统显然贬抑了创新，连先师孔子尚自谓“述者”而非“作者”，其门人又孰能以“作者”自许？在另一处对儒者的攻讦中，墨家强调了这一点：

> 公孟子[12]曰：“君子不作，术（述）[13]而已。”子

---

〔12〕我们对公孟子一无所知，只知道《墨子》视其为孔子门徒。伊若泊提出，公孟子之得名或意在讽刺孟子。参 Eno，*The Confucian Creation of Heaven*，p. 257 n. 38。单从年代上看，此说当然可能成立。尚无文本证据足以否认《墨子》成书于公元前 4 世纪相当晚的时段，彼时孟子仍在积极活动。然而，公孟子似乎更可能仅是一位我们全无了解的早期儒者。作者借公孟子之口，对儒生之陈词滥调大加嘲讽，以供墨子反驳。若作者确然在刻画孟子，可以想见会让公孟子提及孟子的某些学说，并使墨子加以反驳。或者说，考虑到公孟子这一角色的作用，他的身份无关紧要：他不过是墨子批评的靶子罢了。

〔13〕“术”读为“述”。二者音近，时常在早期文本互换。二者并属同一词族。Karlgren，*Grammata Serica Recensa*，p. 136，词族 #497。

墨子曰："不然，人之其不君子者，古之善者不诛（述）[14]，今也善者不作。其次不君子者，古之善者不遂（述）[15]，已有善则作之，欲善之自己出也[16]。今诛（述）而不作，是无所异于不好遂（述）而作者矣。吾以为古之善者则诛（述）之，今之善者则作之，欲善之益多也。"[17]

这段话再次曲解了孔子的旨意，但将墨者之不满表达得淋漓尽致：承述、创作本无好坏之分；只要一个人持有善好的标准，有好处，随时皆可创作。只要有利可图，他也可以承述任何东西。在墨家看来，儒家将过去拔得过高：他们如此看待创作，致使无人胆敢以"作者"自许。

然而，墨家之批评尚有另一要点，其重点不在于批评儒家对过往之亦步亦趋，而是质疑儒家所谓"创作"本身牵涉什么？对儒家而言，一种"被创作出来的文化"意味着什么？为了探究墨家的批评，需要深入考察孔子对文化的看法。如此有助于挖掘墨者批评背后更深的面向，而这层面向，比我们原先的印象更为复杂。笔者将从孔子对道德与礼

〔14〕"诛"读为"述"。二者音亦近。

〔15〕"遂"读为"述"。经由语音构拟，二者发音几近相同：遂（/sdjedh/）和述（/djet/）。分别见 Schuessler，*A Dictionary of Early Zhou Chinese*，pp. 591，565。

〔16〕换言之，此类"不述而作"之人希望善好之物皆由自己创造，故拒绝因循一切过往之事。

〔17〕《墨子·耕柱》。

仪的看法展开讨论。[18]由于《论语》并未详加定义何谓道德、礼仪，故需高度重视相关篇章的措辞和譬喻。

44 《论语》通篇可见孔子呼吁人去成仁，对孔子而言，仁与礼紧密相连：

> 子曰："克己复礼为仁。"[19]

在同一脉络中，孔子将君子定义为：能够合宜地作为、行为于自身原质（"质"，raw substance）[20]上的人。

> 子曰："君子义以为质，礼以行之，孙以出之，信

---

〔18〕芬格莱特（Herbert Fingarette）和伊若泊讨论了孔子对道德、礼仪的看法（或确切而言，孔子糅合了道德和礼仪），参 Fingarette 的《孔子：即凡而圣》（*Confucius: The Secular as Sacred*）及 Eno 的 *Confucian Creation of Heaven*, pp. 79–98，二人对此问题的讨论最为精彩。二位作者令人信服地强调，对孔子而言，礼仪乃道德教育之钤键。恰如下文所述，唯触及孔子在礼仪问题上的用词，才可能理解他对创作问题的看法。

郝大维（David Hall）和安乐哲（Roger Ames）的《孔子哲学思微》（*Thinking Through Confucius*）也强调礼仪对孔子的重要性。该书试图将《论语》置于比较哲学框架中讨论，发人深省。然而，作者意欲借当代现象学的用词描述孔子思想，致使其时常忽略了《论语》本身的用词和譬喻，令人惋惜——孔子论述之妙趣，恰恰大多展现在这些具体意象之中。

〔19〕《论语·颜渊》。

译文：先生说："约抑自身，遵从礼仪，才能成为仁者。"

译按：普鸣以"为"犹"成"（become）也。

〔20〕译按：普鸣理解的"质"有两层意思。一是人生来俱有，未经打磨、教化的"原质"，恰如等待发掘的原料（raw material）一般；一是经由文教之后，人呈现的一种更成熟的"本质"。

以成之。君子哉！”[21]

在之后的一章中，孔子以为教化可以直人之质：

子曰：“……夫达也者，质直而好义。”[22]

所以，孔子讨论道德之时，措辞互相关联：克己、复礼、直人之质——它们皆表示约束、规范人之生性。

在另一组章节里，孔子用了一对相似、却各自稍有侧重的词——质与文。

子曰：“质胜文则野，文胜质则史。文质彬彬，然后君子。”[23]

另有一章与此相关，云：

---

〔21〕《论语·卫灵公》。

译文：君子用合宜（appropriateness）作用于其原质，以礼仪去打磨原质，用谦逊去将本质呈现出来，用诚信去成全原质。

译按：据普鸣说，为者，作（act upon）也。下三“之”字指上文所言之“质”。大意谓君子用义、礼、逊、信去打磨其原质。

〔22〕《论语·颜渊》。

译文：先生说：“……所谓一个已经达到（君子境界之人），是自身原质被矫直的人（one whose raw substance is made straight），也是喜好合宜之人。”

译按：普鸣以为，达也者，即一个到达（君子境界的人）。又以为此句宾语前置，质直即直质。相较 Raymond Dawson 将“质直”译为“by nature straightforward”，普鸣强调原质所历经的后天矫直、教育过程。

〔23〕《论语·季氏》。

> 棘子成曰："君子质而已矣，何以文为？"子贡曰："惜乎。……文犹质也，质犹文也。虎豹之鞟尤犬羊之鞟。"[24]

笔者将上文之"文"字译为"pattern"。"文"字可以具体至指涉"纹身"，亦可抽象至指涉"文化"。就此处而言，似适
45 合更具体地理解"文"字：孔子以"文"字表示：人的本质必须有文采、形饰的参与。孔子以为，人必须先有善的原质。然而，唯有恰当地条理原质，使原质合于文理，此人才能成为真君子。

"文"字表达了条理、规范之义，与之呼应，《论语》通篇使用了一系列意象与譬喻：

> 宰予昼寝。子曰："朽木不可雕也，粪土之墙不可杇（圬）[25]也，于予与何诛？"[26]

孔子将打造有德之人的过程比作雕琢木头、处理原料。这一

---

〔24〕《论语·颜渊》。

译文：棘子成说："君子只须本质足矣。为何要用文采去成为（一个君子）呢？"子贡答道："多么可惜。……文采与本质相似，本质与文采相类。虎豹之皮，去其纹路，便犹如犬羊之皮。"

译注：传统多以"何以……为"作固定用法，表疑问，"为"系语助词。而普鸣以为，为犹成（become）也。"何以文为"的宾语是"君子"。

〔25〕"杇"读为"圬"。

〔26〕《论语·公冶长》。

意象在《论语》中反复出现：

> 子贡问曰："赐也何如？"子曰："女，器也。"曰："何器也？"曰："瑚琏也。"[27]

子贡深受孔子喜爱，孔子将之比作精制的祭器。[28]在另一章中，孔子将教化比作工匠之业：

> 子贡问为仁。子曰："工欲善其事，必先利其器。居是邦也，事其大夫之贤者，友其士之仁者。"[29]

所以，孔子在形容成仁、成为君子的过程时，不断使用与技艺、作用、条理有关的词，表示使人生来即有之原质合乎文理。他将经历这一塑造的人比作工匠，将成品比作经过琢磨的器具。

而耐人寻味的是，当孔子讨论已然成仁的仁者时，措辞又有所不同。有一章比对了仁与智的境界：

> 子曰："知者乐水，仁者乐山；知者动，仁者静；知者乐，仁者寿。"[30]

---

〔27〕《论语·公冶长》。

〔28〕芬格莱特对此章有精彩讨论，参 Herbert Fingarette，*Confucius*，pp. 71–79。

〔29〕《论语·卫灵公》。

〔30〕《论语·雍也》。

46 孔子以动描述智者，以静界定仁者。他显然与仁者更有共鸣：一旦完成礼义对人的打磨过程，仁者达至静谧之境。

讨论王者之时，孔子措辞相似：

> 子曰："为政以德，譬如北辰，居其所而众星共（拱）〔31〕之。"〔32〕

德政使秩序得以维持。孔子将德政比作北辰：王者仅需安居其所，其他一切便会随之各就各位。

在另一相关章节里，孔子也如此描述舜：

> 子曰："**无为**而治者，其舜也与！夫何为哉？恭己，正，南面而已矣。"〔33〕

舜治之关键在于：他修正自己的行为，面朝南方。此处，孔子说舜并未刻意为之，用"无为"形容礼仪化的自然（ritualized nature）：圣人对礼仪之修习臻于极致，终能自发地、于举手投

〔31〕"共"读为"拱"。

〔32〕《论语·为政》。

〔33〕《论语·卫灵公》。

译文：先生说："自己不去处理任何事，还能使万物归于秩序的人，就是舜吧！他做了什么？仅让自己恭敬，矫正自身，面向南方而已。"

译注：传统经解多将"正南面"作一句读，谓正君位也。普鸣以"恭己"为一读，"正"字为一读，"南面"二字为一读。英译作：He made himself reverent，was rectified，and faced south，强调舜修正己身之后，乃得以达至无为而南面之境。

足间践行礼仪。此章多半出自后人所添[34]，但它篡入《论语》的原因不言而喻：我们在《论语》中发现，其他篇章强调典范人物之动作合乎礼仪、文理，此处所述与之甚为相契。

这类描述应已表明，孔子在思考何谓王者时，依据的是其在礼仪中的位置。上引诸说更重视王者之“静”而非“动”，“仁”而非“知”。北辰这一譬喻亦饶有趣味，在《论语》中反复出现：孔子勾勒圣人行为之时，往往使用描述天体之文理、位置的词，多以上天本身作比。与天体、上天相类，圣人之举手投足毫不刻意，止于静谧，定乎其位。

孔子亦以其他方式将圣人的行为根植于天。在另一章中，孔子说“德”乃由天而生：“天生德于予，桓魋[35]其如予何？”[36]既有北辰之喻，又有德自天生之说，孔子将道德植根于更为广袤的世界。

《论语》杂糅了不同意象，颇为古怪。一方面，孔子常 47
以与“技艺”相关的词描述教育过程：人用礼文约抑其自然原质，恰如雕琢木材、处理原料一般，而仁人则似精雕细琢之祭器。如此意象似乎预示了一种倾向：似乎孔子有心将文化奠基于技艺之上，以为文化意味着使自然屈从于人工。另

〔34〕在公元前 3 世纪，将圣人与“无为”的品质结合才逐渐流行。孔子似乎不太可能这么早便如此讨论这一观念。

〔35〕桓魋，宋卿士，事见《左传》哀公十四年。

〔36〕《论语·述而》。司马迁说此章系桓魋欲杀孔子，孔子陷入危机时的应对之辞。参《史记·孔子世家》，卷四七，第 1921 页。今已无法回溯至此章写就之时，判断此说是否属实。但与此同时，无论相信司马迁所述与否，此章之基本要点甚为明晰：某人欲加害孔子，孔子予以回应。

一方面，我们也看见，孔子一再试图将人类礼仪、道德植根于更广阔的自然世界：王者如北辰般安居其位；人之德性由天所生。此处，礼仪与道德的最高境界似乎奠基于自然之上，它们实是自然的产物。乍看上去，两种譬喻似互相矛盾：人之技艺怎能由天而生，甚或可与上天作比？

至此，问题开始凸显：礼仪是怎样形成的？又如何根植于自然世界？礼仪出于人造，抑或为天所赐？孔子之首要关注点在于个人教化，而非分析文化最初是如何被创作出来，因而并未详加讨论这些问题。然而，这些问题是后世思想家的中心关切，他们带着这些问题回到《论语》之中。因此，考察孔子如何讨论这些问题有所裨益。

譬如，孔子以尧为最早的圣王。在某一章中，孔子如此描述尧：

> 子曰："大哉尧之为君也。巍巍乎——唯天为大，唯尧则之。荡荡乎，民无能名焉。巍巍乎其有成功也。焕乎其有**文章**。"[37]

尧之为君的伟大之处在于：唯尧一人法效上天之文理。因而，他的"文章"光耀鲜明，《论语》也暗示后世应当效法这一"文章"。因此，首位圣王将天之文理引入人世。

---

〔37〕《论语·泰伯》。

译注：普鸣将此章之"则"字译为"pattern upon"，"文章"译为"patterned forms"，二者呼应，强调礼文由则天而得。

《论语》沿着类似的思路，展现孔子的承述之业：

> 子畏于匡。曰："文王既没，文不在兹乎？天之将
> 丧斯文也，后死者不得与于斯文也；天之未丧斯文也， 48
> 匡人其如予何？"[38]

纵使文王已逝，他的文理（"文"）尚存乎人世，为孔子所获。之所以孔子能够承述文王之"文"，乃是因为上天之存在保证了文王与孔子之间的连续性。圣人们最初从上天处获得文理，而之所以能够将文理传给后世，也是由于上天。

与之相类，《论语》另一章亦强调了承述文理的重要性：

> 子曰："予欲无言。"子贡曰："子如不言，则小子何述焉？"子曰："天何言哉？四时行焉，百物生焉，天何言哉？"[39]

问题还是在于"承述"。孔子说自己不欲多言，却亦以为即便默然无言，也无阻于文理之传于后世。此说以譬喻的形式表达出来：上天沉默不语，可四时因天而行，百物因天

---

〔38〕《论语·子罕》。

〔39〕《论语·阳货》。学者多以第十七篇《阳货》晚出，然此章内容与上述《论语》之较早部分相洽。笔者大体从伊若泊说，认为与《季氏》第十六、《微子》第十八有异，第十七篇或夹杂众多早期材料。参 Eno, *The Confucian Creation of Heaven*, p. 242 n.6。

而生。换言之，能够被承述的是合乎文理的行为（patterned behavior）：孔子认为，真正的承述并非凭靠言辞，而是凭靠重复最初由上天所奠定的文理。这不禁让人想起王者北辰之喻：凭靠合乎文理的行为，王者使万物各得其所。

孔子恰恰以重复先代之文理为己任。此即上所谓："子曰：'周监于二代，郁郁乎**文**哉！吾从周。'"[40]

总之，圣人之业在于效法上天的文理。在上天的观照下，圣人凭靠不断重复这些文理，完成了承述的过程。或许，如此视角对理解上文所说的明显矛盾有所启发。上引"予欲无言"一章显然与孔子之"北辰"喻旨意相洽——王者如北辰般自居其位，基于合乎文理的礼仪，而非有意造作统治；
49 亦显然与"德由天生"之说相合。稍显隐晦的是，此说亦与有关"技艺"的譬喻相契：孔子所关注的"技艺"，并非脱离自然的人工，也是指对原料的琢磨、条理和组织。对孔子而言，雕琢原木这一举动，并不意味着从自然转向人工，而是一个切磋琢磨、引出材料原有之文理的过程。在此意义上，既可谓文化乃是基于天之文理，亦可将其比作匠人之技艺，二者并无矛盾。在这一思路下，所谓"圣人"，乃是那些将天之文理，引入人生之即有之原质之人；所谓"仁者"，便是那些如工匠一般，条理自身之原质，使其合乎文理之人。

至此，重回"述而"一章或有助益。此章开首，孔子便自谓喜好"述"而非"作"。我们此前似以为此章所言当

---

〔40〕《论语·八佾》。

与青铜铭文相同，仅表达了对前人的谦逊。可随着对《论语》讨论的深入，一系列问题随之展开，所揭示出的视角别开生面，迥异于西周材料。在《诗》与青铜铭文中，先王将人类之御疆辟土视为上天规划之一步。与之相类，孔子主张践行礼仪，以此驾驭人生而既有的原质，又以为此种驾驭受到上天的支持。然而，《诗》与青铜铭文所勾勒的圣人形象是积极主动、开辟疆土之人。王者与建造、创作的力量相关联，叙事的目的在于申明此类创造乃是上天规划之一步，所以，西周文献说先圣御疆辟土之举，背后有上天在积极庇佑。而《论语》中的圣人虽遵循上天之安排，可天与王者的形象亦为孔子所改变：它们已非英雄般的创造者，而被定义为举手投足都合乎礼仪之人。王者不再像上天本身一样御疆辟土，上天自有文理，王者则使自己模仿之。换言之，《论语》中的圣人绝不创作。

因此，与第一印象相比，孔子自谓“不作”的意涵似
乎更为深远。我们曾以为，自谓创作似是狂妄之举：若某人
自谓创作，实是自封为圣，认为无须效法先圣之道。而问题 50
的关键显然不止于此。诚然，“述而不作”似确然表达了对
过往的谦逊，然而，如今已不能仅仅将“宣称创作”等同于
“自封为圣”，与之相反，创作行为全然不容于孔子所定义的
圣贤之道。对孔子而言，圣人确实会“作”，但此所谓“作”
并不等于流俗意义上的“创作”。

所以，我们逐渐明白了墨者缘何批评孔子：在孔子的定义下，文化主要由礼文组成，根本上奠基于上天之文理。据

其所述，圣人仅效法上天，抑或使自身合乎天之文理，由此将秩序引入人世。换言之，圣人凝练文理，将其引入人世，却并不创作。这是墨家抨击儒家的一个重要原因。不仅因为儒家不承认今人之创作，我们怀疑真正的问题在于，无论是哪个儒家圣人，始终都不会被允许像墨家那样“作”。墨家期待如何使用“作”字呢？在上引首节《墨子》中，举的例子皆是制造工具、用具的技艺，譬如作弓、作甲、作车、作舟。换言之，墨者所谓“技艺”并非使原料合乎文理，而是去建构、打造新的工具。相反，《论语》所讨论的圣人并不创作新的发明、技术、工具：他们仅仅效法天之文理，将其引入人世。换言之，《论语》所定义的“文化”与发明技术、手艺无关，而是指践行礼文，而这种“文化”之所以能够成立，并非出于刻意造作，而是通过效法自然之文理。对墨者而言，孔子的危险不仅仅在于他追随先圣，而在于对孔子而言，连先圣也不是墨家意义上的技术发明者。墨家所理解的“作”乃是创造发明，为的是使人得以拔高自身，脱离自然世界，而这样一种对于“创作”的理解，在孔子的思想中湮没不彰。

或许，这是墨家批评儒家背后的动机之一。对墨家而言，儒家所说的“作”无法解释文化与圣人的行为，而他们定义的“作”才是理解文化与圣人之举的钤键：只要儒者过度强调传统的伟大，就贬损了创新的理念，失之于谬；只要儒者误解文化，以为它仅仅意味着效法上天而来的礼文容
51 止，就疏怠了人工发明。对墨家而言，儒者为过往所奴役，无法解释其所享受的物质文化。因而，争论由儒、墨二家所

持的不同立场挑起，而他们所定义的许多概念，在此后两个世纪中，被演绎得更为复杂、细致。

创作文化:《墨子》

当我们从孔子转向《墨子》，我们也从一位对礼文兴致盎然之人，转向了一个高度关注技艺的学派。诚然，墨家作品习惯以建筑、建构、造作等技艺为喻，致使一些学者主张墨家本由匠人组成。[41]不过，抛开其社会地位，墨家确然认为文化出于创造，并兴致勃勃地演绎出一套倚重于技术用语的论述框架。与《论语》不同，墨家认为技艺指涉建造、造作、创作。

与《论语》相类，墨家核心关切之一在于界定何谓恰当的天人关系。这点在《墨子》文本中成书时间最早的一部分篇章里有明确表达，如《天志·中》。[42]此篇核心论点即

〔41〕尤参方授楚:《墨学源流》，第15—17页；渡边卓:《墨家の集團とその思想》，第1221—1223页；及葛瑞汉（Graham），*Later Mohist Logic*，pp. 6–15。然而，基于《墨子》所用之譬喻以界定墨家之社会阶级，或有其危险之处。毕竟，《墨子》未具体说明如何造舟，而是以建造之喻譬况先圣之举。在早期中国对文化起源的讨论中，这种譬喻形式甚为流行。有鉴于此，对墨者社会地位的诸种判断未必确凿。诚然，一些故事确实以墨子本人为工匠（如《鲁问》篇），但无法确定这究竟是一种真实的表述，抑或是在表达学派内的某种观点。不仅如此，纵使墨子本人是工匠，亦并无理据宣称后期墨家主要由匠人组成。

〔42〕《墨子》诸篇成书最早者囊括了所谓“核心篇”（core chapters）。核心诸篇各分为上、中、下三种版本（虽则稍有亡佚），墨分为三，意者三篇各代表了墨家主要之一派。然而，笔者此处所论之观点为三派共享。

对核心篇的最佳讨论，参Graham，*Divisions in Early Mohism*及Maeder，“Some Observations on the Composition of the ‘Core Chapters’，” pp. 27–82。

人当因循天之所欲："不为天之所欲，而为天之所不欲，是率天下之万民以从事乎祸祟之中也。"[43]继而，《天志·中》解释了何以人的行为当因循天之所欲：

> 故古者圣王明知天鬼之所福，而辟天鬼之所憎，以求兴天下之利，而除天下之害。是以天之**为**寒热也，节四时，调阴阳雨露也。时五谷孰，六畜[44]遂，疾灾戾疫凶饥则不至。[45]

上天制造了自然秩序，而在《墨子》的描述下，这一秩序有合乎时宜、合乎条理的文理：寒与热，四季之节律，阴阳和雨露。

52 与孔子相类，作者亦怀有对自然之文理、节律、调节的兴趣。然而，二者有两点重要不同。在《墨子》的构想里，"文理"本非上天自身之品质，而它的力量亦未使宇宙的其他部分合乎文理。相反，《墨子》说上天制造（"为"，made）自然，使之成为如今的形态。作者描述上天之时，措辞与我们在西周材料中所见相类，说上天积极地制造自然世界：它主动地建造、造作。与此同时，作者感兴趣的并非合乎文理的行为本身，而是上天所制之文理引发的结果：自然的调节使得五谷成熟，动物成长，故无疾病、悲伤或饥饿。

---

〔43〕《墨子·天志中》。

〔44〕 传统所言之"六畜"为牛、豕、马、羊、犬、鸡。

〔45〕《墨子·天志中》。

此说无意强调合乎文理的行为，而是在表述圣人如何受到上天的回报：因为圣人知晓天之所欲，所以上天回报了天下。

继而，墨子提出数条证据，以验证上天“爱人”的观点：

> ［天］磨**为**日月星辰，以昭道之［原注：“之”指人］。**制为**四时春秋冬夏，以纪纲之。降雷[46]雪霜雨露，以长遂五谷麻丝，使民得财而[47]利之。列**为**山川溪谷，播赋百事，以临司民之善否。**为**王公诸伯，使之赏贤而罚暴；贼金木鸟兽，从事乎五谷麻丝，以**为**民衣食之财。[48]

上天既创造了日月星辰、四季轮转和物质环境，王公侯伯本身亦由上天创设，命其教导百姓，衣食民人。此处之描述较西周材料更为详尽，然二者之立意、用词相当接近：
上天积极御疆辟土，立民之主，引导其所为，据其所作或 53
赏或惩。

是故，天意乃是行为之准则，上天本身的作用，在于保证这一准则得以施行：“故夫憎人贼人，反天之意，得天之罚者，既可谓［得］而知也。”[49]因此，圣人之所以遵从天意，并非由于天之文理界定了何谓适宜的人类文化，而是由

〔46〕“雷降”倒文，改作“降雷”。
〔47〕“而财”倒文，改作“财而”。
〔48〕《墨子·天志中》。
〔49〕同上。

于上天如此主动地干预人事，唯有顺天之意，避天之恶，方可繁荣昌盛。

在《法仪》《辞过》两篇中，这点体现得更为淋漓尽致。此二篇的写作时间，很可能在公元前 4 世纪后半叶。[50]《法仪》篇的论证多体现了墨家色彩，往往以技艺为例，开篇便谓天下之从事不可无法度。既已言明工匠之从事不可无法，《法仪》追问：何谓治理之法则？答案在意料之中：以天为法。

> 然则奚以为治法而可？故曰：莫若法天。天之行广而无私，其施厚而不德，其明久而不衰，故圣王法之。既以天为法，**动**（movements）、**作**（constructions）、**有为**（conscious action）必度于天。天之所欲则**为**之，天所不欲则止。[51]

作者与孔子相类，说先圣让自身法效于天。然而，正如墨家以“天”主动作为（“为”），而不效法文理，墨家之圣人也被塑造为积极行事之人。儒圣法效上天，威仪容止于不经意间已合乎礼文。与之相反，墨家圣人锐意造作，力求进取。

孔子以技艺为喻，意在说明如匠人处理、琢磨原料一
54 般，教化亦须条理、形塑人所禀赋的原质，关注的是实现一

〔50〕此二篇皆非核心篇，或相对晚出。然而后期《墨经》论述逻辑严密，葛瑞汉将之定在公元前 300 年左右。与之相较，此二篇并不如后期《墨经》一般，注重逻辑的严整性。参 *Later Mohist Logic*，p. 23。

〔51〕《墨子·法仪》。

个合乎文理、历经雕琢的自我。《墨子》亦以技艺为喻，关注的却是匠人的活动、创造力：正如匠人建造、造作之举必须以模范为绳，避免作品不合规矩，圣王之行为、造作亦须以模范为准，以免行为失当。作者对匠人合乎文理的作品并无兴趣，他有心于引领圣人行为、造作之法仪。

这种立场影响了《墨子》对种种问题的判断：《墨子》所理解的文化是什么？它又如何解释文化起源？在另一篇《辞过》中，答案逐渐显现。[52] 该篇界定了何谓圣人所作。与上述诸篇相类，《辞过》以为，圣王行事意在有利民生：

---

〔52〕就《辞过》是否属《墨子》核心篇一事，学者多有争论。尽管今本《墨子》置《辞过》于核心篇之外，王焕镳说该篇或即佚失的《节用·下》篇。参其《墨子校释》，第 176—186 页。原因在于《辞过》之论据、用词皆与《节用·上》第二十极为相似。与此同时，葛瑞汉说《节用·上》成书偏晚，被错置于核心篇中，其考证详实、颇为可信。参其 *Divisions in Early Mohism*，pp. 4，16–17。故《辞过》《节用·上》似皆晚于核心篇，细化了核心篇中所见的一些观点。譬如，核心篇《节用·中》第二十一言及建筑宫室，《辞过》所述与之极为类似，然论述大为详尽。

根据《辞过》之论据、用词似大致可将其划定在公元前 4 世纪，或仅稍晚于核心篇。譬如，在此篇中，作者仅以“阴”与“阳”论调节自然，用例与成书于公元前 4 世纪的另一部作品——《左传》相类。《左氏》载昭公元年医和说，阴、阳、风、雨、晦、明并为天之六气。葛瑞汉从徐复观说，认为在这类文本中，阴、阳仅表示对立，或可直译为“阴影和阳光”。直至公元前 3 世纪，阴、阳才被用于一个更大的宇宙论系统。参 Graham，*Yin-Yang*，pp. 70–71；徐复观：《中国人性论史》。且《辞过》并不如后期《墨经》一般关心逻辑是否严密，葛瑞汉将《墨经》系于公元前 300 年左右，故《辞过》或成于公元前 4 世纪。参其 *Later Mohist Logic*，p. 23。不仅如此，对“创作”问题的论辩主导了公元前 3 世纪的讨论，而《辞过》并未关注任何相关议题。

> 子墨子曰：古之民未知**为**宫室，时就陵阜而居，穴而处下。润湿伤民，故圣王**作为**[53]宫室。[54]

继而，《辞过》详言圣王造作之意。作者竭力声称，据其所见，今人造作以为观乐奢靡，与之迥异，圣人之造作自有理据：

> 是故圣王**作为**宫室便于生，不以为观乐也；**作为**衣服带履便于身，不以为辟（僻）[55]怪也。[56]

圣人筑屋以利民生。继而作者以此为据，责难当今的统治者，谓其仅为容饰而奢建宫室。[57]此后，《辞过》又言圣人制作衣服[58]、耕稼树艺[59]、舟车[60]以利民生。

是故，墨家全然视文化为圣人所作的具体工具、技艺及置办。与孔子相类，既将文化溯源于古代圣王，也用一种
55 与技艺有关的意象来讨论文化。然二者相似之处仅止于此。
作者无意于琢磨、条理的技艺，而着眼于制造工具、器械等

〔53〕此处可将“作为”直译为“created the making of”。
译按：意谓将作、为分言，不将其视为一词，而所谓“created the making of palaces and houses”，意指圣王创作了造屋（这一技术）。

〔54〕《墨子·辞过》。

〔55〕“辟”读为“僻”，邪也。

〔56〕《墨子·辞过》。

〔57〕同上。

〔58〕同上。

〔59〕同上。

〔60〕同上。

创作性技艺，使之有利于人。换言之，墨家之圣人即“作者”，其创作取决于自然之法则，而所谓“文化”即圣人所创作的工具、工艺。相反，孔子的圣人乃是条理者、组织者，他仿效天之文理，将之引入人世：上天赋予圣人文理，以供其法效，所谓“文化”，即上天之文理。

从此处所述之视角出发，便能理解本章上引之墨者对儒者的非难。墨家主张，创作本身绝对必要。问题仅在于，创作必须受到恰当标准的引导。而儒家从根本上否弃了这样一种创作，将其排斥于适宜的礼文秩序之外。

如今，或许可以重审《墨子》所言。虽则《墨子》诸篇有异，但在“作”的问题上似有共识。总之，圣人确然有“作”，而所谓“作”，特指创作工具、器械以及人工——这些创新使人类得以超越于动物之上，达至适合人的生存状态。然而，虽然创作行为必不可少，但并不意味创作本身就是好的：《墨子》一再强调，创作不可或缺，但必须时时受正确原则之引导。

此说意味深长。如我们所见，较孔子而言，墨家遣词造句与此前的西周铭文、诗歌大为贴近。它坚持了早先的西周观念，认为先圣之举应被视为建造、造作，而《墨子》某些早期篇章亦如此描绘上天本身；与之有异，孔子以为先圣举手投足间合乎文理，无心造作。可大异于传统的西周观念，墨家对创作持道德中立态度。如上所示，西周铭文、诗歌的普遍特征即宣称：实际上，现今并不存在什么举足轻重之人，正在创作什么新鲜事物。他们所作的一切，不过是沿着先祖、乃至上天发起的轨迹继续前行。《论语》在遣词造句上虽有出入，却也持有此种观点：孔子不断谈及要去重复、祖述过往之礼文。相反，墨家提出的框架不以重复过去为基础，而仅
56 强调遵循某些道德规范。只要在此规范内行事，创作便是欣然可欲之举。令墨家极为不安的是：在儒家的框架下，墨家所谓“作”必然意味着对过往文理的僭越，也意味着在自然文理之外着手人为。作为回应，墨家宣称只要遵守一定的准则，创作本身并非坏事：人不过是创作者、造作者，而倘若圣人没有创作文化，人类便无法达到“人之为人”的状态。对墨家而言，创作乃是满足人类所需的必经之路。

儒墨之争开启了诸多议题，他们所用的许多术语，在战国时代余下的时间里被广泛讨论。在此后的论辩中，随着论述愈发复杂，人们愈发严格地审视和关切许多问题、概念、术语。诚然，我们的研究兴趣主要在于去追溯这一过程。直至公元前 3 世纪，人们开始用大量篇幅加以处理《论语》中所言甚少、极为精辟地触及的某些问题，力求措辞精准、论述细致。而《孟子》明显体现了这一趋势。

修正对“自然”的定义

道德自然：《孟子》

如果说孔子仅将自己视为往昔文理之传述者，孟子

则与此相反，致力于宣告孔子为圣。如此一来，孔子确然有“作”：

> 世衰道微，邪说暴行有作。臣弑其君者有之，子弑其父者有之。孔子惧，**作**《春秋》。《春秋》，天子之事也。是故孔子曰：“知我者其惟《春秋》乎！罪我者 57
> 其惟《春秋》乎！”[61]

但对孟子而言，“作”这一行为与墨家理解的技术发明截然相反。对他而言，“作《春秋》”意味着孔子正确领会到了历史之文理，借编纂《春秋》将之引入人世。换言之，孟子意欲展示的孔子形象与《论语》中的圣人形象全然相类：正确凝练文理，将之引入人世。因此，孟子赞同先师对圣人的看法，并加以引用：“孔子曰：‘大哉尧之为君。惟天为大，惟尧则之。荡荡乎，民无能名焉。’”[62]与《论语》所言相类，圣人将天之文理引入人世。

即便如此，相比《论语》中的几句极为精辟的表达，孟子意欲寻求一种更有力的方式，将道德根植于自然之中。因此，孟子以为，孔子将道德、礼仪奠基于天之文理，而它们实是人之自然的一部分（“性”，human nature）[63]：“君子

---

〔61〕《孟子·滕文公下》，《四部备要》版。

〔62〕《孟子·滕文公上》。这段话实与上引《论语·泰伯》相同。

〔63〕葛瑞汉对孟子人性论的讨论极为精彩，参 Graham，“The Background of the Mencian Theory of Human Nature，” pp. 7–66。然葛氏以为，（转下页）

所性，仁义礼智根于心。”〔64〕

借由“性”这一概念，孟子着手处理天人关系：“孟子曰：‘尽其心者，知其性也。知其性，则知天矣。存其心，养其性，所以事天也。’”〔65〕

对孟子而言，文化全属自然，指的是礼仪道德而非技术发明。之所以如此，不仅是因为礼文由圣王法天而得，更是因为：道德乃是人性中的一部分，是人天生禀赋之属。道德并非被创作而来，既非出自圣王，亦非出自上天之造作，它是某种人与生俱来之物。故唯一问题在于：人必须正确培养自己的本性，才不致误入歧途。孟子以自然生长为喻，比附养育本性的过程：与植物生长的过程相类，仁义之起，也

（接上页）孟子着手处理人性问题，专为驳杨朱之论。此说稍有未备（Graham，“The Background of the Mencian Theory of Human Nature，” pp. 18–20）。笔者同意伊若泊对葛氏研究此一细节的质疑（Eno，*Confucian Creation of Heaven*，pp. 257–258 n. 41）。虽然杨朱著作皆佚，但传统将其描绘为一个极端利己主义者。葛瑞汉认为，孟子忧虑杨朱之说有损儒家道德，故提出人性问题予以回应。因此，孟子意在论证：追随人的基本欲望可以将人引入道义而非自利。葛瑞汉曾虑及孟子或是在回应墨者而非杨朱，但墨家对人性问题兴趣寥寥，几近于无，故葛氏排除了这一可能性。

墨家确然不讨论人性，然相较于回应杨朱之利己主义，孟子似将更多的精力，放在了反驳墨家的批评上。伊若泊说，孟子之所以使用“人性”这一概念，意在更为有力地捍卫儒家之礼说，以驳斥墨家的攻讦（参 Eno，*Confucian Creation of Heaven*，pp. 110–112）。伊若泊虽或持论太满（如下所示，孟子的某些论据确是在反对利己主义，或是为杨朱而发），但大体可靠。《孟子》中的大量论述（虽绝非全部）实似为了驳斥上述墨者对王权、文化的看法。

〔64〕《孟子·尽心上》。

〔65〕同上。

要通过一个生长、成熟的过程："孟子曰：'五谷者，种之美者也，苟为不熟，不如荑稗。夫仁亦在乎熟之而已矣。'"[66]
与培养植物，使之完全成熟相类，人唯一必需之事即养育自 58
己与生俱来的本性。因此，孟子在别处以"养心"描述此过程[67]——换言之，促使人生来禀赋之物自然生长。

孟子视道德出于自然，故避免使用主动造作、建造一类词汇：

> 告子曰："性，犹杞柳也；义，犹桮棬也。以人性**为**（make）仁义，犹以杞柳**为**桮棬。"孟子曰："子能顺杞柳之性，而以为桮棬乎？将戕贼杞柳而后以为桮棬也。如将戕贼杞柳而以为桮棬，则亦将戕贼人以为仁义与？率天下之人而祸仁义者，必子之言夫。"[68]

据孟子此处所强调的内容可知，他对墨家惯用的表示"创作式的建造"一类词汇不以为然。事实上，在他眼中，连孔子将教化理解为条理原质，使之合乎文理的过程都可能太过刻意。对孟子而言，某些东西原已有之（already there），人只是去滋养此物、使之显现，故譬喻也只能如此作比。由此，与其将教化过程比作匠人打磨原料，不如比作农人养育谷物，助其生长。

---

〔66〕《孟子·告子上》。
〔67〕同上。
〔68〕同上。

与《墨子·辞过》篇相较，此一观点格外有趣。还记得墨者主张创作，以求利于民生，而孟子则反其道而行之：唯有滋养人之自然，使之生长，方得以成就一个人的本性。刻意创作不仅毫无必要，而且妨害此一自然过程。

但若以道德定义文化，而道德又可发见于一切人之本性，何以孟子仍以往圣为尊？原来，他意欲坚持圣人以德教民的观点，为此，说圣人首先察觉到自己的本性，继而助益
59 他人，使他人亦能察觉自己的本性："心之所同然者何也？谓理也、义也。圣人先得我心之所同然耳。"〔69〕

在另一章中，孟子更为详尽地表达了同样的主张。彼处孟子称道伊尹所言〔70〕："天之生斯民也，使先知觉后知；使先觉觉后觉。予天民之先觉者也，予将以此道觉此民也。"〔71〕

或许，孟子也会如此解释孔子之"作《春秋》"：孔子恰当地"用心"，故得以"作"出圣人之业，因此理应为后世承述。

于是，与孔子相类，孟子建构了一套无关创作的框架以解释文化。对孟子而言，文化全然植根于上天，它之所以

---

〔69〕《孟子·告子上》。

〔70〕《孟子·万章下》。汤始建商，伊尹为汤相。伊若泊指出，伊尹很可能代表了孟子首先希望自己扮演的角色：正如伊尹教导商汤，孟子亦希望能作为君师，指导统治者如何开创新朝。见 *Confucian Creation of Heaven*，p. 260 n. 60。

有趣之处在于：在孟子的定义中，圣人乃是教导君王的臣子。若伊若泊所说无误，对处于孟子位置上的人而言，这一观点明显有其吸引力。我们将会看到：在后世文献中，圣人为王抑或为臣的问题变得愈发重要。

〔71〕 此说亦见《孟子·万章上》。

能够出现，与造作、人为毫无瓜葛。此外，所有与文化相关之物（对孟子而言，文化即仁义道德），都被置于如此框架下来解释：圣人率先觉知天赋之本性，又教民众以觉知之。一切不在此考虑范围之事皆不值一提。故孟子不仅无意处理制作工具的问题，而且在讨论文化与自然关系之时，也将关涉“技艺”的词汇排除在外。

随着论辩不断发展，孟子之说终将变得极为重要，因为它暗示着：若将人之本性视为一个自然生成的过程，任何以创作的技艺为基础的体系，便与之根本冲突。换言之，“创作”指的是人工造作，根本上便与自然判若鸿沟。对孟子而言，文化被界定为道德，它源于自然而非创作，也不可能被人为创作。

质疑文化:《老子》

“质疑文化”这类观点多将自然理解为一个自生、自发的过程，人必须顺从之。《老子》承袭此说，却将之改头换面。[72] 其中有一策略，即借用旧术语而赋予其新意义。《老

[72] 对《老子》文本年代的争论很多。其中一些争议之所以出现，乃是由于某些传统文献言及孔子见老子一事。一些学者据此主张《老子》早于《论语》。葛瑞汉重构了老子、孔子传说之形成，极为精彩。参 Graham, “The Origins of the Legend of Lao Tan.”

《老子》的内容明显晚于早期儒墨之争。原因在于:《老子》不仅对儒、墨皆有批判，并且实际试图从根基上推翻论辩本身所用之术语。然而，其写作时间不可能晚于公元前250年左右多少。首先，《荀子·天论》第十七和《吕氏春秋·不二》第十七曾言及《老子》。《荀子》的写作年代，在公元前3世纪中叶的几十年间，（转下页）

子》将术语原本所处的二元关系加以颠倒，在一套全新的语境下使用之，故此术语之意义，与此前所见大异。

60 首先，一些《论语》《孟子》的术语为《老子》所取，表面上看，《老子》似赋予了它们与《论语》《孟子》相似的重要性。例如，下述引文使人想到《论语》强调“静”的一章，又与孟子呼吁圣人“无事”（lack of interference）而使万物有序一章[73]相似：

> 故圣人云：
> 我无为而民自化，
> 我好静而民自正。
> 我无事而民自富。[74]

老子反感干涉、操控。此一倾向亦见于其他强调“无为”的章节：

> 道常无为而无不为。

（接上页）《吕氏春秋》成于公元前240年左右。非但如此，《老子》对公元前3世纪晚期以后的诸多文献影响甚巨。因此，尽管并不清楚其确切成书时间（公元前4世纪或公元前3世纪早期），但从我们的目的来说，关键在于：大约公元前3世纪中叶，这一文本已在知识圈中广泛流传，自是以后，《老子》很快变得极具影响力。

〔73〕 译按：此或谓《孟子·离娄下》“天下之言性也”章：“禹之行水也，行其所无事也。如智者，亦行其所无事，则智亦大矣。”

〔74〕《老子》，第57章。

侯王若能守之，万物将自化。[75]

虽不取与道德有关的术语，但在对“创作”问题的论辩之中，老子不断呼吁人们使自身合于自然之文理。单从措辞上看，他似坚定站在孟子一边。

然而，此说实误会老子。他有更大的野心，意欲暗自消解论辩双方。首先，他所定义的“道”并非某种自然生长的过程，而是这一过程之始：

> 有物混成，先天地生。寂兮寥兮，独立不改，周行而不殆，可以为天下母。吾不知其名，字之曰“道”。[76]

“母”字暗示：“道”不仅处于分化世界（differentiated world）之前，而且实孕育了宇宙的其余部分。如下章有云：

> 道生一，一生二，二生三，三生万物。万物负阴而抱阳，冲气以为和。[77]

这一宇宙论以为，“道”自然生发出分化世界。这一观点为《老子》的一个基本论断提供了背景，即圣人必须回返 61

---

〔75〕《老子》，第37章。

〔76〕同上书，第25章。

〔77〕同上书，第42章。

尚未分化之始源。唯以如此，他才可以真正理解自己统辖的分化世界：

> 天下有始。以为天下母。既得其母，以知其子。既知其子，复守其母。没身不殆。[78]

既然“道”被视为这一生长过程之始源，它则是天地分化之“根”，明显与女性相关：“玄牝之门是谓天地根。”[79]

因此，老子与孟子的人性论有所不同。孟子先让人去实现其生长过程，老子则更强调回溯此一过程之始源。对老子而言，分化之生长便意味着原初整全之丧失，而这一原初之整全便是他所谓的“道”。因而，《老子》通篇之重点，并不在于强调圣人去助益他人，实现其生长过程，反倒在强调我们必须折返、回溯至这一过程之始源。

恰如此类例证所暗示，老子重混沌而轻分化，背后尚有更大的企图：意欲全盘扭转许多流行的对立关系，借此颠覆彼时主流之宇宙论。之所以将王道等同于“静”而非“动”，并非主张王权之本质乃是礼仪，而是出于扭转传统观念的需要，意在否弃昊天、王者的动作本身。因而，老子在做出“重静而轻动”的论断之后，便随之赞扬“阴”而贬损“阳”，赞扬“弱”而贬损“强”。不仅如此，在老子的描述

〔78〕《老子》，第52章。

〔79〕同上书，第6章。

下，两极往往被表现为相互对立的力量，致使较低一方往往战胜敌对一方：

弱之胜强，柔之胜刚。[80]

颠覆种种二元对立之后，《老子》乃在新的语境中处理“作”的问题。他将“作”字定义为广义的不及物动词“动”
（activity），而非更为狭义的及物动词“创作”（creating）。 62
于是，“作”与“静”相互对仗。不出所料，老子贬低了“作”，主张一切显现、开始运动（“作”）之物终将复归本根，进入一种与“静”相关的状态：

致虚极，
守**静**笃。
万物并**作**，
吾以观复。
夫物芸芸，
各复归其根。
归根曰**静**。[81]

所以，《老子》所描绘的自然宇宙，乃是由静止与运动、整

〔80〕《老子》，第78章。另见第36章。
〔81〕 同上书，第16章。

全与分化的过程构成。尽管《老子》并不反对分化（毕竟，老子视之为自然过程的一部分），但他始终将重心放在对静止本根（亦即“母”“一”）的复归之上，而不关注由本根生成之物。

在老子的架构中，就连在自然世界中显现、分化之文理，亦不过是旁文剩义，既然如此，他谴责任何由人工造作而带来的分化，便在意料之中。在他看来，人类刻意的、非自发的造作乃是罪魁祸首，故《老子》对知识、机巧、造作、人为之流的抨击处处可见。而他同样也讥刺仁义，将之视为对“道”之沦丧。下略举一例：

> 大道废，
> 有仁义。
> **慧智**出，
> 有大**伪**（artifice）。[82]

老子质疑刻意造作和人为之举。有鉴于此，他对使用人造工具的强烈反感，便不足为怪：

63 小国寡民。使有什伯之器而不用。使民重死而不远徙。虽有舟舆，无所乘之。虽有甲兵，无所陈之。

〔82〕《老子》，第18章。

使人复结绳而用之。[83]

《老子》通篇强调“回溯”，此处亦然，特指回溯至人类发明器具以前。他向统治者建议，大规模禁止民众使用自己的器具，特别是舟、车、武器和文字——自墨家以后，人们便以为其中一些用具关乎人类文化之兴起。

因而，《老子》标志着早先在孟子处所见的趋势被推向极端：他呼唤人们拒绝人为，溯返道之自然。诚然，《老子》对宇宙整体的观感，与孟子对人性的理解大体一致：在此，自然世界被定义为一个自生、自发的过程，将与技术有关的术语（不仅有“作”，尚有“伪”“智”“巧”等）全然排除在自然世界之外。自然并不创作、造作，并且任何技艺、人工皆是在僭越自然。这一视角直接批评了墨家的想法，但老子既重新定义了用于讨论自然的术语，也重新定义了何谓效法自然之圣人，至少这两点对后世思想影响甚巨。《老子》暗示：一切人类活动都导致“道”的丧失，纵然如孟子所倡也概莫能外。实际上，老子甚至以为分化世界即意味着道的迷失，而孔、孟虽进路有异，却皆要求圣人遵循这一分化世界。

因此，《老子》借头足倒置之法，维护了传统的、人与自然的关联：西周观念以为圣人御疆辟土，以此法效上天；《老子》则以圣人守静笃、主无为，借此仿效未经分化之自

[83]《老子》，第80章。大量文献表明，结绳而治出现于书契发明之前（参如《系辞》）。因此，老子要求民众返归至结绳而治，实是在要求回到文字发明以前。

然。老子让人回返始源，溯归未经分化之整全，尽管应者寥寥，其基本论点却影响深远：人类活动标志着与自然世界的根本断裂。《老子》已降，若有思想家意欲肯定文化，则需重建其解释框架，重新定义所使用的语汇，或仅对顺遂自然
64 的问题全然不顾。恰恰自《老子》始，论辩转向人工的问题，转而追问自然与文化的关系。

文化的本质：战国后期论辩的发展

战国后期约略自公元前 270 年始，至公元前 221 年秦统一六国结束，这是这场论辩发展得最为精彩的时期之一。《老子》之流提出质疑，以为文化必与自然世界判然分离，而那时的大量学者却不以为然，着笔撰著，意欲解决此一问题。因而，我们一直谈及的各种用词、概念、议题渐渐广泛为人争论，在思想界愈发严格限定这些词汇意义的背景下，人们希望能够更加精准地使用这些术语。

圣人匠成：《荀子》

在公元前 3 世纪对文化问题的讨论中，荀子是关键人物之一，其思想耐人寻味。[84] 荀子热切捍卫这些观念：应以

---

〔84〕大多读者承认《荀子》大部分为荀卿自著，唯《儒效》《议兵》《强国》三篇以第三人称称“孙卿子”，似为例外，或为荀门弟子记录。参梁启超：《荀卿及〈荀子〉》，第 110 页。

然而，少数观点认为《荀子》出于众手。杨筠如首发（转下页）

礼仪、道德界定文化；文化之兴起，理应归功于圣人；鉴于圣人之举最终根源于天，故文化绝非出于专断而作。荀子既回应了墨家的圣人创作观，又响应了彼时流行的自然主义思潮，故既对圣人如何创作文化详加解释，又仔细说明了文化为何仍与自然相连。荀子之基本观点是：接受那些逐渐流行的对宇宙的解释，却重新界定文化的产生过程。

在对宇宙的解释上，荀子批评《老子》〔85〕强调返溯万物生长之始，而不关注生长过程的完成："愿于物之所以生，孰与有物之所以成？"〔86〕因此，他一改其说，将重心放在生长过程的终点，但仍使用一套基于自发观念的语汇："不为

（接上页）此论（《古史辨》第六册，第130—147页），伊若泊从之（*The Confucian Creation of Heaven*, pp. 136-137）。伊若泊观点独特，认为《荀子》诸篇由一些儒生（或为荀子本人，或为受其影响者）于公元前3世纪在稷下学宫所作，故在内容上也质疑了稷下其他主要学者。

目前尚无足以解决《荀子》作者问题的铁证或方法，因此只能以读者的主观印象去评判这一问题：诸篇是否体现了同一个人的思考历程？就个人观感而言，笔者遵从传统的解释。面对时代的张力，《荀子》诸篇确似反映了同一位学者的思想历程。尽管未必如《庄子·内篇》般独具特色，《荀子》诸篇在原创性、独特性水平上表现得相当一致，若非一人所作，虽并非绝无可能，恐难以保持连贯。

在判定《荀子》年代上，作者问题影响甚巨。近来约翰·诺布洛克（John Knoblock）在其 *The Chronology of Xunzi's Works* 中对《荀子》各篇编年，最为矜慎。确定各篇年代之证据相对有限，故全书要点之一在于假设《荀子》成于一人之手。该假设允许他从同一个人的思想发展历程安排各章，将旨意互相关联的篇目安排在一起。因此，即便只有少数篇章包含可用于确定年代的线索，一旦诺布洛克将之与他篇关联，纵使其余诸篇不存在年代线索，其归纳依然有据。概言之，诺布洛克之推论确然言之成理。

〔85〕《荀子》通篇可见点名批评《老子》之语，如《天论》第十七。

〔86〕《荀子·天论》。

65 而成，不求而得，夫是之谓天职。”[87]老子说上天的特点是“不为”“不求”，荀子也采用了这种说法，但他将这些特征都归之于天，而非老子提出的某种未分化的“一”。

但是，荀子与孟子针锋相对。孟子试图使道德奠基于自然世界之上，而荀子起码在修辞上予以严词批驳：“人之性恶，其善者伪也。”[88]此处笔者从华兹生（Burton Watson）说，将“伪”译为“有意而为”（conscious activity），“人为”意味很重。于是，此处荀子之论辩清晰可见：道德由人为而成，并非出乎自然。尽管荀子拥护自然之根基在于无为之说，但明确反对圣人应据此效法自然，无为而治。

同样，在荀子对文化与自然的大体描绘中，仁义并非出于人之自然亦是一大主题。受当时流行影响，荀子亦常言在自然之中，天地交合而万物生长。但是，他无意将文化根植于这一生长过程之中，转而宣称二者有异：“天地者，生之始也；礼义者，治之始也；君子者，礼义之始也。”[89]由此，荀子起码在修辞上严分天人：前者自生自化，无意造作，后者确然在有意而为。

荀子将文化与自然严加区分，这一立场有悖于传统观念。如上所述，自《论语》《墨子》至于《老子》，诸多文献虽有差异，却皆支持圣人始终仿效自然的传统观点。若假定圣人锐意创造，则上天亦然；若谓自然宁静无为，则圣人也

〔87〕《荀子·天论》。
〔88〕《荀子·性恶》。
〔89〕《荀子·王制》。

是如此。与此相反，荀子拒斥此说，严断天人之分。

然而，若礼仪、道德并非源于自然，而是出于圣人所作，那么何以并非出于专断？在处理圣人如何塑造文化的问题时，荀子予以明确回应：

> 问者曰：“人之性恶，则礼义恶生？”应之曰：凡礼义者，是**生**于圣人之伪，非故生于人之性也。故
> 陶人埏[90]埴而**为**器，然则器生于工人之伪，非故生于 66
> 人之性也。故工人斫木而成器，然则器生于工人之伪，非故生于人之性也。圣人积思虑，习**伪**故[91]，以生礼义而起法度。然则礼义法度者，是生于圣人之伪，非故生于人之性也。[92]

据荀子说，正如陶工制罐、工匠用器一般，圣人创制了文化。乍看上去，纵使荀子用礼义界定文化，却亦将礼义比作以技艺，似在大方向上认同墨家对创作问题的理解。换言之，即便荀子与孔子相近，同样以礼义界定文化，却也偏离了孔子的意图：在孔子的勾勒下，圣人自身效法天之文理，借此文化得以显现。不仅如此，荀子还极力反对孟子将礼义根源于天赋本性，也反感老子对人工之批评，这都加深了人

---

[90] 埏，揉和也，训长，此据埏之词族可明确得见（如延，长、远也）。埏埴于此谓牵拉、延长黏土，即对黏土加以制作。

[91] 习谓习惯、习染。

[92]《荀子·性恶》。

们对荀说的误解。若荀子主张礼义并非基于自然，而是出于圣人人工造作，与工匠之建造相类，那么似必导向墨家所倡导的圣人创作观。

然而，荀子与墨家所用之譬喻实大有违异。意识到这一点，方可谓初窥荀学之门径。与墨者不同，荀子无心发明具体器具、技术。譬如对他而言，不可泛泛将创制文化之举与发明制陶技术相提并论，而只能将之与制作每一件陶器的行为相比——看似平淡，终日不倦。换言之，在荀子眼中，
67 文化是日常对技艺的练习，而非创新。与工匠在制器过程中用心练习之举相似，荀子着意的是在创制文化过程中的“有意而为”。

故荀子并不认为圣人如创作技术一般“作”了文化，与此相反，圣人有意而为（“伪”）以“生”文化，正如匠人有意而为（“伪”）以“生”器具。从“作”到“生”，用字上有重大转变：“生”字有“生育”“生长”之义，用以指涉诸如母亲生育胎儿的自然过程。据荀子说，对圣人而言，核心问题在正确地有意而为，一旦如此，如工匠正确行为，生成器具一般，文化亦会自然生成。是故问题转换为：对荀子来说，“伪”究竟意味着什么？

“伪”如何产生？《正名》篇之表述最为详备。荀子说，人之本性自然而发，唯有当心开始作用于自发之生性时，才可称得上“伪”：

> 生之所以然者谓之性。性之和所生，精合感应，不

事而**自然**谓之性。性之好、恶、喜、怒、哀、乐谓之情。情然而心**为**之择谓之虑。心虑而能**为**之动谓之伪。[93]

因此，“伪”指心作用于人之自然禀赋，将思虑付诸习练。

在《天论》篇中，荀子力求推进此说，谓圣人之业在于正确地使用天赋之感官[94]。下文开篇便讨论人的生性出于上天：

> 天职既立，天功既成，形具而神生，好、恶、喜、 68
> 怒、哀、乐臧焉，夫是之谓天情。耳、目、鼻、口、形能各有接，而不相能也，夫是之谓天官。心居中虚，以治五官，夫是之谓天君。财（裁）非其类，以养其类，夫是之谓天养。顺其类者谓之福，逆其类者谓之祸，夫是之谓天政。[95]

如此，荀子将人之降生描述为一场“天事”，将人的各种感官称作“天官”，将人心称作“天君”。继而，他讨论了正确运用天官、天心的方法：

> 暗其天君，乱其天官，弃其天养，逆其天政，背其

---

〔93〕《荀子·正名》。

〔94〕 近来，学者对《天论》篇多有讨论。特见 Ivanhoe，“A Happy Symmetry”；Machle，*Nature and Heaven in the Xunzi*；Eno，*The Confucian Creation of Heaven*，pp. 154–167。笔者对伊若泊的解释稍有异议，参本章注〔98〕。

〔95〕《荀子·天论》。

> 天情，以丧天功，夫是之谓大凶。圣人清其天君，正其天官，备其天养，顺其天政，养其天情，以全其天功。如是则知其所为，知其所不为矣，则天地官而万物役矣。其行曲治，其养曲适，其生不伤，夫是之谓知天。[96]

在荀子的解释下，圣人之举在于清理、顺应、养育天赋之感官。一旦圣人正确培养其感官，则知其所为与所不为。因此，若能正其天官，则得以指导行动。为进一步突出此处隐含的目的论，荀子将培养过程的最后阶段称为“知天”。

显而易见，《礼论》篇也有这种隐含的目的论。荀子宣
69 称：恰如天地合而生万物、阴阳接而起变化，人之生性与有
意而为相合之时，秩序乃得以生成：

> 故曰：性者，本、始、材、朴也；伪者，文、理、隆、盛也。无性则伪之无所加，无伪则性不能自美。性伪合，然后圣人之名一，天下之功于是就也。故曰：天地合而万物生，阴阳接而变化起，性伪合而天下治。天能生物，不能辨物也；地能载人，不能治人也；宇中万物生人之属，待圣人然后分也。[97]

因此，圣人创作秩序，乃是世界生成过程中的一部分。恰若

---

〔96〕《荀子·天论》。
〔97〕《荀子·礼论》。

天必须与地相配、阴必须与阳相合，圣人必须正确运用天生之感官，使之作用于人的本性，秩序乃得以生成。

如今，我们乃得以初窥荀说堂奥，理解其所言圣人最初对文化的创制。荀子不言圣人创造，仅言圣人训练自我，以运用其天生官能。这一过程堪比工匠训练自我，制作器物：二者皆必须以特定的方式，极力规整其行为。一旦圣人完成对自然感官的训练，他们得以“生出”文化。

因此，虽然荀子并不以为仅凭效仿自然之外部文理，
圣人便得以生出文化，然而他仍将文化植根于自然之中，其
所谓“性恶”、严断天人之分，倒更像一种修辞。尽管天人
之连续性并非直截了当，他也绝不以为文化与自然截然断
裂，而将二者描述为相关之物：人之感官本乎天生，若人能
正确运用这些感官，则是在有意而为，以此生成文化。对荀 70
子来说，“人为”或“伪”所造就的文化，绝非出于圣人之
专断。[98]

---

〔98〕 此处，或许值得评论伊若泊对《荀子》的阐释。从很多方面来看，伊书属于对《荀子》诠释得最为仔细的作品之一。之所以如此说，很大程度上是因为伊若泊试图去追问：在对特定议题的处理上，作者们（对他而言，《荀子》作者不止一人）的基本关切何在？就《荀子》如何表现天的问题，伊氏认识到：《荀子》对天的处理显得自相矛盾：有些时候，上天价值中立，与人性截然不同；而在另外一些时候，上天赐人以官能，使人性正确发展。见 Eno，*The Confucian Creation of Heaven*，pp. 144–169。

然而，就伊氏对这一明显矛盾的解释而言，笔者必须谈一谈自己的一些不同看法。伊氏以为，诸位作者对“天”的理解各异，表明他们无心将“天”视为同一个概念。他们仅仅是在不同语境之中、以不同的方式使用“天”这个词，意在反驳彼时的其他思想家。在某些（转下页）

荀子对文化起源的解释相当精细，至少将这一起源隐隐根源于天。圣人虽创制了文化，可这一创制，却不同于墨家意义上的技术发明。相反，荀子说文化由礼仪、道德构成，又谓其起源绝非出于专断。实际上，文化的产生与创作行为全然无涉。尽管圣人有意创制了文化，且这一创制处于自然领域之外，可一旦文化被正确地创制出来，纵使它与上天并非直接相关，也终究是上天的产物。为此，荀子坚称礼仪法度之创制，乃是为圣人所“生”，而非“作”。

荀子既已阐明圣人如何塑造礼仪、道德，基于这一前提，他又会如何应对墨家对儒家关乎技艺、技术发明问题之攻讦？墨家以儒家之重“述”而轻“作”为谬，耐人寻味的是，荀子恰恰反驳了这一点，说那些利用过去所作工具之人，较作者本人为优：“倕作弓，浮游作矢，而羿精

（接上页）地方，他们说自然价值中立，与文化截然不同；在另一些地方，又说自然生成了礼仪的习俗基础，这都是为了驳斥自然主义者的说法，让自己在言辞上占据上风。见 Eno，*The Confucian Creation of Heaven*，pp. 154，168–169。

笔者承认《荀子》对天描述不一，许多确是在回应彼时的自然主义进路。然而，若仅将这些看似矛盾的表述解释成在不同语境下，作者对自然主义挑战的不同回应，笔者却不敢苟同。相反，笔者以为，虽然《荀子》对天的处理有异，但从结构上说，它们相互关联：作者（笔者相信，《荀子》之作者即荀子本人）试图说明：面对断裂、创作问题之时，可以开辟出另一条道路、一条与自然主义者试图处理的方式不同的道路。将正文中荀子的观点加以概括，即荀子以为，文化与自然有关，二者却未必要全然相合。持极端立场的思想家呼吁，自然和文化要么全然合一，要么完全断裂。那么，荀子试图指明一条中间路线（据下文可知，荀子有先见之明：后世诸家皆采取了此类极端主义立场）。

于射；奚仲作车，乘杜作乘马，而造父精于御。”〔99〕重点不在于特定工具之发明，而在于后来它们如何为人使用。与墨家相反，荀子认为，在创作工具的历史中，至要之人并未发明工具，而是用心精熟手头的技艺，使之被正确掌握。此处荀子想说：墨家对发明工具、技术的强调实是本末倒置。对他而言，过去之关键产物乃是礼仪，可它们并非出于创作，而是生于天赋之心。与之相应，应将此心用于精熟被创作出来的工具上。

如上所述，荀子在技术发明问题上自有主张。然而，墨家批评之另一面尚待厘清：创新问题。所谓创新问题，即批评儒家汲汲于承述往圣之业，致使无法接受人们对创新的
需要。荀子部分认同这一点：尽管他主张顺从往圣之礼仪， 71
但他也相信某位新圣必须兴起，至少可以创作一部分新的制度。与讨论文化起源诸篇所用之“生”字有异，荀子在此背景下用了“作”字表示“创新”，如荀子论名有云：“今圣王没，名守慢，奇辞起，名实乱，是非之形不明……若有王者起，必将有循于旧名，有**作**于新名。”〔100〕就这一点看，荀子默认了墨家之批评，认为顺从过去虽然重要，但有时创新（“作”）不可避免。然而，对荀子而言，“作”这一举动颇为棘手，因此在《正名》剩余的绝大篇幅中，他都在解释圣人究竟如何创作。因此，荀子在《正名》篇中的尝试，代表着

〔99〕《荀子·解蔽》。
〔100〕《荀子·正名》。

儒家解释圣人之“作”的最初一批努力。

《正名》通篇，荀子试图据上述“用心”之过程限制创作：唯有正其天官，圣人方可制名。荀子设问：“何缘而以同异？”答曰：“缘天官。”此后先描述天官如何意会物之同异，后云：“心有征知。征知则缘耳而知声可也，缘目而知形可也。然而征知必将待天官之当簿其类，然后可也。”〔101〕正是在此基础上，圣人为万物指派名号：

> 此所缘而以同异也。然后随而命之……知异实者之异名也，故使异实者莫不异名也，不可乱也，犹使异〔同〕〔102〕实者莫不同名也。〔103〕

唯有正确运用人生而即有之官能，才能正确区分众物之实
72 质，圣人乃可制名。因此，荀子将创作根植于“用心而为”之中，以此限制圣人之创作，又一如既往地规范此一“有意而为”的定义，避免其流为专断，强调这是一个正确运用人之天赋感官的过程。

圣人既已为万物制定名称，荀子解释他如何建立语言：

> 名也者，所以期累实也。辞也者，兼异实之名以论一意也。辨说也者，不异实名以喻动静之道也。期

〔101〕《荀子·正名》。

〔102〕为保持与下文“同名”对应，此处之“异”改作“同”。

〔103〕《荀子·正名》。

> 命（名）[104]也者，辨说之用也。辨说也者，心之象道也。心也者，道之工宰也。道也者，治之经理也。心合于道，说合于心，辞合于说。[105]

所以，荀子将心的活动根植于道，而“道”被定义为统治的标准、原则。不仅如此，他还坚持使用自己喜爱的比喻，将心比作道的工匠和主宰。心为工匠，合于正治之道，统合诸名，借以达意明道。

因此，一旦圣人正其天官，他便将自然分门别类，命之以名。继而用心以合乎道，逐步建立起更高一级的语言要素。荀子回应了墨者，同意此刻圣人必须兴起创作，但严格限制其创作方法：必先正其天官，乃可明辨自然世界中事物的同异。

《论语》诸章表述简练，以为圣人所作绝非臆造，而是将一套合乎规范的、最终根源于天的秩序引入人世。如上所论，荀子将《论语》诸章中的简练表述演绎得更为精细：因此，荀子说圣人起初“生”礼义，而非“作”礼义。他确然
用“作”字指涉创新之举，可又谨小慎微，对圣人如何创新 73
加以限制，即正确运用天赋之感官。对他而言，文化或许出于人为，但绝非出于专断。

〔104〕“命”读为“名”。
〔105〕《荀子·正名》。

圣人效法自然:《乐记》

《礼记·乐记》篇试图以一种不同的方式界定文化与自然的关系。尽管从整体上看，该篇与《荀子·乐论》相似，但《乐记》的回应反映的特征，与荀子之著述迥然不同。《论语》所谓“述而不作”为墨家所讥，而《乐记》改写了这一观念。以下一节，与我们手头讨论的主题密切相关：

> 故知礼乐之**情**者能**作**，识礼乐之**文**者能述。作者之谓圣，述者之谓**明**。明、圣者，述、作之谓也。[106]

作者坚持：圣人确然“作”，而智者承述圣人所作之文理。与荀子相类，《乐记》作者也希望以礼乐界定文化。然而，在描述文化起源之时，二者分道扬镳：与荀子不同，作者认为文化非圣人所“生”，而是为其所“作”。为回应墨家，他并未重新界定圣人做了什么，而是重新定义“作”字本身：圣人确实有“作”，但“作”字与技术发明无关。

据引文所述，唯有圣人知礼乐之情理，乃可开始创制。继而，《乐记》立即解释了何谓“礼乐之情”：

> 乐者，天地之和也；礼者，天地之序也。和，故

---

〔106〕《礼记正义·乐记》,《四部备要》版。

百物皆化；序，故群物皆别。[107]

作者以为，乐中包含了和谐，礼中蕴含了秩序。又圣人分别根据天地，创制了礼和乐：

乐由天**作**，礼以地**制**。过制则乱，过作则暴。明 74
于天地，然后能**兴**（raise up）礼乐也。[108]

圣人基于天而作乐，基于地而制礼。有意思的是，他选择了“作”“制”这两个动词，因为二者皆有“积极建造”之义：“作”的“建造”意味很重，而“制”含“裁断”之义。用“制”字解释礼的起源，似乎恰到好处：因为作者以为，礼建立在秩序、分别之上，所以他使用“制”字，不过是要强调圣人的裁断之举。可他用“作”字形容乐的起源，却让人大吃一惊：既然《乐记》以“和”来界定乐，想象音乐由天而来，而“作”字却强调有意创造，故用“作”来解释乐的起源，似有未安。在描述文化起源的时候，荀子并未犹豫不决，强调了圣人行为中“人为”的一面，但连他也避免了使用像“作”这样的字。至少自墨者时代起，“作”字就有强烈的“有意创造”之义。而《乐记》作者何以使用了“作”字？毕竟他的关切在于：圣人作乐之时，在何种程度上仅仅

〔107〕《礼记正义·乐记》。

〔108〕同上。

效法了上天？原来，作者把制礼、作乐一并观之，用“兴”字来描述这一过程。不错，作者是在说：圣人确实“作”乐，可此举不过是将天的和谐引入人世。因此，他是在另一种“使……兴起”的意义上，而非墨家“刻意改造”的意义上使用“作”字。圣人确实有“作”，可此举是在效法自然，而非如墨家所言一般，是在造作某物。

随着论证逐渐深入，《乐记》用“作”字表达“使……兴起”的意图愈发清晰。原来，在讨论乐之兴起时，作者交替使用了“作”与“兴”二字。他在一些地方沿用了“作”字：“王者功成**作**乐，治定制礼。”[109]可在一些时候，他在遣词造句上有一些耐人寻味的变化：

75 天高地下，万物散殊，而礼**制**行矣。流而不息，合同而化，而乐**兴**焉。[110]

在《乐记》的描述下，礼仪仍然为人所“制”。但讨论到乐的起源时，这里用动词“兴”代替了“作”字。借由这种文字游戏（verbal play），《乐记》的作者重申了他在如何理解“圣人之举”上的基本判断：音乐并非由圣人积极造作而来，圣人只是使和谐从自然世界中兴起，将之以音乐的

〔109〕《礼记正义·乐记》。

〔110〕同上。

译按：普鸣将此处的“制”字理解为动词，与“兴”对言。所谓“礼制行矣”，指“礼仪被制造出来，付诸行动”。

形式引入人世。

下一句有云："春作夏长，仁也；秋敛冬藏，义也。仁近于乐，义近于礼。"〔111〕作者将礼义等同于自然四季。如此一来，作者在不及物义上使用"作"字，表示"动"（become active）或"起"（arise），而"春作"指的是"春天的兴起"。因此，此节一直在使用"作"字表示不及物的"兴起"（arising），或及物的"使……兴起"（making arise）。

接下来，作者对他所说的许多主题进行了总结，关涉礼乐的起源：

> 乐者敦和，率神而从天；礼者别宜，居鬼而从地。故圣人作乐以应天，制礼以配地。礼乐明备天地官矣。〔112〕

为了分别回应上天与大地，与之和谐一致，圣人制礼作乐，成全了天地的功业。在此，作者挑明了通篇隐含的观点：与其说礼乐出于圣人有意造作，不如说它们根基于天地之中，乃至成全了天地。

《乐记》以为"作"乐之举本源于天，很可能利用了战国后期宇宙论的一般主题：它们普遍将天与"作"（动作，

---

〔111〕《礼记正义·乐记》。

〔112〕同上。

译按：普鸣将末句译作"Rituals and music illuminate and complete the work of Heaven and Earth"，即"礼仪和音乐阐明、成全了天地的职分"。

activity）的属性、地与“静”的属性相联系。例如，马王堆 76《老子》乙本所附古佚书四篇之二《十六经》[113]有云：“地俗（育）[114]德以**静**，而天正名以**作**。静作相养……阴阳备，物化变乃生。”[115]静与地、动与天相互关联，分别构成分化世界的一部分，其相互作用构成了生长过程。[116]

由于“作”字的不及物含义“动”通常与天有关，《乐

---

〔113〕写本发现于马王堆三号墓，墓的年代定在公元前 168 年。《老子》乙本及其所附古佚书四篇避汉高帝刘邦之“邦”字讳，不避惠帝刘盈讳。这意味着写本抄于公元前 194 至公元前 180 年间的惠帝在位时期。学者对实际成书年代假设纷纭。唐兰说其语多与《慎子》佚文相合，应定于公元前 400 年左右。见唐兰：《马王堆出土〈老子〉乙本卷前古佚书的研究》。然而，唐兰恐将年代定得过早。古佚书虽引及慎到，但其所展现的整体体系与不早于公元前 3 世纪中期的文本相类（如《吕氏春秋》中的某些篇章）。研究此文本的大部分学者以为，合理的创作时间是在约公元前 250 年至汉初这一段时间。如吴光：《黄老之学通论》；金谷治：《先秦における法思想の展開》。因为古佚书四篇似与《吕览》处于同样的思想背景，且无一提及帝国之一统，故笔者视其为战国后期文献。实际上，古佚书四篇中的若干小篇皆假定了一种战国时期的政治环境，见《经法・六分》《十六经・本伐》。或以为此诸篇可能指汉初中央政府与反叛封国之间的战争，但这一解释方向太过牵强。

〔114〕从《马王堆汉墓帛书（一）》整理者说，“俗”“育”音近可通。

〔115〕《马王堆汉墓帛书（一）・十六经》，第 66 页，96b–97a。本文所有《十六经》及下文所论《称》皆引自《马王堆汉墓帛书》，1980 年，该版本包含大量对写本的研究。鉴于每一页都包含大量文本，笔者也仿照裴文睿（Randall Peerenboom）在其 *Law and Morality in Ancient China* 里的做法，附上帛书原始行数，以便阅读。因此，引文格式包括页码，后附帛书原始行数。帛书的原始行数皆标明在 1980 年版的图版、释文上，故按此格式易于检索引文。

〔116〕与此相似，《北堂书钞》引《申不害》佚文有云：“地道不**作**，是以常**静**；地道常静，是以正方。”（1888 年版；重印于台北：文海出版社，1962 年）

记》的作者便反驳说，圣人作乐之时效法上天，这里的“创作”之举，也应该在“使……活动”“使……兴起”的意义上理解。在此，作者的文字游戏再次强调，圣人是多么单纯地想效法上天：上天自发地形成文化，圣人之“作”不仅绝非僭越，在事实上，它直接与上天自身的属性相似。

因此，《乐记》的作者与荀子相类，以为圣人创作文化，以成全天地。不过，此处作者回应墨家批评的方式与荀子截然不同，影响终将更为深远。荀子承认：人类文化是一种技艺，但此说隐含了天人之断裂，为限制这种断裂，荀子说圣人之作不过是在谨慎地运用上天所赐予他们的感官。相反，《乐记》作者重新界定了“作”字何谓：“作”并非指涉“有意创造”，而意味着“使……兴起”；“作”的过程并非创新、改造，而是在效法、成全天地之业。

技术文明

荀子限制“作”，《乐记》重新定义“作”字，如果说他们代表了围绕“作”这一概念的两种努力，那么，其他战国后期作者则是全然在墨家的意义上使用“作”字。他们毫无顾虑，将圣人所作的文化视为技艺、工具，不管它是否与自然世界互相关联。以《周礼·考工记》[117]开篇一节

---

〔117〕传统记载，武帝时，充《考工记》一篇于《周礼》。就成书年代而言，大部分学者将其视为战国后期的产物。参鲍则岳（William Boltz）对此问题的简要总结，载 *Early Chinese Texts: A Bibliographic Guide*, pp. 24–32。

为例，它对创作问题的看法不禁让人想到墨家。它重新阐释了《论语》中孔子所谓“述而不作”，与我们当下的讨论密切相关：

> 77 **知**者**创**物。**巧**者述之，守之世，谓之工。百工之事，皆圣人之**作**也。烁（铄）[118]金以为刃，凝土以为器，作车以行陆，作舟以行水，此皆圣人之所**作**也。[119]

荀子将圣人之举等同于匠人所为。与之有异，《考工记》的作者在此以一种墨家的方式，说圣人发明了技术，而非用技艺训练自身。他以为圣人确实有“作”，这点与《乐记》相同；而与之有异者是，他既不欲将文化扎根于自然世界，也无意重新定义何谓创作，认为创作不仅仅是如《乐记》所言那般，将自然之文理引入人世而已。圣人之举是否与普遍自然世界相互关联？《考工记》的作者漠不关心。简言之，他与墨家相类，用“作”字指涉“刻意创造”，用圣人的技术发明来讨论文化。该篇与《乐记》之差异，读起来就像是墨家与早期儒家论辩的战国晚期版本。

另外的一些作者利用墨家对于“作”的理解，主张过去圣人确曾有意而作，故当下亦应锐意创造。例如，《韩非子·五蠹》与《墨子·辞过》对文化起源的描述相似：

---

〔118〕“烁”读为“铄”。

〔119〕《周礼正义·考工记》,《四部备要》版。

上古之世，人民少而禽兽众，人民不胜禽兽虫蛇；有圣人**作**，构木为巢以避群害，而民悦之，使王天下，号曰有巢氏。民食果蓏蜯蛤，腥臊恶臭而伤害腹胃，民多疾病；有圣人**作**，钻燧取火，以化腥臊，而民说之，使王天下，号之曰燧人氏。中古之世，天 78
下大水，而鲧、禹决渎。近古之世，桀、纣暴乱，而汤、武征伐。今有构木钻燧于夏后氏之世者，必为鲧、禹笑矣；有决渎于殷、周之世者，必为汤、武笑矣。然则今有美尧、舜、汤、武、禹之道于当今之世者，必为新圣笑矣。是以圣人不期修古，不法常可。[120]

《五蠹》开篇给出了一个叙事，描述圣人如何创造技术文明。而这一潮流必然导致与自然世界之断裂，韩非子却置之弗论。事实上，他偏偏就是从断裂的意义上定义文化：圣人发明技术，文化才得以兴起；这些技术发明目的明确：使人远离动物，用烹饪改变食物，得以控制洪水。换言之，他将文化等同于一系列发明，这些发明使人们远离、操控、驾驭自然世界。

此外，韩非子利用了这种说法，坚称创新是多么重要：他毫不在意圣人创作与自然世界的关系，也坚决反对任何承述往圣之举。他用来判断何时应该创新的唯一标准是：此举是否能跟得上时代？我们在《墨子》诸篇中所发现的道

〔120〕《韩非子·五蠹》，《四部备要》版。

德关切，在《荀子》中所见的那种小心翼翼、对圣人创新手段的犹豫踟蹰，在韩非处都消失殆尽。在韩非笔下，时势变迁，所谓“文化”，不过是圣人应时而作的创造发明。他既不在乎承述往圣之创作，也无意主张什么与自然形式上的连续性。对韩非而言，创造势在必行，理所应当。[121]

圣人弃作

迄今所论之战国后期文献一再重申：人的活动隐隐标志着与自然世界的断裂。这一观念坐实了墨家对早期儒家的
79 影射，即人的创作难以与自然调和。故《荀子》《乐记》应之而起：荀子将人为根植于天赋感官，而《乐记》则重新界定了“作”字，以便弥缝天人之罅隙；又有《考工记》《韩非子》试图坚持墨家对“作”字的定义，将之理解为人为的有意造作，由此，对人与自然是否和谐不管不顾。然而，彼时持论相反者不乏其人：倘若“作”字全如墨家所言，意谓“人工造作”，那么根据此一定义，任何创作都是在僭越自然世界，因而圣人绝无可能创作。因此，这类作者取用造作意味很重的“作”字，恰恰是因为反对造作：如此使用“作”

[121] 齐思和说，将圣人视作发明家是战国时期之根本观念；而韩非子属于最早一批勾勒出圣人发明序列的学者。参其《黄帝的制器故事》，第201页。然而，据笔者对论辩发展过程的分析，以上二说似不无疑义：最初讨论圣人发明之人绝非韩非，论辩古已有之，韩非仅是其间一隅；韩非绝非彼时观念之代表，其立场激进，罕有学者从之。更可注意者，战国时人未必皆视圣人为发明家，这一问题在本章下节将逐渐厘清。

字，恰恰因为它使得他们可以界定何谓圣人所不当作。[122]如《庄子·知北游》云：

> 天地有大美而不言，四时有明法而不议，万物有成理而不说。圣人者，原天地之美而达万物之理，是故至人**无为**，大圣不**作**，观于天地之谓也。[123]

作者于此公然宣称圣人不作。非但如此，圣人之所以不作，乃是因为他们仿效自然世界之运动过程：《庄子》以为，自然是合乎文理的运动（patterned activity），号召圣人去“观”于天地，借此效法其文理。简言之，墨家对早期儒家的批评并非公允，用以批评此节却是恰到好处：作者宣称，圣人仅仿效自然世界之文理，故绝无可能刻意而作。

就某些方面而言，此节确令人想起《论语》中让墨家极为不满的某些段落，“天地不言”一节很可能涉及《阳货》第十九章：

---

〔122〕将本节所论文献称为“黄老”已愈发流行。然而，“黄老”一词不见于任何汉代以前文献，故笔者避免用此标签讨论战国问题。

〔123〕《庄子·知北游》，《四部备要》版。葛瑞汉说，在某种程度上，第二十二篇《知北游》为否弃智识的重要性而作，而《庄子》的编撰者错置此“天地不言”一段于其间。相反，葛氏将此段与另外一些段落并入其所谓“道的理性化”（“Rationalizing the Way”）一节。参 Graham, *Chuang-tzu*, pp. 148–149。然而，本段从未为运用智识辩护，而且如果说另一些被归于此“道的理性化”框架下的文本有什么倾向的话，很可能作者也是在拒绝运用智识。所以，葛氏对《庄子》的校订并无必要，且可能将人引入歧途。

子曰："予欲无言。"子贡曰："子如不言，则小子
80 何述焉？"子曰："天何言哉？四时行焉，百物生焉，
天何言哉？"

与此同时，《庄子》批评有意而为（"为"），颇有可能与《卫灵公》第五章相关：

子曰："**无为**而治者，其舜也与！夫何为哉？恭己，正，南面而已矣。"

而不同于《论语》，《庄子》此节坐实了墨家的批评。他们曾指责儒家有"不作"的倾向：若圣人仅去效法自然世界之文理，他便无法同时而"作"。

同样，大量战国晚期文本亦主张圣人不应创作。如《鹖冠子》第四篇《天则》称："不**创**不**作**，与天地合德。"〔124〕

---

〔124〕《鹖冠子·天则》，《四部备要》版。为《鹖冠子》诸篇断代殊为不易，过去普遍以之为汉代以后的作品，直至马王堆《老子》乙本所附四篇帛书发见。四篇古佚书不少语句与《鹖冠子》相合，故学界普遍相信它们成书于战国晚期到汉初。这一推断甚为可信。因而，早期中国领域的专家近年对《鹖冠子》多有研究，最著名者属李学勤：《马王堆帛书与〈鹖冠子〉》；Graham，"A Neglected Pre-Han Philosophical Text: *Ho-kuan-tzu*"；Peerenboom，*Law and Morality in Ancient China*，pp. 273-283。李学勤与裴文睿一并以为，《鹖冠子》系不同文本编撰而成，因此，必须分别为各篇断代。而葛瑞汉持不同意见。

葛瑞汉说，《鹖冠子》成于一人之手。作者创作之时，思想经历了一系列变化。正因如此，虽然各篇与年代相关的线索稀少［如第九篇楚"令尹""柱国"之官名亡于秦之一统，第一、二篇避嬴秦（转下页）

如上可见,《考工记》将创、作的品质归于圣人,而《鹖冠子》则拒斥这些品质:圣人让自己与自然世界相连,而绝不创作。

之所以《庄子》《鹖冠子》两节用了墨家对"作"字的定义,造作意味很重,恰恰是为了描述何谓"圣人不作"。然而,这一立场仅仅使得墨家的批评变成当务之急:如果主

(接上页)"正"字讳],葛氏仍得以判定全书的成书年代。葛氏以为,《鹖冠子》的写作自战国末年始,至汉始兴结束。又分全书为三:A组作于秦统一前夕及秦代(包括第一、二、九篇等),B组写于秦亡之际,C组作于汉初重新统一之时。笔者在此讨论的第四篇《天则》属B组,葛氏曾描述B组的特点,以为B组诸篇虽以法家为主,却试图将之置于一个更广阔的宇宙体系之中。葛氏推论,秦朝速亡,《鹖冠子》的作者大失所望,遂于秦亡之际加以规划,欲将其政制置于一种更为广阔、更可能成功的宇宙论框架之中。

然而,葛氏所说乃可置疑。首先,令人信服的论证立足于具体诸篇,若以《鹖冠子》成于一人之手,将其视为一个整体加以断代,更像是走了捷径。大体感觉,《荀子》诸篇确实反映了个人的思想历程,似与《荀书》成于一手之说相合,与之有异,《鹖冠子》中有多篇无法融入葛氏提出的"发展论"。这点颇为关键:唯有如此般说《鹖冠子》成于一手,葛瑞汉的分期才可能成立。譬如,此处讨论的《天则》被置于上述B组,原因很简单:《天则》试图用更广阔的宇宙论框架界定文化。鉴于A组诸篇直接宣扬了法家思想,葛瑞汉之假设似不无道理:《鹖冠子》代表个人的思考历程,而B组反映了作者鉴于秦崩,对早先法家观点的重新思考。然而,若放弃这一假设,葛氏的论证则不能成立。首先,《天则》主要关切的是将文化置于一个宇宙论框架之中。显而易见,先秦时期这一关切早已有之。就《天则》本身而言,其间难以寻觅批评秦帝国的蛛丝马迹。实际上,它反映的智识关怀似与《吕氏春秋》中多篇特点相同(下文将讨论《吕氏春秋》三篇)。如此一来,将《天则》年代定于战国晚期似更为可信。这一断代与葛瑞汉所描摹的"发展论"并不吻合,也暗示着"发展论"或适用于葛氏所论的少数几篇,然却无法用作通篇解释。

张“圣人不应创作”（墨家原来误以为儒家持此观点），则必须如墨家一般，一针见血地追问：谁创造了文化？在这一时期，大量相关文本着手处理这一问题，皆为回应墨家对文化的定义。

为了回应这一问题，一种进路认为：“道”法自然，与刻意造作水火不容：倘使圣人不作，那么制作器具便是在僭越自然。在某种意义上说，这种对技术文明的激烈反对，可以追溯到《老子》本身。我们注意到，在上文所讨论的一节《老子》引文中，作者向统治者建议：“使民有什佰之器而不用”。舟舆、甲兵、文字尤在禁止之列。[125]

一些文本将这种“原始主义”倾向推向极端，要求全盘
81 弃绝技术文明。这一理路明显见于《庄子》的部分篇章[126]，

---

〔125〕《老子》，第80章。

〔126〕葛瑞汉将《庄子·骈拇》第八、《马蹄》第九、《胠箧》第十、《在宥》第十一的第一部分，《天地》第十二中的几句话视为相关一组，以“原始主义者”（primitivist）称之，参 Graham, “How Much of *Chuang-Tzu* Did Chuang-Tzu Write?” pp. 301-307，说本关锋：《庄子〈外杂篇〉初探》，载《庄子哲学讨论集》，第61—98页。进而，葛氏以为可将这几篇的写作年代定于秦汉之际，这一断代“准确得令人惊讶”（第307页）。其第一条证据在于，《胠箧》第十有暗示齐亡之语。齐亡于公元前221年，故《胠箧》必作于秦一统之后。非但如此，被认为出于“原始主义者”的《在宥》《天地》似零星言及儒、墨之复兴。若假设这几句话的写作年代与《胠箧》相同，晚于公元前221年，那么这一复兴只可能发生于齐国灭亡之后，汉兴之前。故葛氏以为，将所论篇、句年代定于秦汉之际最为合理。

葛瑞汉的论证依赖两点假设。一者，假设所论诸篇写作时间相同。因而，可从不同篇章中抽取一条条证据以建构结论。同时，假定可从今本《庄子》诸篇中挑出句子，置于他处。因此，可将（转下页）

《鹖冠子》几篇[127]亦然。随着国家中央集权日益加剧，这一立场似乎变得日趋激进。诚然，成书于汉武帝时期的《淮南子》最为有力地表达了这一倾向。《淮南子·本经训》先说人的行为当与天地生成的关系（generative relations）相合，又云："昔者，苍颉**作**书而天雨粟，鬼夜哭；伯益**作**井而龙登玄云，神栖昆仑。"[128]文字的创造、井的发明摧毁了自然的适度平衡，致使粟雨于天而非萌于地，龙不依时而登天。从而，在作者描绘中，创造根本地僭越、毁坏了自然所生成的关系。与荀子有异，荀子将发明工具视为一种次要、却仍然有益的"作"，而《淮南子》的作者在此将创作当成一种必然的僭越：在他的定义下，刻意创作不容于自然；而既然

（接上页）《天地》第十二的几句话、《在宥》第十一中的一节并置，与第八、九、十篇相关联，一并读解。对这两种假设，笔者深感疑惑。所以，《胠箧》第十似可能作于汉初，而《骈拇》第八、《马蹄》第九可能作于战国晚期到汉初这段历史中的任何时间。

〔127〕葛瑞汉说，《鹖冠子·世兵》第十二、《备知》第十三持"原始主义"思想。参 Graham，"A Neglected Pre-Han Philosophical Text: *Ho-kuan-tzu*"，pp. 527-529，以为其与《庄子》"原始主义"诸篇很有可能同时作于秦汉之际：这一时期，思想家经受了剧烈的政治幻灭。葛氏对诸篇"原始主义"倾向的把握似较为成功，然而基于本章注〔124〕所提及的种种原因，其断代未必可从：若非假设诸篇出于一手，如此断代并非凿然有据。这些篇章当然有可能写于葛氏所描绘的政治情境，可战国晚期的理论也有可能呼吁自然与文化合一。早至《老子》，"合一"说已明显可见，荀子也清楚，彼时的许多自然主义思考会轻易导向此说。如此一来，径言"原始主义"理论与政治紊乱相关并无理据。毕竟，下文所论持"原始主义"思想的《淮南子·本经训》，颇有可能作于公元前140年左右——与此前相较，彼时正处于汉帝国中央集权之制高点。

〔128〕《淮南子·本经训》，《四部备要》版。

《淮南子》呼吁人自己去效法自然，刻意创作也不容于人世规范。

臣下创作:《吕氏春秋》三篇

然而，在主张“圣人弃作”的大潮中，抨击技术文明者不过是其间一隅。我们可以看见,《吕氏春秋》三篇[129]呈现了另一条进路：它们的用词大体限定在《老子》内部，却仍然依托了墨家对文化的界定。首先,《君守》开篇便对何谓“圣人”加以界定，说圣人有清静、无知的品质：“得道者必**静**。静者无知。知乃无知，可以言君道也。”[130]

达至乎“静”的状态，君主乃与上天合德：“天之大静，既静而又宁，可以为天下正。”[131]是故，作者主张圣人合于上天，他与《老子》一样，贬低智识(“知”)，而《考工记》恰恰用“知”字界定何谓圣人。

82 与之相类，下文继续将上天与圣人之德合而观之：“故曰：天无形，而万物以成。至精无象，而万物以化。大圣**无事**，而千官尽能。”[132]正如上天没有形制，却成全万物；圣人不去干预，却能让诸位官员各尽其能。

---

〔129〕《吕氏春秋》系由吕不韦委托门客编撰。吕不韦于公元前249至公元前237年间任秦国丞相,《吕氏春秋》作于公元前240年左右。此处所论三篇《君守》《任数》《勿躬》的风格、论证、措辞和用字颇类，很可能出于一人之手。

〔130〕《吕氏春秋·君守》,《四部备要》版。

〔131〕同上。

〔132〕同上。

《君守》说圣人有宁静、无为之德，颇可能源于《老子》。鉴于该篇几处几乎照搬《老子》，加大了这种可能性。引用《老子》对“静”的说解，有助于展示《君守》的作者如何以及为什么处理《老子》这一早期文献：

> 清静为天下正。[133]

又：

> 我无为而民自化，
> 我好静而民自正。
> 我无事而民自富。[134]

上引《君守》所述，颇有可能是在模仿《老子》这几行。然而，《老子》将这些品质归之于圣人，而《君守》以为这些品质不仅与圣人相关，更与上天相连——这点还会继续讨论。

以此为框架，《君守》转而讨论创作问题：

> 奚仲**作**车，苍颉作书，后稷作稼，皋陶作刑，昆吾作陶，夏鲧作城。此六人者所作当矣，然而非主道者。故曰：作者**忧（扰）**，**因**者**平**。惟彼君道，得命

〔133〕《老子》，第45章。
〔134〕《老子》，第57章。

之情。[135]

83 此处，“作”字表示有意地创造技艺、发明工具，墨家意味很重。不同于那些“原始主义”文献，作者在此肯定了这些人物的发明不可或缺：《君守》说“所作当矣”，很可能是在墨家“创作有利于人”的意义上讲的。可对《君守》的作者来说，真正的要害在于：这些创造者并非统治者。创作之人烦劳，而君主之道却是因循（“因”）、平静（“平”）。恰如本节所讨论的文献所示：王者不作。

在《任数》篇中，有一段话与《君守》密切照应，更着重于人为（“为”）的问题，而非造作（“作”）的问题：“古之王者，其所为少，其所**因**多。因者，君术也；为者，臣道也。为则忧（扰）[136]矣，因则**静**矣。”[137]古代的王者因循而平静，臣下人为而烦劳。

《勿躬》篇沿着同样的论证方向，亦将统治者与“静”的品质相关联：“凡君也者，处**平静**、任德化以听其要。若此，则形性。”[138]继而，作者转而讨论造作问题：

> 大桡作甲子，黔如作虏首，容成作历，羲和作占

[135]《吕氏春秋·君守》。

[136]“忧”读为“扰”。

[137]《吕氏春秋·任数》。

[138]《吕氏春秋·勿躬》。

译按：末句普鸣理解为：如此一来，君主便可以为自己的本性赋予形态（In this way，he gives form to nature）。

> 日，尚仪作占月，后益作占岁，胡曹作衣，夷羿作弓，祝融作市，仪狄作酒，高元作室，虞姁作舟，伯益作井，赤冀作臼，乘雅作驾，寒哀作御，王冰作服牛，史皇作图，巫彭作医，巫咸作筮。此二十官者，圣人之所以治天下也。圣王不能二十官之事，然而使二十官尽其巧，毕其能。圣王在上故也。[139] 84

同样，创作并非圣人之道。圣人在上，也恰恰因为他得以将这些创作之人为己所用。

显而易见，《吕氏春秋》三篇（或出于一手，或成于众手）与本节所论其他文本的关系密切相关，以为圣人因循自然世界，故只要造作与自然世界断裂，圣人便不会“作”。虽则如此，通过将创作归于臣下，作者仍欲解释，甚至赞成这些创作行为；并且，作者为创作辩护，使之为人接受，说它并未瓦解自然秩序，于是以“臣下创作”重构彼时的宇宙论。这点值得详细说明。

笔者讨论《乐记》时指出，战国晚期主流宇宙论将天与“作”的属性相连，用“作”字表示不及物的“动”义，又将地与“静”的属性关联。而《乐记》作者为重新解释圣人之“作”，试图利用这一宇宙论：圣人确然“作”，可“作”字意谓“使……兴起”，恰如上天之“作”。与此相反，《吕氏春秋》三篇翻转了主流宇宙论：天与“静”相关联，故

---

〔139〕《吕氏春秋·勿躬》。

圣人也被赋予了静的品质；而等级较低之人被赋予了“作”的品质，这里用“作”字表示“造作”，墨家意味很重。

至此，我们可以回到《吕氏春秋》三篇如何援引《老子》的问题上。笔者已经指出，它们始终以《老子》中的术语去形容圣人。可不应忘记《老子》运用此类术语时的语境。《老子》申言“静”的同时，扭转了当时流行的一系列二元对立：“牝常以**静**胜牡，以静为下。”[140]《老子》将以“静”“牝”“下”互相关联；他赞颂这些品质，借以颠倒那些广泛为人接受的二元对立。换言之，《老子》贬损雄性，转而颂扬雌性之清静、无为和无知。

85 战国晚期，诸家受《老子》影响，意欲将《老子》之习用的术语纳入一种宇宙论框架中。它们虽偏袒下位，但仍让原本处下者继续居于下位。如马王堆《老子》乙本所附古佚书四篇之三《称》明言：“天阳，地阴……**有事**阳，而**无事**阴……主阳，臣阴……男阳，[女阴]。”[141]上天、君主与阳、干预、雄性相涉，大地、臣下则与阴、无为、雌性相连。据《称》所述，为了生成过程的延续，对立双方皆必不可少：

> 诸阳者法天。天贵正，过正曰诡。□□□□祭乃反。诸阴者法地。地[之]德安、徐、正、**静**，柔节先定，善予不争。此地之度而雌之节也。[142]

---

〔140〕《老子》，第 61 章。

〔141〕《马王堆汉墓帛书（一）·称》，第 83 页，164b–165a。

〔142〕同上书，第 83 页，166a–167a。

《称》赋予雌性在二元对立中的优先地位，却仍保留了更为流行的宇宙论。

与此相反，《吕氏春秋》三篇全盘颠覆了这一宇宙论，将自己所偏好的品质与上天、君主关联：清静、无事与上天、君主相涉，而非与大地、臣下相连。在它们的阐释下，“静”“作”之别乃是清静与造作之别（不仅是静止与运动之别），而与许多源于儒家、墨家关切的文本不同，《吕氏春秋》三篇坚称臣下而非君主造作。所以，在它们看来，圣人拥有老子式的众多美德，臣下则刻意造作文化用具。

如此一来，可见与另一些受《老子》影响的文本相类，《吕氏春秋》三篇同样主张造作不应被归于圣人。然而，它们没有反对创作。它们采用了《老子》及相关文本的措辞，主张却与之相反：让臣下负责创作文化，借此得以剥离圣人
自身的造作之举，同时，《吕氏春秋》三篇仍然强调，臣下 86
的创作处于圣人的监督之下，故创作仍可为人接受。在这种《老子》式的框架下，圣人虽静，却利用了造作之人；强调了宇宙的生长本质（generative nature），却也保全了造作的概念。〔143〕

---

〔143〕对于《吕氏春秋》，萧公权曾给出另一种解释，说可将《吕氏春秋》多处视为对秦国法家政策的批判。萧氏将此处所论诸篇视作对彼时专制秦政的质疑，称其“隐寓提倡‘虚君制度’之意”。换言之，在此政制之中，臣下而非君主实际管理国家。进而，萧氏将这些见解归于丞相吕不韦本人。参萧公权：《中国政治思想史》，第566页。

在何种程度上，《吕氏春秋》三篇中的特定表述代表了吕不韦本人的观点？这点权且不论。此处问题之关键在于：萧氏将此（转下页）

创作植根于自然过程:《系辞》

至此，笔者探讨了公元前3世纪一些处理创作问题的尝试，诸家以为“创作”这一概念颇成问题，认为文化始终与自然相关（此处的“自然”是在生长过程的意义上说的）：荀子将文化之起源植根于天生感官；《乐记》作者重新定义“作”字之义，强调圣人仅仅效法自然，不事人工发明；《吕氏春秋》三篇则剥离圣人与创作之关联。《系辞》属《易经·大传》[144]，系彼时又一作品，同样试图阐明文化与宇宙运动相连。然而，《系辞》作者不仅意欲坚持文化乃出于圣人之有意创作，而且希望囊括墨家之主张，说圣人所作皆为人类的工具、技艺。于是，《系辞》的作者并未将他所谓的“文化”、“圣人”与“创作”这一概念分离，而是如《乐

（接上页）政见归于《吕氏春秋》三篇乃是无中生有。诚然，从实践的角度看，这些作者所建构的框架会导向一个臣下主导实际行政的国家。虽则如此，仍有必要重申：这些与臣下相关的表述出现在更具深意的语境之中，涉及圣人与天的关系、圣人在自然生成过程中的重要性。《吕氏春秋》三篇让臣下诸般创作，不太像是在隐喻“虚君制度”——即使君主退居次位而臣下主政，更像是在说圣者所在清静，他与创作毫无关系，而与自然过程全然相合。这是站在了圣王，而非臣下的一边。所以我们不应仅认为《吕氏春秋》三篇代表了吕不韦的个人观点，而当将之置于当时更大的论辩中考察：如何理解文化与自然的关系？又如何定义人类的有意创新？

〔144〕时至今日，《系辞》之写作年代尚待厘清。顾颉刚说，《系辞》时代颇可能晚于《淮南子》。《淮南子》成书于公元前139年以前（其时淮南王刘安献书汉武帝）。然而，在20世纪70年代早期，马王堆出土帛书《系辞传》，证明写作年代不可能晚于汉初。我们讨论了战国晚期的知识背景，而《系辞》似在同一背景下写就。

记》一般，试图重新定义“创作”这一概念本身。探讨《系辞》对自然与文化关系的理解，对我们考察其思路有所裨益。

《系辞》所描绘的宇宙论大体是彼时流行宇宙论之变体。据其所述，宇宙基本由一双双对立构成：天地、刚柔、阳阴。二者相配，变化生矣。继而《系辞》以为，在《易》这一占卜之书中，爻变反映了自然世界发生的变化。是故在《系辞》的描绘下，《易》就是宇宙自身变化过程的缩影〔145〕。

就我们的目的而言，《系辞》最为重要的一点在于它对圣人如何作《易》的解释：圣人使自身合乎自然生长过程的文理，借此表示自然世界的变化。

87

> 是故天生神物，圣人则之。天地变化，圣人效之。天垂象，见吉凶，圣人象之。河出图，洛出书，圣人则之。〔146〕

《系辞》全然以被动的语言描绘圣人：自身无为，却效法、使自己合乎自然过程之所生。显而易见，上述大量文本都对作者有所影响——它们呼吁圣人去仿效分化世界的文理。

如何理解圣人仿效自然之举？讨论圣人包牺发明八卦

〔145〕参如《周易正义·系辞》，《四部备要》版。裴德生（Willard Peterson）对《系辞》宇宙论的讨论极为精彩，见 Peterson，“Making Connections.”

〔146〕《周易正义·系辞》。

之时，《系辞》解释得最为详备。据其所述，圣人观察天象、地法、鸟兽之文理，然后发明八卦：

> 古者包牺氏［即伏羲］之王天下也，仰则观象于天，俯则观法于地，观鸟兽之**文**与地之宜……于是始**作**八卦，以通**神明**之德，以类万物之**情**。[147]

包牺之得以“**作**”八卦，乃是基于对自然之“**文**”的观察。这一观点令人回想起《论语》中所讲到的尧法则上天之文理。同样，及至战国后期，许多文本将“作”字解为“人工”，以为创作在根本上是对自发自然的僭越，《系辞》同样对此予以明确反驳，说圣人作八卦之时，仅仅是在仿效他在自然世界中观察到的文理。《系辞》所言之“作”绝对与
88 “造作”无关：一旦圣人得以观察自然之文理、范式，便仅仅使之兴起，以制八卦。因此，“作”绝无刻意造作之意；我们之前讨论的一些文本以为，圣人应该让自己合乎自然之文理，事实上，《系辞》与这种观点毫无矛盾。所以，《系辞》对“作”字的使用似与《乐记》相关，表示“使……兴起”：在这两个文本中，“作”仅是一个仿效自然世界文理的过程。

然而，《系辞》意欲使这一论辩更进一步：希望对墨家所谓圣人创作人的技术、工艺给出一套解释，换言之，它既

［147］《周易正义·系辞》。

希望维护文化乃是为人所制的观点，却仍主张这一模式并不必然导致人与自然世界自发过程的断裂。如何才能做到这一点？《系辞》主张，唯有圣人先受到了卦象的启发，才可以创造（“作”）、制造（“为”）人造工具。譬如，包牺受到离卦卦象的启发，预见了编结绳索可以用于制造网具：“（包牺）**作**结绳而**为**罔罟，以佃以渔。盖取诸《离》。”〔148〕是故，从某种意义上说，圣人抽出卦象背后的文理，使之得以兴起，借此制造网具。

继而，作者转向圣人神农氏。神农之制作亦取之于卦：

> 包牺氏没，神农氏作，斫木**为**耜，揉木**为**耒。耒耨之利，以教天下。盖取诸《益》。日中**为**市，致天下之民，聚天下之货，交易而退，各得其所。盖取诸《噬嗑》。〔149〕

据作者所述，神农氏没，黄帝、尧、舜氏作：

89

> 刳木为舟，剡木为楫，舟楫之利，以济不通，致远以利天下，盖取诸《涣》。服牛乘马，引重致远，以利天下，盖取诸《随》。〔150〕

---

〔148〕《周易正义・系辞》。

〔149〕同上。

〔150〕同上。

继而，作者又讨论了重门、击柝、杵臼、弧矢、宫室、棺椁、文字的创作。

如此一来，圣人创作（“作”）、制造（“为”）工具之举，不过是在使隐含于诸卦中的文理得以兴起。而创作原本隐含着的僭越，却被严格限制。受自然文理之启发，诸卦得以发明；受诸卦之启发，人造工具得以创制；顺着这一过程，圣人创制文化，故此举绝不会带来人为、专断。在此过程之中，每一阶段仅是使上一阶段的文理得以兴起，最终可溯源至自然世界的文理本身。

《系辞》层序分明地将工具之发明根植于自然世界，而作者得以声称：圣人创作了人类文化，可这一文化却并未与自然决裂。从《庄子》到《吕氏春秋》，这些文本里的许多篇章均以为：自然生成文化的过程是自发的，创作则有僭越的嫌疑；与之相反，《系辞》作者如此定义创作，以至于并未暗示它与自然世界的任何断裂。与上述《吕氏春秋》三篇相类，作者写下《系辞》，也是为了在赞成发明人造工具的同时，仍然假定一自然世界的生长概念。二者之不同在于《系辞》坚持：这些器具由圣人、而非臣下制作，毫无人为专断之意。

此前，论辩延续了三个世纪之久，而《系辞》收摄众流，使其归于一统。《系辞》以为：不错，文化是一种技艺，一种由圣人创作的技艺，可是创作技艺之过程全然基
90 于自然世界之文理。所谓创作过程，不过是使文理中隐藏之物得以兴起，将之引入人世。早期儒家以为，唯有圣人

效仿自然世界，文化乃得以创制。而墨家说圣人创作了人世的技艺、工具。诸说源流各异，而《系辞》浃洽诸流，以解决创作问题。

结　论

这场论辩涉及对自然、文化的定义，无疑极为复杂，其间最为难解之处在于追问文化是否出于人为创作。可以说，论辩主要意欲深化处理“连续与断裂”的问题。儒、墨两家以不同的方式利用了我们在第一章讨论的西周模式。至少就周王而言，这一西周模式的基础，在于把他们建构成上天的后嗣（既说他们嫡出于天，又谓他们效法上天）。在其描述中，上天锐意进取，力求建造疆土、邦家；而周王所作，仅是在谦卑地承继上天肇始之业。由此，它否认了周邦兴起过程中与上天的任何断裂：无论是周王自身，还是他们的一举一动，均可溯源至上天本身。

然而，一旦改变这一西周模式的任一面向——要么重新定义王权，要么重新理解上天，天人之间的“连续性”便不易维系。早至孔子，这点已初露端倪，纵使孔子本人无意深究其哲学意蕴。对此，似乎相较于孔子本人，墨家甚至更了解孔子言辞背后的深意。墨家极力维护早先的“连续性”理解，以为上天与王者一并创作，一再主张应以价值中立的眼光看待创作，而非从根本上予以否定。尽管如此，历史并没有站在墨家一边。诸家如老子、孟子者虽有不同，却试图论证文化纯粹为自然之嫡出，自然直接生成了文化，以此重构天人之间的连续关系。结果，人们逐渐以为，创作根本败坏了天人关系。

可以说，从约略公元前 270 年起，论辩大多意欲坚持自然是一自发、自生的过程，却又得尝试处理随之而来的创作
91 问题。换言之，一旦认为自然自发形成了文化，那么，为了维护二者之连续性，必须否认文化出于创作；若谓文化出乎创作，则必须对这一创作详加解释。若非如此大费周章地为文化正名，要么只能全盘拒斥文化，要么只能将自然排除于框架之外。此刻，这一形态揭示出一个根本问题：不可能在绝对鼓吹创作的同时，又将自然视为一种绝对的自生、自发的过程。要么使自然退出讨论，要么换种方法解释创作——或谓文化实非出于造作，或谓圣人弃作，或重新定义何谓“创作”。纵使是与上述其他文本之宇宙论关切若即若离的荀子，也煞费苦心地表示：尽管文化不同于自发的自然世界，却隐隐有其目的：圣人所生的文化是对上天仪文的完成。可无论诸家开出什么药方，他们背后都有同样一种焦虑：纵使创作未必全然僭越自然世界，它也可能与之断裂。

所以，“绪论”所论的一些学者在早期中国与早期希腊文明比较（或者说“差异”）上的看法，或许需要修正。在本章的分析里，早期中国诸家对自然与文化之关系有着深切关注，也为二者之间的巨大隔阂而忧虑重重。因此，他们有意强调文化与自然之连续性，并非由于把它当成了某种预设，反倒是为了回应这些焦虑。

第三章 圣人、臣下与乱贼 92

叙述国家起源

上文追溯了战国时期就“创作文化”问题的论辩，如今，笔者转而讨论彼时如何叙述国家之兴起。建构这些叙事的历史受到时代背景的限制：当时的国家发展、诸国对中央集权的投入、严峻的法律结构、为了备战而大规模动员的农民。这类国家的合法性何在？当时诸家讨论这一问题的一大手段，就是去叙述最初上古之国家如何兴起。同样，这些叙事也利用了与“创作”相关的语汇，故上一章讨论的许多问题为之提供了重要背景。以下略论研究早期中国神话的二手文献，在此基础上提出本章取用的研究方法。

早期中国神话研究的症结

早期中国神话这一主题引发了太多争议，主要原因在于，现存战国和汉代早期的叙事往往篇幅短小，相互矛盾。如卜德（Derk Bodde）所说，古代中国“神话不成系统，换言之，神话材料并非一个整体。相反，这些材料往往太过零 93
碎、松散，导致连重构单个神话的工作都极其困难，毋论去重构整体神话系统”。[1]

为解决上述问题，马伯乐《书经中的神话》(“Légendes mythologiques dans le *Chou king*”）一文首开先河，广纳诸说。据马伯乐说，《书经》多经战国作者之改动，试图以一种人格化、理性化的形式来呈现传统神话。如此一来，天神摇身一变，成为有德之圣人，神话则转化为历史。马伯乐意在复原《书经》原貌：相对《书经》而言，《山海经》大为晚出，记叙更为奇异，而马氏试图利用此类文本复原之。换言之，马伯乐假定此前必有一早期神话之“整体”：虽战国、汉代文本表述不一，各有语境（context），若能将这些表述从背后的语境中抽离出来，忽略那些他以为“过于理性化”的分子，转而强调那些更为“奇异”的分子，便可复原这一早期神话“整体”。

颇类于马伯乐，葛兰言也尝试用战国及后世之叙事讨论更早的中国历史。然而，与其说他意欲找回“遗失的神话”，毋宁说葛氏之重心，在于获得一个对早期社会、礼仪系统的理解。葛兰言相信，神话正是由这一系统发展而来。就这点而言，在其代表作《古代中国的舞蹈与传说》(*Danses et légendes de la Chine ancienne*）和《中国文明》中，葛氏借研究较晚的神话叙事，意欲理解史前中国社会之发展。[2]而

---

〔1〕 Bodde，“Myths of Ancient China，” p. 46.

〔2〕 在《古代中国的舞蹈与传说》中，若葛氏感到所论之叙事有其社会学内涵，便旁征博引，细致分析。《中国文明》成书较晚，有檃栝早年研究之意［所谓“早年研究”，尤指《古代中国的舞蹈与传说》(转下页）

撇开马伯乐与葛兰言的区别不谈，二者皆意欲利用较晚的叙事探求远为古老的、实际多半属于“史前”的现象。

在近代研究之中，顾颉刚及其追随者同样关注神话[3]。顾氏的其中一项计划，即旨在论证黄帝等中国历史之始祖，实为神话虚构而成。其论点有二：一者，中国历史上的人物愈古，其出现的文本相对愈晚。这点最常为人称引。在顾氏分析最早的一层文本《诗》中，禹乃其中所言最古之人，而顾氏又以为《诗》属于最古的文献之一。而在更晚的文本中，譬如《论语》及《墨子》年代较早的部分，又以尧、舜为最早的圣人。[4]通常认为黄帝早于尧、舜，可他在战国晚 94
期文本才首次出现。[5]简言之，文本的成书年代越晚，其中记载的圣人就越古。为了论证这一点，顾颉刚及其后继者对早期文献的成书年代详加研究，试图追溯叙事中人物的历史发展。其结论众所周知：原来为人所重的中国上古圣贤，极有可能出于战国、汉代作者的建构。

二者，顾氏及其后继者意欲证明：早期之“圣人”源

（接上页）与《中国古代的节庆与歌谣》二书，后者据《诗·国风》研究早期农俗］。与此同时，葛氏按照自己对中国社会演化之理解，将早年研究成果置于时间序列之中。所以，葛氏的其他作品凭细节分析之详实知名，而《中国文明》一书并不长于此，但该书对所论之问题毫无保留，直言不讳。这一点令它极富价值。

〔3〕 顾颉刚及其同事论文更为重要者，多收入顾氏等人编著的《古史辨》中。

〔4〕 《古史辨》第一册，第105—150页。顾序概括此一观点甚明，见第52页。

〔5〕 参如杨宽《中国上古史导论》所论，第189—193页。对杨宽研究的讨论见下。

于口头传说。换言之，及至战国晚期，黄帝这种形象已被当成上古圣人，在此之前，他们却是口头传说中的神。这点不如上一论点广为人知，却更深地影响了早期中国叙事研究，尤为杨宽推重，他以为战国、汉代的作者加工了这些早期传说，故意欲重构传说之原貌[6]。

之所以强调第二点，有其特定原因。学界一提到古史辨派，往往以为他们做出了最早的、为早期文本细致编排年代的努力——此举与马伯乐、葛兰言的人类学工作大相径庭。然而，二者所用研究方法其实相近：运用彼时之人类学、神话学模型，从战国、汉代文本之叙事中抽绎更为古老的青铜时代神话。

此后，学者依然重视这种“重构”神话的进路，这一倾向贯穿了20世纪研究中国早期叙事的学术史。高本汉《古代中国的传说和迷信》(“Legends and Cults in Ancient China”)一文即一绝佳例证。从表面看，与我们在马伯乐等人作品中所看到的人类学思考相反，论文写作使用了严谨的历史学分析[7]。在文章中，高氏以特定人物形象为题，围绕他们谋篇布局。因具体到每个人物形象上，不同文本叙述有别，故高氏分别为相关叙事断代，试图借以追溯每个人物形象的发展。在西方学界对早期中国叙事的年代学研究中，这篇论文仍可谓较为严谨、全面。

---

〔6〕 杨宽《中国上古史导论》，第65—318页。

〔7〕 Karlgren, “Legends and Cults in Ancient China,” p. 199.

高本汉批评前人对神话的理解。然而，对于同一个叙事，各个版本互相违异。一旦他对此加以解释，便重蹈前人之覆辙。他将叙事判然二分，认为其间有“古代传说”[8]之 95
遗存，也有个体作者出于私意之创作。高氏将讨论基于这一区分，说可在“自由文本”（free texts）中觅得古代中国神话传说之孑遗——所谓“自由文本”，即《墨子》等一类会“顺便”记录古代神话的战国文本。这类著作可与如《吕氏春秋》、《礼记》、《周礼》、《世本》和《史记》等所谓“受控文本”（systematizing texts）作比。他认为，在“受控文本”之中，作者自出机杼，改写神话。[9]结果，虽则高本汉极为支持以一种史学视角去切入文本，但又区别古书之性质，致使分析之时将文本判然两分。高氏区别“本真神话”（authentic mythology）与“个人幻想”（individual fancy），认为“自由文本”中的叙事记录了古代神话传说，而对“受控文本”中的叙事置若罔闻，以为出乎一家之发明而已。

诚然，高本汉与马伯乐之结论迥异——马伯乐以为，汉代文献恰恰是保证重构早期中国神话之钤键，而高本汉却漠然置之，说它距“本真的”口头传说最为茫远。然而，两位学者的结论乃基于相同的假设：为何战国、汉代文本中的叙事彼此不同，相互矛盾？因为在现有叙事整体中，特定的一部分代表了本真的神话传说，另一部分则败坏之（或出于

〔8〕 Karlgren, “Legends and Cults in Ancient China,” p. 201，他处亦然。

〔9〕 Ibid., pp. 199–203.

“理性化”之玷污，或出于“个人幻想”之沾染)。唯有圈定前者之范围，忽略后者，矛盾才能得到圆满解释。

袁珂或是当代中国神话研究的领军人物，他的著作背后的关注点、指导原则也在于“重构”。袁珂曾阐明，正是这种关注和方法论假设，构成了他的毕生志业：

> 长期以来，人们崇尚古希腊、罗马和北欧神话，因为这些神话丰富多样，形式、内容皆美。同时，人们认为中国缺少神话，甚至以为中国毫无神话可言。大错特错。事实上，存在一个中国古代神话的宝库。它们是如此不同凡响、宏大庄严、富于想象，故能震撼人心。[10]

96 袁珂以为，人们尚未认识到中国神话的伟大，乃流传方式使然。神话“依赖口头传说保留、持存”[11]。显然，我们已无法听到那些口头传说，于是所剩唯有战国作者在文献中引及的只言片语。他相信，神话如此为人记录之时，远远晚于口传的时代：“就中国的情况而言，神话先是以片段的形式呈现出来，版本各异，残缺断烂。如果说它们得到了整理的话，也只是在很晚的时期才被整理出来。”[12]然而袁

---

〔10〕见袁珂为白安妮(Anne Birrel)，*Chinese Mythology: An Introduction* 一书所写的序，p. xi。

〔11〕Ibid.

〔12〕Ibid.

珂以为，战国时代的作者只是顺便提到神话，在某种意义上反而是件好事：

> 中国神话为大量作者所用，多种多样，漫无章法。重要的是，神话被人零碎地使用，虽然遭受过文学作者等人之润饰，却未被全然改头换面……或可认为，与希腊罗马和犹太传统中的神话文本相比，出于历史的偶然，中国神话或多或少地保持在一个原始状态。正因如此，结论可以更进一步：在神话的世界中，虽则中国神话表现得变化不定、相互矛盾，但它更为可靠地记录了一个原始、古老的口述传统。〔13〕

袁珂毕生致力于全面综合所有现存的故事，以恢复这一失去的神话传统。他的许多工作都是去析分不同的神话主题（如"黄帝与蚩尤之战"），整理与该主题相关的所有材料，从而试图重构"原初神话"〔14〕，认为每一现存文本的作者，都在这一"原初神话"的基础上进行加工。

显然，"重构"主导了大量对早期中国叙事的学术研究。虽然诸家差异众多，但迄今为止，我们讨论的所有方法都有着相同的假设：通过参照某个更久远的神话传统，战国文本才能得到最好的解释。这一神话传统已然遗失，但至少

---

〔13〕 Anne Birrel，*Chinese Mythology: An Introduction*，p. xii.

〔14〕 参袁珂的大量作品，特别是《中国古代神话》一书。

可以从战国叙事本身推衍出这个传统。

鉴于这种假设笼罩了神话研究，有时或许值得稍作停留，问问这个假设是否成立。一方面，战国文本里出现的人物形象背后，很可能有一段更早的历史，这样假设并
97 无不妥：诚然，这些角色或多由神灵衍化而来，或许在某年某日，考古发现会证实如杨宽所作的重构。然而，将此类重构视为分析战国叙事的解释原则有其危险。每个文本的作者叙事各异，旨意有殊，纵使读者一意重构，无心他求，一旦读到这类叙事，也势必要追问：作者为何偏偏在这种语境之下，选择了这种叙事？即使某位作者在一种口头神话传说的基础上加以创作，他笔下的神话也反映了他自身所处时代的关切、兴趣，因而与口头传说鲜有相似之处。

上述研究方法固然有风险。为了解释这一点，我们先简单地回溯杨宽的研究方法。杨宽以为，战国叙事中的角色本由上古神灵衍化而来。这一观点不仅是他进行历史重构的出发点，也是他理解此后各个版本的战国叙事的解释性原则。譬如在他看来，之所以众多描写黄帝及其臣下的故事关涉创作问题，是因为黄帝只是至上神“上帝”的人格化版本。他说，因为青铜时代的人们视至上神为创造神，所以在战国叙事中，黄帝及其臣下也与创作相关。[15]

杨宽所言有若干问题。一者，即便黄帝确实是人格化

〔15〕 杨宽：《中国上古史导论》，第207页。

的上帝，[16]也无法解释何以战国时期的作者叙述黄帝之时，皆着眼于创作一事；二者，该理论不能解释何以言及黄帝创作之时，诸家叙述纷纭：譬如，一些叙事让黄帝负责创作，而另一些叙事中却让臣下、乱贼为创作负责。这一问题相当重要，因为出现于战国时期的叙事多是在重述有限的故事。更关键的在于去发现，为什么这些叙事偏偏选用了这几个角色？而分派给他们的事务何以不同？

同时，针对高本汉区分“自由文本”与“受控文本”，借此将“本真神话”从“个人幻想”中区别出来的进路，笔者也想谈一谈自己的看法。一刀割裂“自由”与“受控”文本几无可能，也绝不应该以此为基点，对这些文本做出不同
诠释。在这两种情况下，作者都在设言托意。根据叙事是否 98
反映了与某种古代神话传说的“联系”，判别叙事性质的努力，似注定失败。因此，与其去寻找那种本真的、更为久远的神话，不如去理解为什么在各个文本中，作者叙述各异。

---

〔16〕在这一点上，杨宽列出的证据不足为信。他说《吕刑》篇（详见下文）以“上帝”“皇帝”互文，又指出大大晚于《吕刑》的文本亦称黄帝为“皇帝”：上帝、黄帝同称“皇帝”，表明二者实为一人（同上书，第195—196页）。然而，此处“皇”只是“辉煌”的意思，整个早期时代，“皇”都用以泛指重要之人。譬如，《诗·雍》就称“天”为“皇天”，即“辉煌的天”。故虽用“皇”这一形容词修饰“上帝”和“黄帝”，亦难以表明二者实为一人。杨氏又以为，文献或云黄帝居于仙境（第196页），如《庄子》两外篇有云黄帝游于昆仑之上（《庄子·天地》《至乐》）。战国及汉代，昆仑山与众神、不朽相关。然而，一些作者将黄帝置于昆仑山上，并不意味黄帝就是上帝。御手洗胜对杨宽的许多论点有细致批评，参《黄帝伝說について》一文。

或者说，不同的作者何以对同一个叙事表述不同？

袁珂致力于“重构”，这同样很成问题，导致他在解读叙事之时剥离了语境。以他对黄帝的处理为例：在战国晚期与汉代的文本中，众多故事与黄帝相关。他将其搜罗殆尽，剥离语境，试图穿透故事的不同版本以重构神话。假设给定叙事背后有更早的版本，这点本无不妥，然而，为此去剥离叙事的语境，有严重误读之虞，致使在此之上的任何重构都变得可疑。

笔者怀疑，正是出于这层考虑，白光华（Charles Le Blanc）和冉云华讨论早期中国神话之时，仅分析各种叙事本身，并未重溯所谓“口头传说”。[17]他们对黄帝的研究与当下所论密切相关：仅分析战国文本如何描述黄帝，而不再狃于重构。例如，白光华反对给“黄帝神话作史学重构”，转而致力于“将众多黄帝及其相关说辞分门别类，观察是否会有一个心智结构、模式从这种安排中凸显”。于是，虽然关涉黄帝的记述似无穷尽，但许多被他归类为这样一些“主题”，如“文明制度之师”或“能工巧匠、奥义微言之师”。他总结道，与其假设存在某种口头传说，视之为战国作者记述之滥觞，不如让种种记述本身凸显其背后的象征结构（symbolic structure），这才是理解黄帝神话的最佳进路。因此，白光华以为黄帝本人背后有其象征意义，从中可寻找“黄帝神话的一贯意涵”[18]：

〔17〕 见 Le Blanc，“A Re-Examination”；和 Jan，“The Changes of Images”。

〔18〕 Le Blanc，“A Re-Examination，” pp. 48，49，50–51，62.

> 所以，在最终意义上，黄帝可能象征着一种主张：人、社会世界与自然世界奉守之法规相同，构成之原则也相同……从这个意义上讲，黄帝神话的结构基础或许揭示出一个更为重要的、人类心智的深刻层面，不只是一层未被记录下来的古老传说。[19] 99

白光华力求改弦更张，从关注某些所谓“神话传统”，转向着力于叙事本身。对此，笔者虽深以为然，但对其分析方法尚存疑义。杨宽、高本汉将分析叙事历史发展这一进路展现得淋漓尽致，可白光华却倾向于对此视而不见。同时，汲汲于黄帝形象背后的某种“象征意义”同样可疑：作者有殊，利用黄帝的方式也迥然不同，有鉴于此，很难说这一形象背后是否有一个“终极象征意义”。虽然白光华的构思能够解释一些作者如何利用这一形象，但不能解释所有谈到黄帝的文本，甚至可谓挂一漏万。最重要的是，白光华剥离了叙事的语境，解读很成问题。作者在写作文本的时候，出于某种特殊的目的建构了这些叙事。所以，我们在分析个案之时，需要去发现、考量：是怎样的张力、关切促使作者如此建构？

幸好，陆威仪（Mark Edward Lewis）恰恰已经试着这么做了——从历史的立场看待这些叙事如何产生。《早期中国的合法暴力》（*Sanctioned Violence in Early China*）一书引人入胜，第五章致力于分析关于黄帝、蚩尤的叙事。陆威仪解

〔19〕 Le Blanc, “A Re-Examination,” pp. 62-63.

释道，随着战国、汉代中央集权国家之兴起，这些故事作为“宪章神话”（charter myths），有论证国家兴起合法性的功能。所以，这是将神话故事置于历史语境中来解读。[20]笔者在展开自己的论点之时，发现陆威仪的分析极具价值，而我也频频参考其洞见。然而在此，必须谈一点对其研究方法的不同看法：他同样试图重构一个关于黄帝和蚩尤的单一神话。与上述其他一些学者不同，陆威仪确实立足于战国时代来重构这一神话，故对叙事的解读可信度远超他人。尽管如此，正因他企图做出这样一种“重构”，故对一些文本有所误读；他自己也注意到一些张力，却因为想要“重构”某种单一神话，没有意识到这些张力的复杂性。

100 陆威仪的兴趣主要在这样一类叙事上：以蚩尤为制作兵器之人，而将黄帝描述为代表文明之圣王。然可惜与杨宽相类，他不仅以为黄帝—蚩尤神话乃是基于某种“早期传说”，就连故事里许多独具匠心之处，也用这种“重构”加以解释。譬如，一些叙事说蚩尤为黄帝之臣属，而另一些叙事说蚩尤与黄帝互为仇雠。二者有异。对此，陆威仪解释说，臣属关系渊源久矣，可回溯至商代之祭仪：“蚩尤的源头是巫、是献身求雨之人，这也可能就解释了何以在神话中，蚩尤与黄帝二人成对出现；何以在后世种种文献的传统记载中，蚩尤是黄帝之臣下。”[21]与此相反，他以为

〔20〕 Lewis, *Sanctioned Violence in Early China*, p. 165.

〔21〕 Ibid., p. 194.

唯有到战国时期，二者才以仇敌的关系出现，蚩尤作乱，圣王黄帝败之。[22]因此，就蚩尤与黄帝的关系而言，战国文本有时将之描绘为圣王与臣下，有时将之描绘为互相敌对的圣王与乱贼。在陆威仪的解释下，这两种对立并不属于战国时代内部的争论，而是反映了早期祭仪向战国神话的转变并不彻底。由是，陆威仪并没有仅仅假设故事背后可能存在一个“早期传说”，而是去重构一个早期祭仪，以此为解释原则，对何谓“基本的”战国神话有一定义，再去解释与之不符的叙事变体。

虽然本研究建立在杨宽、高本汉、白光华和陆威仪的洞见之上，但笔者解释叙事之时，会避免重构某个人物的神话，甚至避免任何人物形象背后“一贯的象征意义”。与杨宽、高本汉相似，笔者会按年代顺序处理文本；差异在于本章并非以人物先行，而是以主题择定何种文本需要讨论：笔者无心拈出所有有关某人（比如黄帝）的文本，而意在分析战国时期有关国家起源的论辩。继而考察不同叙述之来龙去脉，判断诸家纷争之焦点所在。换言之，笔者并未围绕黄帝这一人物形象进行分析，也不去假定它背后存在一个神话传说，抑或存有某种“一贯的象征意义”，而是改变了问题的问法：何以在这一时期，诸家皆决意书写黄帝故事？其书写方式有何不同？希望借由自己的分析，能够使叙事之歧异得到解释；也能对某些叙事情节的反转予以说明；亦足以回 101

〔22〕 Lewis, *Sanctioned Violence in Early China*, pp. 195–196.

应：何以文本有殊，特定人物之所作所为又有不同？而黄帝这类人物，究竟为何会被引入叙事之中？简言之，笔者以为，论辩使得这些彼此矛盾的叙事得以产生，唯有分析这场论辩，才能理解这些叙事之矛盾所在。[23]

叙述国家起源

第一层战国文献

首先，笔者会分析一些写作时间早于公元前 4 世纪的战国早期叙事，它们多以苗、禹、伯夷这类人物为重。而在后来公元前 3 世纪文献的叙事中，纵使这些人被稍加提及，亦无关宏旨：黄帝及其臣下、仇雠才是此时主角。虽然如此，早期之叙事结构仍一而再、再而三地影响后期叙事。这也佐证了上节所论：诠释叙事之时，应少围绕特定人物去重构与之相关的神话，而将更多心力用于理解以下两点：一者，诸家以何种手段建构各种不同的叙事？二者，他们之所以如此建构，背后的张力、关切是什么？

蛮民作刑：《尚书·吕刑》

刑罚乃治术（statecraft）之其中一面，《尚书·吕刑》便有意处理制刑问题。《吕刑》属于最早、影响最为深远的一

〔23〕 关于早期朝代叙事的类似研究，参艾兰（Sarah Allan）《世袭与禅让》（*The Heir and the Sage*）一书。

批处理刑罚问题的文献，成书不晚于公元前 4 世纪。[24]《吕刑》解释了何谓刑罚之起源、何谓用刑之正道。作者将背景置于穆王治下，约略西周中期。[25]谈及“引入刑罚”这一主题时，作者提出了一系列关于国家如何实施有组织的暴力（organized violence）的问题。[26]

《吕刑》开篇言周王意欲作刑：“王享国百年[27]，耄荒，
度作刑以诘四方。”[28]所以，刑罚虽在此显得必要，却非理想 102
的治术形态。所谓“必要”，指国势衰微，为维系国家，统治者有时必须转而用刑。[29]

---

〔24〕显然，《吕刑》之写作不晚于公元前 4 世纪：彼时其他文本如《墨子》《国语》有几节引及此篇，参《尚同·中》;《楚语·下》,《四部备要》版，详下。然而，《吕刑》之写作年代不太可能比这些文本早太多，因《吕刑》与其他公元前 4 世纪的作品——譬如《孟子》——所言及的人物属同一层级。

〔25〕《吕刑》篇从未明言王者孰谓，虽则旧说以此处所言之“王”为穆王。文本中有几点或可证实旧说不误，说见下。

〔26〕陆威仪在 *Sanctioned Violence in Early China* 中的精彩分析使笔者大为受益，故采纳其“有组织的暴力”（organized violence）一词。

〔27〕说穆王即位于周立国百年之时，这点其他战国文献也可验证。讨论见 Shaughnessy，*On the Authenticity of the Bamboo Annals*, pp. 176–179。或谓西周历史上，穆王可能真的统治了百年之久，参 Shaughnessy，*Sources of Western Zhou History*, pp. 246–254。

〔28〕《尚书正义·吕刑》,《四部备要》版。
译文：历代周王已享受国祚百年之久，周国年老日衰，故周王考虑制作刑罚，用以禁止四方之民。
译按：普鸣以为，“王”谓历代周王，“耄荒”者乃是周国，“诘”训为“禁”。

〔29〕事实上，此处作者描述的情势可能有一定现实依据。现在看来，周穆王统治时期确有国势渐衰、法律纠纷增多的迹象。穆王治下周邦明显收缩，对此的讨论参伊藤道治:《中国古代国家の支配構造》，第 307 页。关于周穆王时期法律纠纷之兴起，参伊藤道治:《中国古代（转下页）

继而，在此故事框架下，作者借穆王之口，大体叙述了动乱、刑罚之起源：

> 王曰："若古有训，蚩尤惟始**作**乱，延及于平民，罔不寇贼——鸱义、奸宄，夺攘矫虔。"[30]

换言之，原本民众身处和平之中，动乱并非自然状态。确切地说，动乱乃蚩尤所"作"。这是我们掌握的关于蚩尤的最早资料之一，而在公元前3世纪对国家起源的记载中，这一人物变得极为重要。后世作者亦谈论蚩尤，故许多注者借《吕刑》之蚩尤解释后来文献中的蚩尤，不顾文献彼此旨意殊异，[31]笔者对此不敢苟同。在《吕刑》描述中，民众原本和平，动乱却被强加给他们，故蚩尤扮演了动乱之源：动乱既非必然，亦非自然状态，它出于恶人之创作。

蚩尤一旦作乱，统治者便必须学习如何控制动乱。一群名为"苗"的蛮民率先尝试用刑。继而周王有云："苗民弗用灵，制以刑，惟作五虐之刑曰法。杀戮无辜，爰始淫为

（接上页）王朝の形成》，第277—336页。是故，此处《吕刑》作者或部分基于周穆王时期的历史档案，说穆王引入刑罚，以应对其国力之衰微。如此观之，战国时期可能便有涉及周穆王的传说。《穆天子传》亦涉穆王之治，值得与《吕刑》比较。

〔30〕《尚书正义·吕刑》。

〔31〕譬如，陆威仪（*Sanctioned Violence in Early China*, p. 196）意欲通过后世之"黄帝—蚩尤"故事理解《吕刑》全篇叙事。故以为此处对蚩尤的描述隐隐与创造兵器一事有关：蚩尤作兵，故秩序崩坏。可如我下面将会说到，应是后人出于自身关切，才将创造兵器之举归于蚩尤。

劓、刵、椓、黥。”[32]是故，刑罚之创作被归于道德堕落、行为肆虐之蛮民。

苗民之举引发了神力的调停：

> 虐威庶戮，方告无辜于上。上帝监民，罔有馨香
> 德，刑发闻惟腥。皇帝[33]哀矜庶戮之不辜，报虐以威， 103
> 遏绝苗民，无世在下。[34]

继而，上帝使天下合乎秩序。这一过程中，驾驭（domesticating）

---

〔32〕《尚书正义·吕刑》。

译文：苗民不用善，却用刑罚去控制混乱。正是他们创制了五种酷虐的刑罚，并将之称作法律。他们杀害、屠戮无辜，最先滥制了割鼻、截耳、击打、黥面等刑。

译按：普鸣以为，灵，善也。制，控制。椓，击也。

〔33〕此节将上帝称为“皇帝”，为杨宽所取以为证，说明上帝与圣王黄帝有关，见《中国上古史导论》，第196、199页。对这一解读的批评，见本章注〔16〕。

陆威仪坚持通过后世之“黄帝—蚩尤”组合去解读文本，认为此处之“皇帝”不是上帝，而是黄帝本人。为此，他将文本中的“皇”字改作“黄”，以所论之人为黄帝，与上几行提到的“上帝”相对，见Lewis，*Sanctioned Violence in Early China*，pp. 196–197，314 n. 116，故陆威仪不以此所谓“皇帝”为上帝，却也接受了杨宽“皇”“黄”相关的看法。之所以这样改动，系因后世文本说黄帝乃战胜蚩尤之人。

然而，如此修改并无必要。首先，这一叙事并未言及战争，且此刻关注的是这一人物与苗民、而非蚩尤的关系。在这一叙述中，蚩尤仅为作乱负责，一旦事毕，则不再出现于文本之中。不仅如此，《吕刑》篇下文周王回溯苗民灭亡之时，径称此人为“上帝”。若将此处之“皇帝”解作黄帝，试图重构关于“黄帝—蚩尤”的神话，不过是又一次重蹈复原单一神话之覆辙。

〔34〕《尚书正义·吕刑》。

民众最为关键，上帝命三位长官执行：

> 皇帝清问下民，鳏寡有辞于苗。德威惟畏，德明惟明。乃命三后，恤功于民。伯夷降典，折民惟刑；禹平水土，主名山川；稷降播种，农殖嘉谷。三后成功，惟殷于民。〔35〕

诚如作者所言，这一教化过程出于神启。奉上帝本人之谕旨，圣人才承担这一使命。此外，圣人教导、组织，却不创作：说伯夷、后稷二位官长“降”其教诲，又说禹的工作是在整饬（“平”）水土、掌管（“主”）山川。

人们此前还在对刑罚严加指责，而刑罚却是上帝所“降”之一物。周王继而叙述：“士制百姓于刑之中，以教祗德。穆穆在上，明明在下，灼于四方，罔不惟德之勤。故乃明于刑之中。”〔36〕既已强调君长当用刑之中正，周王在结语中

---

〔35〕《尚书正义·吕刑》。

译文：辉煌的上帝清审详问在下的民众，孤苦无告的人诉告苗民的罪状。上帝有威严之德，于是民众感到敬畏；上帝有明察之德，于是使民众得以明察（illuminated）。因此，上帝任命三位君长去忧劳民事。伯夷降下法典，因为制裁民众的东西就是刑罚。禹整饬水土，掌管为山川取名之事。后稷降下、撒播种子，耕种、培植好的谷物。当三位君长完成其功业之后，民众就富足起来了。

译按：普鸣以“德威惟畏，德明惟明”之主语为上帝。“折”或假为“制”，裁也。“折民惟刑”一句承上，释降典之由。读“平”为“辨”，取“辨秩”之意。殷，富足也。

〔36〕《尚书正义·吕刑》。

译文：君长制裁百姓能用正确的刑罚，为的是教会他们尊重（转下页）

呼吁当世决狱之臣效仿伯夷之道，避免蹈于有苗之覆辙：

> 王曰："嗟！四方司政典狱，非尔惟作天牧？今尔
> 何监？非时伯夷播刑之迪？其今尔何惩？惟时苗民匪 104
> 察于狱之丽，罔择吉人观于五刑之中；惟时庶威夺货，
> 断制五刑，以乱无辜。上帝不蠲，降咎于苗[37]。苗民无
> 辞于罚，乃绝厥世。"[38]

是故问题在于：五刑本身并不酷虐，之所以成为"五虐之刑"，乃是因为苗民误用之，而不得"刑之中"。如今，主掌用刑之人被称为"天牧"，受召效法伯夷。最终，《吕刑》以周王一番呼吁其追随者合理施刑的长篇大论作结。

（接上页）美德。上帝威严，下民得以明察，美德光照四方，没有人不勤奋于美德。因而，他们能明察如何正确使用刑罚。

译按：普鸣以"士"谓三后。又以为"穆穆在上，明明在下"一句与上"德威惟畏，德明惟明"呼应。是故"在上"指上帝言，"穆穆"言其威。"在下"指百姓言，"明明"乃百姓蒙受上帝之明德，得以明察之貌。

〔37〕此句明言上文所谓"皇帝"即上帝。

〔38〕《尚书正义·吕刑》。

译文：王说："啊！你们这些遍及四方的管理政治的人、掌管刑事的人，你们难道不是上天的牧羊人吗？现在，什么是你们应当借鉴的？难道不是伯夷布施刑罚的道路吗？现在，什么是你们应当惩戒的？这些苗民不观察罪案所匹配的（刑罚），不择选好人去观察五刑的正确用法；他们是一群暴虐的人，强取货贿，运用五刑，因而扰乱了清白的人。上帝不赦免他们，反而降灾于苗。既然苗民无话可说，上帝就断绝了他们的后代。"

译按：普鸣以为，迪，道也。"丽"训两、训偶，引申为匹配（applic-ability）。蠲，赦也。

笔者怀疑，《吕刑》为应对中央集权国家之兴起而作。多少可以说，此类国家之特点，在于利用彼时日益壮大的、可以施行有组织暴力的机构。对此，作者并未如后来孟子所为，站在理想主义的立场加以全盘拒斥，而是在承认它们的同时，大体保留了一种道德想象。为此，他讲述了一个关于刑罚起源的寓言，亦以清晰的例证表明国家应如何实施有组织的暴力。故事关乎周王如何在西周始衰之际被迫制刑，又于其间插入一段叙事，谈上古刑罚如何为人所作，以此借古喻今，讨论当下的国家发展。

《吕刑》通篇并未将刑罚视为治术之正道，仅视其为必要时的辅助。在故事开篇定下的框架中，对此已有明言，而作者随后又借周王之口，直截了当地挑明了这点。自始至终，叙事都明显带着一股道德口吻：唯有上帝司掌大局，属下圣人负责组织工作，合理的秩序才可能达成。叙事也有意地划清道德与刑罚之间的界限：动乱之兴起、刑罚之初定皆与此一道德秩序无关。在《吕刑》笔下，动乱、刑罚在圣人到来之前已然出现，分别为乱贼、蛮民所作，又被强加于平民。如此一来，该为动乱、刑罚之出现及引入负责之人，既
105 非一般的中国民众，亦非特定的圣人。圣人随后才登场，又谓他们为了将秩序引入人世，合理地利用了苗民所制的刑罚。如此一来，借用一个历时性模型（diachronic model），作者解决了国家暴力这一道德问题：早在圣人到来之前，暴力就已经被制作出来了。圣人不过利用了暴力，正确地加以使用而已。

统而言之，在《吕刑》写作的时代，作者似已容许王者建立制度，将暴力纳入组织。在他看来，这显然不是一种理想的治国状态，但仍以为只要能从道德的角度出发，必要时利用合乎组织的暴力系统，真正的圣人就能维持秩序。这一历时性模型影响深远，贯穿了此后的几个世纪，被诸家一而再、再而三地重新阐释。

圣人作刑:《墨子》

同样讲的是制刑故事,《墨子》中年代最早的几篇强调的内容便与《吕刑》不同。譬如,《尚同·上》第十一有云:"是故子墨子言曰:'古者圣王为五刑。'"[39]在此，作者以为刑罚并非苗蛮所制，而是往圣所作。

《尚同·中》第十二[40]对此有详细说明:

> 今天下之人曰:"方今之时[41]，天下之正长犹未废乎天下也，而天下之所以乱者，何故之以也?"子墨子曰:"方今之时之以正长，则本与古者异矣。譬之若有苗之以五刑然。昔者圣王制为五刑，以治天下。逮至有苗之制五刑，以乱天下。则此岂刑不善哉?用刑

[39]《墨子·尚同上》。

[40] 对《尚同》三篇文本的细致分析见 Maeder,"Some Observations," pp. 61–68。

[41] 在通行本中，引文开篇前十字原处于几行以前，这便读不通了。因此，在校勘时，一般将此十字移易至此，正好展开这节对刑罚的讨论。如此校勘无损于本节主旨。

> 则不善也。是以先王之书《吕刑》之道曰：‘苗民否用
> 106 练，折则刑，唯作五杀之刑，曰法。’则此言善用刑者
> 以治民，不善用刑者以为五杀。则此岂刑不善哉？用
> 刑则不善。”[42]

此处所述之大要显然与《吕刑》相关，《墨子》也分别讨论了往圣、苗民用刑之是非对错。然而在此，作者话锋一转，颠倒了《吕刑》所述，以为最初制刑之人乃是圣王，而将刑罚占为己有、误用之人乃是苗民。苗民所制并非一般刑罚，而是五种杀戮之刑，之所以刑罚滥为“五杀之刑”，乃是因为苗民误用了圣王所作。

《墨子》扭转了《吕刑》所述，另有用意。《吕刑》的叙述结构围绕着制刑问题展开。之所以说苗民制刑，意在使圣人与制刑一事撇清干系。《吕刑》终不以刑罚为正道，故谓刑罚既非圣人所制，又非神力所作，圣人仅是在用“刑之中”。然而《尚同·中》则改变了传统的评判标准，不以刑罚、创作为非。恰如第二章所论，《墨子》诸篇一贯视创

---

〔42〕《墨子·尚同中》。

译文：苗民不去训练人民，而是折辱、惩罚他们。他们只创造了五种杀戮之刑，将其称作“法律”。

译按：本节普鸣引《吕刑》“苗民否用练”一句，“练”字不读为“灵”，读如字。练，训练。折有折辱之意。则，法也。又普鸣不以“五杀之刑”与“五虐之刑”义同，以为前者指涉杀戮之刑，后者仅是一般刑罚，说见正文。普氏的理解否认了《墨子》所理解的《吕刑》与孔传本《吕刑》旨意相同。

作无关善恶，基本的评判标准在于人们如何使用。如此一来，它便无须再借苗民之手，让圣人与创作一刀两断。与此相反，《墨子》仅以苗民说明他们如何误用圣人所作。

与《吕刑》相似，当时的政治环境直接产生了合理施刑的问题。墨家虽对彼时之统治者极不以为然，但对新兴国家的中央集权政策并无反感。《吕刑》作者勉强认可用刑，而《墨子》却以为刑罚本身便具有正当性。在墨家这里，问题不在于有组织的暴力本身，而在于暴力如何为人所用。

《墨子》其他几篇以创制兵器为题，亦明确指出若能合
理利用暴力，那么暴力便是可行的。《吕刑》并未讨论何时、 107
如何创制兵器，但当后世作者面对“国家如何实施有组织的暴力”这一问题时，创制兵器这一主题便愈发重要，故值得在此一提。下文引自《节用·上》[43]：

> 其为甲盾五兵何以为？以圉寇乱盗贼。若有寇乱盗贼，有甲盾五兵者胜，无者不胜，是故圣人**作为**甲盾五兵。[44]

《吕刑》为给“以暴易暴”正名，在叙事上大费周章：先说

---

〔43〕葛瑞汉论证《节用·上》很可能被汉人误纂于“核心篇”中，令人信服。他认为该篇实属“总结篇”（“digest” chapters），意在简而全地归纳墨子学说，见 Graham，*Divisions in Early Mohism*，p. 4。

〔44〕《墨子·节用上》。

苗蛮制刑，又将用“刑之中”与神圣正当性相联系。与之相对，此处《墨子》不假思索地认可了国家运用暴力控制混乱之举。于是，他说圣人制作甲兵，表明他以为武器本身并无大碍。

总的说来，彼时中央集权国家机构不断兴起，相较于《吕刑》而言，此处所论的《墨子》诸篇显得对此包容得多。纵然此处《墨子》亦与《吕刑》相类，皆欲维系一个道德标准，用以评判这些制度在使用上的是非对错，但它相信制度的创立本身无悖于圣人所为。与之相应，《吕刑》以“乱贼作刑”的苦心经营，在《墨子》的叙述中消隐无踪。

圣人条理[45]：《孟子》

《吕刑》隐隐对刑罚不以为然。如果说墨家对刑罚的讨论意在于消解《吕刑》的负面看法，孟子在尝试建构叙述之时，则出于截然相反的思想和政治立场。如前几章所述，墨子坚信绝大多数文化乃圣人所作，治国机构尤为如此；孟子则意欲将道德秩序植根于自然生长的过程之中。《吕刑》作者还试着将动乱、刑罚归于恶人之手，孟子却

〔45〕 译按：原文分析《吕刑》一节的所谓“组织”、分析孟子一节的所谓“条理”，实际上皆为“organize”及其派生词，强调生物体、社会之自然生长。倘若与《墨子》之“创作”对言，《吕刑》《孟子》更强调自然，故普鸣多用“organize”一词分析这两个文本；而单纯将《吕刑》《孟子》二者进行比较，二者与自然的亲近程度亦有小异，如《吕刑》处规训、规制色彩更浓，《孟子》稍弱，故译者将这两处的“organize”分译为“组织”与“条理”。

对此毫无兴趣。对他而言，动乱之所以产生，仅仅是因为
人们没能合理养育其天赋之自然。非但如此，不同于《吕
刑》《墨子》诸篇，孟子拒斥当时许多新兴中央集权国家机 108
构，呼吁回归周礼。在他看来，周礼全然合乎仁义。因此，
唯当圣人开始条理世界、教化人民之时，孟子才展开叙述。
他无意预设此前尚有历史存在，倘使真有一段历史，也是
妄作频出之时。

与《论语》相类，在孟子讨论中，最早的圣人是尧。尧条理天下之前，是一片混乱：

> 当尧之时，天下犹未平。洪水横流，泛滥于天下。草木畅茂，禽兽繁殖，五谷不登，禽兽逼人，兽蹄鸟迹之道交于中国。尧独忧之。[46]

唯有尧为这一动乱感到忧虑——这或许关乎孟子以圣人为“先觉”，使先觉觉后觉一说[47]。

自尧觉知以后，他派臣下去进行实际操作，为天下带来秩序：

> 举舜而敷治焉。舜使益掌火，益烈山泽而焚之，禽兽逃匿。禹疏九河，瀹济、漯而注诸海，决汝、汉，

---

〔46〕《孟子·滕文公上》。

译按：“天下犹未平”一句，普鸣读“平”为“辨”，取“辨秩”之意。

〔47〕见《孟子·万章下》和《告子上》。

> 排淮、泗而注之江。然后中国可得而食也……后稷教民稼穑[48]，树艺五谷，五谷熟而民人育。人之有道也，饱食、暖衣、逸居而无教，则近于禽兽。圣人有忧之，使契为司徒，教以人伦：父子有亲，君臣有义，夫妇有别，长幼有序，朋友有信。[49]

109 圣人既已先觉，便教给人民一些基本的文化、道德。

有趣的是，注意此处所提到的圣人，禹、后稷二位都曾在《吕刑》中出现，表明《孟子》《吕刑》基本上在共用一组人物。非但如此，《孟子》用来描述这些圣人条理、教化之术语，亦与《吕刑》相似。最后，二者亦同谓教化民众的过程出乎神启，可二者唯一违异之处在于：《吕刑》以圣人为臣，径受上帝本人指示而教化民众，孟子却意欲将天赋之品性根植于人心当中。

所以，对孟子或《吕刑》之作者而言，问题的关键在于圣人教化、组织抑或条理，而不创作：他们并不创新，而是使万物归诸秩序——孟子与墨家在这点上大为不同。不仅如此，孟子煞费苦心，说圣人之条理全属自然：之所以说圣人率先发力，并非因为他们有何创新，而是因为他们最先觉察到自然之等序（hierarchy）。所以，为了合理地实现自然，他们方才开始作为。譬如，在描述洪水之时，孟子说洪水与

---

〔48〕“稼穑”，此处译为耕种（farm），其字面意思即播种与收割。

〔49〕《孟子·滕文公上》。

自身之自然流向相悖，禹没有修筑围墙、大坝以堵塞洪水，而是开掘土堑，让水合乎文理地流入大海：

> 当尧之时，水逆行泛滥于中国。蛇龙居之，民无所定。下者为巢，上者为营窟。《书》曰：“洚水警余。”洚水者，洪水也。使禹治之。禹掘地而注之海，驱蛇龙而放之菹。水由地，中行：江、淮、河、汉是也。险阻既远，鸟兽之害人者消。然后人得平土而居之。[50]

孟子在别处谈禹之治水，说禹的方法在于顺遂“水之道”， 110
避免其“逆行”：

> 白圭曰：“丹之治水也愈于禹。”孟子曰：“子过矣。禹之治水，水之道也。是故禹以四海为壑。今吾子以邻国为壑。水逆行，谓之洚水。洚水者，洪水也，仁人之所恶也。吾子过矣。”[51]

在另一章节里，孟子甚至更为直截了当地表明：“禹之行水也，行其所无事也。”[52]

---

〔50〕《孟子·滕文公下》。

译按：普鸣解“水由地中行”一句训“中”为“正”，谓水沿着地势，流向合于正轨。“人得平土而居之”一句，亦读“平”为“辨”，取“辨秩”之意。

〔51〕《孟子·告子下》。

〔52〕《孟子·离娄下》。

此刻，我们方可体会此前所谓尧时“五谷不登”的深意。孟子以为尧时天下混乱，五谷尚未生长。与讨论洪水的意图相类，孟子在此想说：混乱时期本非自然——那是一个水不依照自然轨迹流动，合适的作物尚未种植，人兽之自然界限还没有被认识的时代。而圣人将天下纳入秩序之举，并非将文化强制于自然之上，而是使世界的自然秩序、等序为人所识。

是故孟子如此叙述，意在全盘否认文明之兴起出于创作：圣人从未创作，只是认识到自然的等序；圣人条理天下，教化民众，是为了合理实现自然等序本身。因此，《吕刑》叙事苦心孤诣之处，对孟子却不成问题。相较于对制器问题的处理（见第二章杞柳栝棬之辨），他并未耗费多少时间讨论制刑。对孟子而言，既谓圣人仅在条理、教化，若再去建构一套叙事解释刑罚问题，毫无意义。所以，《吕刑》说苗民制刑在先，撇清圣人与制刑一事之干系，而在孟子看来，这一尝试并无必要：圣人以前的历史，不值一提。同时，倘使彼时之统治者极力以刑罚、战争等有组织的暴力为
111 基础，建设中央集权国家，则只能说明他们自甘堕落。对于孟子来说，不断增多的国家行为应予摒弃，无须搬出一套苗民制刑之说，为之遮遮掩掩。

迄今为止，就国家实施有组织的暴力这一问题，笔者已列举了三种不同的解决进路。《吕刑》将作乱、制刑之举归咎于乱贼、苗民之手，再让圣人受天命指引，用“刑之

中”;《墨子》直言不讳，以为刑罚乃圣人亲手所作，丝毫不以为忤;《孟子》对创作嗤之以鼻，亦反感国家实施有组织的暴力，重谈圣人条理万物，合理实现自然中应有之秩序。

整个公元前3世纪及此后的历史中，这三种叙事模型一而再、再而三地为人演绎。据下文可见，引起后世二手文献大量关注的黄帝—蚩尤叙事多半脱胎于此，后世的作者只是不断杂糅上述诸叙事模型，将黄帝、蚩尤这类人物置于其间。这一事实更使我们确信，今日之思考方向并不在于追溯某些时代更古的“口头神话”，认为它们直至公元前3世纪方才为人写定，而应思考诸家如何利用这几种叙事结构在战国时代展开论辩。因而，相较于叙事选用的特定角色（譬如黄帝），叙事结构要更为稳定。是故相较于早期叙事而言，公元前3世纪的叙事之所以不同，既非由于作者愈发真实地记录了某种“口头传说”，也非由于他们出于“个人幻想”，臆想出更为“奇异”的叙事，归根结底，还是由于论辩本身有所发展。相应地，通过愈发精准地运用特定的术语、人物，加工叙事结构，诸家为论辩提出的问题的解决方案也愈发细致。通过了解这些发展，再连同我们对促使论辩整体发展的张力的理解，这些叙事的丰富性将逐渐显现。

第二层战国文献 112

上述文本中的许多关切继续主导着公元前3世纪的论辩：在何种程度上，彼时之中央集权国家与往圣之建制相符？随之而来的问题是：应如何理解有组织的暴力之兴起？

继而，诸家便围绕如下问题去建构叙事：启用暴力之初，自然、圣人、外力（乱贼、蛮民及他人）具体扮演了怎样的角色？而公元前3世纪的叙事几乎启用了另一批传说人物，甚至也或多或少地改变了过去的人物形象（比如蚩尤）。其中，就理解国家的最初起源而言，黄帝至关重要。何以作者们的笔触转向黄帝？先去讨论时人对黄帝的一些想象，有助于理解这一问题。

“黄帝”一词首见于公元前4世纪的文本，从内容上看，与叙述国家起源无关。实际上，在早期中国文献里，“黄帝”一词仅在一青铜器铭文中偶然提及，被称为作器者之先祖。笔者所讨论的“黄帝”铭文出自陈侯因资敦，系齐威王所作[53]，器主乃田和之孙。铭文言及“黄帝”这一点颇为重要。早在公元前386年，田和终止姜姓吕氏之治，自立田氏为齐王。威王于此铭之中颂扬了“高祖黄帝”以及齐桓、晋文二霸。既然齐桓、晋文本非威王之先祖，此处所言更似以齐桓、晋文为典范，而非强调自己与他们的血缘联系：黄帝、齐桓、晋文确定了何谓行为典范，威王则将田氏一系之兴起置于其间。[54]似有理由怀疑，这点与田氏之篡权相关——与前三者相类，田氏合法地以武力夺权。换言之，田氏统治者宣称，自黄帝以至春秋霸主，一直存在伟人以武

---

〔53〕见白川静：《金文通释》，38: 421。学者对此铭多有讨论，参徐中舒：《陈侯四器考释》；丁山：《由陈侯因资敦铭黄帝论五帝》；杨宽：《中国上古史导论》，第190—191页；郭沫若：《十批判书》，第152—153页。

〔54〕陆威仪所论极为精彩，见 *Sanctioned Violence*，第308页，注60。

力统治的历史，而田氏本身则身处于这一系历史之中。在论
证其篡位的正当性时，田氏既未基于血统，也没有尝试宣称
自己奉周天子之命成为齐国真正的继承人，而是换了一种说
辞，说自己之篡位乃基于武力统治的历史。黄帝是在此背景 113
之中为人援引，这暗示黄帝亦与霸主相类，与这种武力统治
形式相关。[55]

在最早一批提及黄帝的现存传世文献中，黄帝亦明显与武力相关。《左传》成书于公元前 4 世纪，其间一节稍稍提及“黄帝战于阪泉”[56]。这类记述虽是只言片语，不应过度阐释，但因资敦给人的大致印象即彼时黄帝与用武有关，《左传》又说黄帝与战争有关，再次加深了这一印象。而在公元前 4 世纪，人们一般不认为重要的圣人会出现于战争背景下。

又及，《史记》所载有关秦国早期祭祀的内容，或许又与此一主题有关。据《史记》所述，公元前 5 世纪后半叶，秦灵公作二畤，下畤祭炎帝，上畤祭黄帝。[57] 当然，并无更多证据以确证司马迁之论。那么至少在战国时期，秦国也可能与黄帝相关，恰恰在公元前 4 世纪中期到公元前 3

---

〔55〕 见 *Sanctioned Violence*，第 308 页，注 60。

〔56〕 僖公二十五年。此处谁与黄帝为敌尚不明确。后来的文献如《史记·五帝本纪》以炎帝与黄帝战于阪泉，参《史记·五帝本纪》，卷一，第 3 页。《国语》的写作时间颇可能与《左传》同时，虽未言黄帝、炎帝战于阪泉，亦有云二帝异德相挤，参《国语·晋语四》，《四部备要》版。无论如何，并无证据表明：在这么早的时期，蚩尤已被视为黄帝之仇雠。

〔57〕《史记·封禅书》，卷二八，第 1364 页。

世纪这段时间，秦国的治理形式愈发接近中央集权和军事管制。[58]

唯有考虑到这一背景，黄帝在公元前3世纪叙事中所扮演的角色才能开始为人理解。在此一时期之前，人们对从哪位圣人肇始，对国家实施有组织的暴力莫衷一是：举例而言，墨家欲宣扬圣人制刑、作兵器之时，也仅将作者称为“圣人”。然而，直至公元前3世纪，人们发现一些文本（后世将之划为“法家”）专门关注国家对暴力的使用。法家意欲咬定治术的暴力一面乃黄帝所制，继而得以宣称此人身上体现了他们的教诲。之所以选择黄帝这一人物形象，是因为他与战争、篡权有关。后世作者对国家起源的看法又有不同，为牵合己意，重新阐释了何谓圣人。正是在此背景之下，蚩尤这样的人物才再次浮现于文献之中。诸家何以一而再、再而三地阐释黄帝、蚩尤的故事？这点值得深入探讨。

114 **创制国家：《商君书》**

《商君书》作于公元前3世纪，其文本构成颇为复杂，很可能出于众手[59]，又被归之于“商君所撰”。商鞅于公元前

---

〔58〕我们会很快看到，在公元前3世纪的文本中，黄帝这一极重要的人物形象与秦国有关。所以，也许司马迁只是将这一联系追溯到了更早的时期。

〔59〕判定《商君书》各篇年代面临许多问题，戴闻达（J. J. L. Duyvendak）对此有很好的总结，参Duyvendak，*The Book of Lord Shang*，pp. 141–159。也可参看罗根泽的讨论，见顾颉刚等编：《古史辨》第六册，第295—306页。

359 年至公元前 338 年任秦国左庶长、大良造，人们以为，他对秦国制度、法律系统的创立功不可没，而正是这些最终使秦得以一统。[60] 既然人们认为商君之思想能够代表这本书的旨意，书中囊括一些强烈支持那时新兴集权国家的论断便不足为奇。《商君书》极力论证了，国家是出于黄帝所作。

《更法》

《更法》第一言秦孝公为商君所动，决意变更秦法。开篇，孝公与三大夫甘龙、杜挚和商鞅本人论及己意：

> 君曰："代立（位）[61] 不忘社稷，君之道也；错法务民主长，臣之行也。今吾欲变法以治，更礼以教百姓，恐天下之议我也。"[62]

开篇即言变古之患：孝公变法更礼，或将背离传统对君主职分的理解，冒天下之大不韪。

三大夫交相论辩：甘龙反对变古，商君则拥护孝公

---

〔60〕诸多文献言及商鞅变法，对此，齐思和的讨论很好，见齐思和：《商鞅变法考》，重印于《中国史探研》，北京：中华书局，1981 年，第 128—143 页。关于改革本身的讨论，参杨宽：《商鞅变法》。

〔61〕"立"读为"位"。

〔62〕《商君书·更法》。

译文：一旦君主继位，便不应忘记土地、五谷之神，这是为君的法则。改良法律，致力于民，主掌布告，这是为臣的惯例……

译按：普鸣以为，首二句言君臣之传统职分。长，施也，引申为"布告"（proclamation）。

变法的决心。一切有关圣人理应法古之说，都被他斥以为谬："是以圣人苟可以强国，不法其故，苟可以利民，不循其礼。"〔63〕

继而，商鞅说三代遵循的礼仪不同，五霸遵守的法律有异，故以为制作新法有其正当性："故**知**者**作**法，而愚者
115 制焉；贤者更礼，而不肖者拘焉。"〔64〕于是，《更法》将人判然二分：或是法古之愚人，或是作法之智者。在上章结尾，我们已然看到了，一些极为推崇创作的观点，《更法》便处于与之相类的思潮之中。到公元前 3 世纪，"知""作"这两个概念已变得疑义重重，如今《更法》却公然支持并认为它们能起正面的推动作用，而且毫无限制之意。

商君言及往圣，维护己说："伏羲、神农，教而不诛；黄帝、尧、舜，诛而不怒。"〔65〕将圣王按时间分等。最早的伏羲、神农教化人，不用杀戮来惩罚。与上文频频出现的施教圣人相类，此处又以"教"字形容伏羲和神农。

相反，商鞅强调，黄帝以及此后的尧、舜确然以杀戮作为惩罚手段。〔66〕商鞅在此无意将刑罚推诿于外人之手：时

〔63〕《商君书·更法》。

〔64〕同上。

〔65〕同上。

〔66〕此处又为顾颉刚说添一证。他以为早期中国有一套将圣人分类的办法：文献中的圣人被置于神话般的过去，他们的活动年代被提得越来越早。因而，如上所述，《论语》始见尧、舜，及至《孟子》，这几位圣人仍然最为重要。黄帝在文献中出现得晚，最终却被置于尧、舜以前；伏羲和神农属于最晚一批出现在战国文献中的圣人，人们却让他们生活在历史之初。

势变迁，圣人不过各当其时，手段各异而已。与传统思想家大相径庭，《更法》对创作、用刑毫无贬抑。

《画策》

在《商君书》第十八篇《画策》中，许多主题在继续讨论中得到了更为深入的阐述。《画策》旨在说明：王者须随时而改制。而现在已经到了要求统治者依法行政而非以德治国的时刻了。为求证明己说，作者以一叙事为例叙述国家之兴起，并在一定程度上改编了《吕刑》的一些要素：

> 神农之世，男耕而食，妇织而衣。刑政不用而治，甲兵不起而王。神农既没，以强胜弱，以众暴寡。[67]

动乱出现之前有一和平时期，《吕刑》将之归诸遥远的过去，
而《画策》让它出现在神农治下。[68] 动乱随即兴起。与 116
《吕刑》相类，《画策》笔下之动乱并非自然而然：它仅在特
定的历史时期出现，史无前例。吊诡的是，它无缘无故地出

---

〔67〕《商君书·画策》。

〔68〕诸家如何利用神农，又将之置于怎样的背景中讨论？葛瑞汉对这一问题的讨论极为精彩，见 Graham，“The Nung-Chia ‘School of the Tillers.’” 顾颉刚对后世如何将圣人分类有其洞见，而葛氏所言则建立在顾说之上，以为神农乃农家所设，而农家以农业生产为中心，倡导平均主义的生活方式。其余诸多作者以为，黄帝统治时期，有组织的暴力被人引入，而他们用神农代表此前的和平时期。我们如今讨论的《画策》作者也是如此。

现，作者毫无解释。对《吕刑》而言，关键在于强调动乱出于乱贼蚩尤之手，并被强加于平民之上。而《画策》的角度则不同：时代变迁，人类的行为也是如此。说不定在某个时刻，动乱就这样出现了，王者必须有应对的准备。

如《画策》所示，黄帝建国旨在应对动乱：

> 故黄帝作为君臣上下之义，父子兄弟之礼，夫妇妃匹之合。内行刀锯，外用甲兵。故时变也。由此观之，神农非高于黄帝也，然其名尊者，以适于时也。[69]

神在此并无干预。或许，孟子所不取者恰恰是《画策》所好：作者宣称，等序、礼义与自然毫不相涉，而出于黄帝之有意造作。不仅如此，他更以为黄帝开创先例，使国家实施有组织的暴力：对内施行“刀锯”（或即酷刑）之治，对外发动战争。因而，从等序、礼仪及至刑罚、战争，黄帝无所不作。如此一来，曾推动《吕刑》叙述的判分湮没不彰：如上所示，《吕刑》让圣人在道德指引之下组织、教化，而必须将制刑一事转嫁蛮民。与此相反，《画策》以为礼制、等序与刑罚、战争同出于黄帝之造作。《画策》中的圣人既不组织，也不教化，所作所为又不受上天指引（不管这种指引基于上帝命令，抑或基于圣人的天赋之心）：黄帝不过是在应时而作。

---

〔69〕《商君书·画策》。

继而，《画策》作者讨论了《吕刑》处理过的另一问题：如何解释国家的以暴易暴之举？《吕刑》独以苗民作刑， 117
以此撇清圣人与制刑一事的干系，于是在《吕刑》的塑造之下，圣人所为纯属义举，虽以暴易暴，自己却不制造暴力。可《画策》却无视《吕刑》中如此明显的矛盾，仅凭“时势需要”为以暴易暴正名：

> 故以战去战，虽战可也；以杀去杀，虽杀可也；以刑去刑，虽重刑可也。[70]

《画策》未言刑罚出于蛮民之手，亦无意表明上天使刑罚得以合理使用，《画策》的全部呼吁所在，便是“施暴有理”。

《画策》主张圣人创作。只要当时统治需要，便应不择手段造作。所以，此处《画策》所述与《墨子》相类，但值得注意的是：相较于上述《墨子》诸篇，《画策》的观点、政治立场远为激进。虽然《墨子》提出文化乃圣人所作，但这一创作之举显然始终植根于更大的道德伦理之中。的确，《墨子》叙述作刑之时，也说这一创作有其负面影响，背离了道德伦理。相反，《画策》的叙述表明，它无意将此类创造之举植根于自然世界，也不关心创作是否奠基于任何道德体系。对作者而言，评判统治是否成功的唯一标准在于：王者能否与时俱进？故与《墨子》不同，面对当时国家之中央

〔70〕《商君书·画策》。

集权，《画策》不用任何道德标准去评判是非。在政治上，《画策》强烈支持用法、施刑和战争，将一切托之于黄帝之手。换言之，这些都代表了秦制。

自然与国家：马王堆《老子》乙本所附《经法》《十六经》两篇

马王堆《老子》乙本卷前四篇古佚书中，《经法》《十六经》[71]两篇在治术上亦支持中央集权制。《商君书》以为这些制度是出于圣人的有意造作，与之相反，《经法》
118 《十六经》两篇却极不以为然，企图将这些制度植根于自然之中，否认其出于圣人所作。这致使作者想方设法，重述了许多我们曾考察过的叙事。

《经法》

《经法》有意打通类似《商君书》所见的国家与以《老子》思想为基础的自然主义宇宙论之间的关联。[72]它一开

---

〔71〕从1973年这四篇古佚书被发现，学界便为之瞩目，产生了大量相关成果。其中，许多学者以之为“黄老”之学的代表而加以重视。所谓“黄老”之学，指武帝统治之前汉室的重要学说，参如裴文睿（R. P. Peerenboom），*Law and Morality in Ancient China*。

可能早在汉初，一些学者已将这些文本划归“黄老”，虽则如此，笔者相信，这一分类或出于后世之回溯。毕竟，“黄老”一词从未出现在汉代以前的文献之中，故讨论战国问题时，我会全然避免以“黄老”称之。所以，在处理这些文献时，笔者仅将其视为对战国论辩的一种回应。

〔72〕对《经法》所载治术观点的分析，见高道蕴（Karen Turner），“The Theory of Law in the *Ching-fa*”；Peerenboom，*Law and Morality in Ancient China*。

始便将国家定义为自然世界的产物，开篇云：“道生法。”[73]《商君书》中的叙事说圣人创作（“作”）法律，而《经法》之作者却以为法源乎道，更言道并未创作法律，而是生发（“生”）法律。是故，《经法》明确将法律的兴起视为自然活动——它是自然生长过程的一部分。

然而，《经法》也不愿摈弃圣人，下云：“法者，引得失以绳，而明曲直者殹（也）。故执道者，生法而不敢犯殹（也）。”[74]因而亦赋予了圣人“生法”的能力。可即便如此，《经法》也没有过于夸大圣人的作用，仍然将文化植根于自然之中，说唯有圣人经由某种过程（说详下），执着于道，他才能保有这一能力；不仅如此，作者又一次用“生”字表示生育、生发，描述圣人如何使法律得以显现。开篇之用词已然揭示了作者的态度：他极为反感圣人的刻意造作。

继而，《经法》扼要言及宇宙之起源，以为随着世界生成，动乱便随之而来，完全是自然的余衍：

> 虚无刑（形），其裻（寂）[75]冥冥，万物之所从生。
> 生有害，曰欲，曰不知足。生必动，动有害，曰不时，
> 曰时而□。动有事，事有害，曰逆，曰不称，不知所 119
> 为用。事必有言，言有害，有不信，曰不知畏人，曰

[73]《马王堆汉墓帛书（一）·经法》，第43页，1a。

[74] 同上。

[75] “裻”读为“寂”。
译按：“其”指“道”。

自诬，曰虚夸，以不足为有余。[76]

道生万物之时，分化已成。然而，万物分化致使欲望、行动、事务和言语出现，这一切皆可能产生危害。故与《吕刑》不同，《经法》认为动乱并非出于外力之强迫，亦非乱贼蚩尤之造作：万物分化之际，就已包含了动乱产生之可能。

《经法》以为，正因如此，圣人才变得必不可少：恰恰是圣人在避免刻意而为，执守未分之道，故得以知祸福之由：

> 故同出冥冥，或以死，或以生，或以败，或以成。祸福同道，莫知其所从生。见知之道，唯虚无有……故执道者之观于天下也，无执也，无处也，无为也，无私也。[77]

此说奠定了下文的主体基调：圣人执道以观天下，洞悉分化世界之文理，故得以效仿那些文理，用以创制国家：

> 天有死生之时，国有死生之政。因天之生也以养生，谓之文，因天之杀也以伐死，谓之武。文武并行，则天下从矣。[78]

---

〔76〕《马王堆汉墓帛书（一）· 经法》，第 43 页，1b–2b。

〔77〕同上书，第 43 页，3b–4b。

〔78〕同上书，第 47 页，19a–19b。

暴力非出于人之造作，它是自然而来。唯一的要求在于，必须基于分化世界之文理对暴力加以条理。

如此一来，对诸如《商君书》中创制国家、组织暴力之叙述，《经法》作者全盘不取。《经法》以为，动乱、刑 120
罚、战争、法律非出于造作，而是世界自然生发之产物，而圣人旨在正确条理这些自然产物。虽则《经法》仍支持国家之中央集权，但它能够说圣人只条理而不创作。这一区别乃理解《十六经》叙事之钤键。现在，笔者将转而处理这一文本。

《十六经》

《十六经》是马王堆《老子》乙本卷前四篇古佚书的第二篇。《十六经》的写作框架与《经法》相似：借用《老子》式的语汇，表达对中央集权治术的诉求。然而，与《经法》不同，《十六经》为此直言最初立法、制刑之圣人乃是黄帝。[79]继而，试图顺着《经法》的思路，将黄帝从创造者的形象转而勾勒为条理者的形象。这也使他们召回了蚩尤这一人物，其运用这一叙事角色的方式让人想起

---

〔79〕有一种倾向认为马王堆这四篇文献代表了单个的观念体系，甚至可以视为单独作者的作品。这一问题阻碍了学者的判断。近期例子之一，即裴文睿的 *Law and Morality in Ancient China*。裴文睿以为此四篇代表了某种单一的思想线索。诚然，为了支持他对“黄老”的论点，裴文睿未加拣择地对全部四篇文献加以征引。笔者以为，这一方法并不可取。四篇文献的确共享了相似的框架、用词，这解释了为什么它们被放在一起，可如下所示，它们毕竟是不同文本，所持立场有异。

《吕刑》。

《十六经》开篇第一章，黄帝说自己创建国家：

> 吾受命于天，定立（位）于地，成名于人。唯余一人□乃肥（配）天，乃立王、三公，立国，置君、三卿。数日，磿（历）月，计岁，以当日月之行。[80]

此章以黄帝为组织者，他根据自然文理建立权威秩序，制定历法。

第二章则用了更长的篇幅，申论黄帝如何建立这一组织。与《经法》一样，《十六经》的讨论亦奠基于世界开始分化之时：

> 黄帝曰："群群□□□□□□，为一囷[81]，无晦无
> 121 明，未有阴阳。阴阳未定，吾未有以名。今始判为两，
> 分为阴阳。离为四［时］。"[82]

既已说明合乎文理的、分化的世界如何产生，《十六经》便指出，为了使万物继续生长，统治者必须根据如此的文理来组织人民：

---

〔80〕《马王堆汉墓帛书（一）·十六经》，第 61 页，78b–79a。

〔81〕 囷，积聚也。本义为圆籍或粮仓。此处谓在任何分殊、分离之前的包罗万象之物。

〔82〕《马王堆汉墓帛书（一）·十六经》，第 62 页，82a–83a。

> 春夏为德，秋冬为刑。先德后刑以养生……刑德皇皇，日月相望。[83]

无须将制刑之举推诿于蛮民以解释刑法；事实上，刑罚绝非出自人为造作。相反，刑罚补全德行，恰如月亮补全太阳。关键在于组织，即刑罚之制定，必须根据自然之文理。德、刑皆奠基于四季之上，如若执行得当，则如四季一般，通过适时的生、杀过程以“养生”。圣人助益宇宙之生成过程，而刑罚乃是实现此种助益的手段之一。

因此，据《十六经》所述，分化世界源于自然生成的过程，国家制度效法这一自然世界以求“养生”。与《商君书·画策》有异，又与《经法》很是相似，《十六经》不认为国家是人类创造，而是一种从习俗上对植根于自然等序的效仿。

另有几节亦处理此种与国家本质有关的问题，致力于追问：何谓动乱的起源？如何能合理地控制动乱？为此，其中两节改写了《吕刑》和《商君书·画策》中的叙事。与《商君书·画策》相类，《十六经》未言刑罚出于恶苗之手，而直言国家组织乃是黄帝所作。而不同的是，《十六经》无意塑造黄帝创作之伟大，故引入了《吕刑》所论的蚩尤形
象，使之变成了一套黄帝与蚩尤相战的故事，由此，整个叙 122
事便成了一个寓言：暴力是如何兴起的？国家又应该如何使用暴力？

〔83〕《马王堆汉墓帛书（一）·十六经》，第 62 页，85b–86a。

《十六经》之《五正》篇首次提到这一叙事。作者描述到，大臣阉冉向黄帝陈说：如果想要匡正（rectification）天下，必先始于匡正己身。继而宣称，天下虽然大争，黄帝若欲厕足其间，必先修养自身。黄帝纳谏之后，“于是辞其国大夫，上于博望之山，谈（淡）[84]卧三年以自求也”[85]。自修过后，大臣上告斗争之时机已至：

> 单（战）才（哉）。阉冉乃上起黄帝曰：“可矣。夫**作**争者凶，不争［者］亦无成功。何不可矣？”[86]

斗争本身并无大碍，故黄帝卷入斗争亦无可厚非。人为地发动争斗才是凶兆，此即所谓“作争”。当然，《吕刑》描述蚩尤僭越地引入混乱之时，亦用了“作”字。《五正》的观点与之相类：一旦有人挑起争端，圣人能够也必须置身其间，重整秩序。

继而，《五正》转向蚩尤与黄帝之战：

> 黄帝于是出其锵钺，夺其戎兵，身提鼓鞄（枹），以禺（遇）之（蚩）尤，因而禽（擒）之。帝箸之明（盟），明（盟）曰：“反义逆时，其刑视之（蚩）尤。

---

〔84〕“谈”读为“淡”，平静。

〔85〕《马王堆汉墓帛书（一）·十六经》，第 65 页，93b–94a。

〔86〕同上书，第 65 页，94a–94b。

反义怀（倍）宗，其法死亡以穷。”〔87〕

所以，为了详细说明阉冉观点中的悖论，作者改动了《吕刑》叙事：纵使不宜挑起争端，统治者若不去利用斗争，就 123
不可能成事。为此，《五正》叙述了黄帝与蚩尤之战：与蚩尤相类，黄帝亦卷入了斗争，但他并未挑起争端，躬自正己，才得以行动。故此处与《吕刑》相似，讲的是如何恰当地使用暴力——一旦斗争有作，圣人便恰当地利用它建立秩序。所以，圣人将用有组织的暴力对付那些行事背离道义、违犯四时条序、悖逆祖宗之人。

之所以选择《吕刑》给出的这种叙事框架，乃是因为它更易让恶人挑起争端，故得以让圣人给世界带来秩序。《画策》说黄帝本人创作，此言他人作乱，黄帝为了道义方才接管之，使之合乎组织。

尽管如此，在制定禁令一事的解释上，《吕刑》和《十六经》间的差异同样重要。《吕刑》将制刑一事转嫁恶苗，因为作者首先考虑刑罚虽有必要，但对治国而言，毕竟是旁文剩义。所以，叙事将制刑一事推诿于苗蛮，又仅以蚩尤作乱，迫使刑罚必须出现。与之相反，《十六经》意欲表

〔87〕《马王堆汉墓帛书（一）·十六经》，第 65 页，94b–95a。

译文：黄帝拿起他的战斧和戟，取上自己战时所用的武器，又亲自举起鼓来敲。他遇到了蚩尤，将其抓获。他撰写了盟约，说：“任何背离道义、不按四时活动之人，将受同于蚩尤之刑。任何背离道义、违逆祖宗之人，将被处死，至于绝灭。”

明，刑罚是自然秩序的一部分。它的根本关切并不在于为酷刑的出现寻找托词，而是在于找出一个“作争”的乱贼。因此，在《十六经》的叙事里，无人扮演《吕刑》中苗民的角色。不仅如此，黄帝被视为最初建立国家之人，并在故事中被称为圣人。于是，叙事在蚩尤和黄帝之间展开，一旦黄帝擒杀了蚩尤，便将暴力据为己有，使之为国家所用。

《正乱》亦言蚩尤被人如此利用：

> 单（战）盈哉。大（太）山之稽[88]曰：“可矣。”
> 于是出其锵钺，奋其戎兵。黄帝身禺（遇）之（蚩）
> 尤，因而擒之。剥其□革以为干侯，使人射之，多中
> 124 者赏。翦其发而建之天，名曰之（蚩）尤之旌[89]。充其
> 胃以为鞫（鞠），使人执（挚）[90]之，多中者赏。腐其
> 骨肉，投之苦酭（醢），使天下噍之。上帝以禁。[91]

---

〔88〕“太山之稽”是黄帝的一位大臣，这也与其他文献相合，如《淮南子·览冥训》有云：“昔者黄帝治天下，而力牧、太山稽辅之。”

〔89〕“蚩尤之旌”是一种彗星，见《吕氏春秋·明理》。

〔90〕“执”读为“挚”。整理者读为“踏”，踢也。可在此“踏”“踢”二字音未必可通。笔者怀疑，其他传世文献曾经谈到黄帝发明了蹴鞠游戏，故整理者希望将之与此节联系。陆威仪也持此见，见 *Sanctioned Violence*，p. 148。然而，我对此仍持保留意见。他们假设，所有提到黄帝—蚩尤的文本背后都存在某个单一神话，学者校勘文献，是为了在这一层面上达成某种一致。因而，笔者对此保持警惕。恰如一些学者往往试图以“黄帝”校改《吕刑》中的“皇帝”一般，笔者发现，他们提出的校勘奠基于对早期中国神话本质的误解，并不令人信服。

〔91〕《马王堆汉墓帛书（一）·十六经》，第 67 页，104a–105a。

叙事以大战开场，可与《五正》所载相同，直到臣下允许，黄帝才加入战场。据说黄帝将蚩尤献祭，借以立下禁令。如《五正》所述，黄帝将出于蚩尤之手的暴力取为己用，意在将之引入正轨。与《十六经》里所述的其他故事相较，《正乱》更加直白地点明：蚩尤被视为一个牺牲品，从而使黄帝得以为国家组织暴力。

乱贼创作

公元前 3 世纪后半叶以后，另一些叙事同样习惯将有争议的创作推诿于蚩尤及其他乱贼，一组文献特意点明乱贼所作的治国工具与战争、用武有关，方法与上章分析的《吕氏春秋》三篇相似：为撇清创作与圣人之间的关系，《吕氏春秋》说人造工具乃臣下所作，而下边谈到的文本则让乱贼制作。原因在于，与《吕氏春秋》相比，他们眼中创造兵器、制刑更成问题。为了解释兵、刑一类工具何以出现，作者让此前叙事中出现的几位人物负责创作，鲧、蚩尤都在其中，最重要的还是蚩尤。下面，我们找出几个这类文献中的例证加以说明，先从以蚩尤为主角的叙事谈起。

蚩　尤

《吕刑》谓蚩尤是首位乱贼。《十六经》让他与不创作的黄帝互为仇雠，或即考虑到这层关系。自公元前 3 世纪以降，其他作品亦将创制兵器一事假手蚩尤，其意与《吕刑》 125
之“苗民制刑”异曲同工：对国家统治而言，制刑虽然关键，却疑义重重，将之归咎于乱贼之手，意在消解圣人所作所为背后的僭越意味。

《世本·作》[92]便如此将创作兵器一事归咎于蚩尤："蚩尤以金作兵器。"[93]此说关系重大，由于战国后期绝大多数重要兵器皆由金属制作：作者宣称，当时战争中最为常见的武器乃出于乱贼蚩尤之手。有趣的是，《世本》"乱贼作兵"一说恰恰与《墨子·节用上》所谓"圣人作兵"说针锋相对。

另一部作品《尸子》的年代大致可以断在同一时期，[94]

---

〔92〕《世本》原文已佚，唯剩残篇。然而，我们也可以从中得出几点关于《世本》的判断。古人在一系列主题上有些传说，而《世本》之写作，似是为了网罗诸说。譬如，有一篇名为《居》，仅仅罗列古人在传说中居住的地方；又有《氏姓》篇，列出早期圣人的世系。对于我们现在的研究而言，最有意思的是《作》篇。它罗列了古代谁发明了什么，似不过是在概述创作的所有权而已，但这一特点使之具有难以估量的价值。

至于《世本》的编撰时间，陈梦家以为在战国后期，可精确到赵迁治下。其主要证据为《史记》裴骃注引《世本》一节提到了"今王迁"的出生。参陈梦家：《六国纪年》，第 138 页，引证参《史记·赵世家集解》，卷四三，第 1832 页，注 1。《世本》还有一些片段谈到了一些当时其他国家的统治者，故陈氏认为，它只可能成书于公元前 234 到公元前 228 年间，参第 137—139 页。

战国后期文献极为流行将诸种创新归功于古人，这一特征与《世本》相符，亦暗示此书成于战国后期。不仅如此，与其他著作并而观之，不难看出这些归类多发生在战国后期。譬如，据《吕氏春秋·荡兵》（详下）可知，战国后期有蚩尤制兵之说。因此，陈氏所言似为合理。

〔93〕《世本·作》，《丛书集成》版。

〔94〕《尸子》也是一部杂集，其年代很可能在公元前 3 或公元前 2 世纪。里面有一些故事与圣人相关，并将一些创造说成是某些人物的功绩。或许，《尸子》的编者（或整理者）不想把这些故事置于任何连续性的框架中。所以，最好仅仅将《尸子》当作一个故事集子来阅读。

其中有一些表述亦关乎蚩尤作兵："造冶者，蚩尤也。"[95]大体将冶金术之发明归于蚩尤。笔者怀疑，此"造冶"之术不仅与兵器有关，更代表了一种操控自然的形式。是故《尸子》说它出自乱贼之手。

《尸子》又谓："黄帝斩蚩尤于中冀。"[96]与《十六经》相同，《尸子》也将蚩尤与黄帝并而观之，使之死于圣人之手。

《管子·地数》[97]中，作者综合蚩尤创制兵器、与黄帝相战二事，将叙事发展完备。《地数》借齐桓公与其臣下管仲之口，讨论如何攫取自然资源。管仲奏对桓公之时，叙述了往圣利用自然资源的历史，说谋取政治一统的圣人就是黄帝："黄帝问于伯高曰：'吾欲陶天下而以为一家，为之有道乎？'"[98]而伯高坚信，唯有国家把持一切自然资源，政治统一才可能实现，故告诫黄帝，必须找到山中资源之所在，制定禁令，惩之以死刑，以防人们挪为己用。接下来的叙述则关乎蚩尤：

> （黄帝）修教十年，而葛卢之山发而出水，金从 126

---

〔95〕《尸子》，《四部备要》版。

〔96〕同上。

〔97〕在《管子》中，《地数》属《轻重》一系。罗根泽说，《轻重》诸篇或属于西汉时期，篇中所提的经济问题乃是当时帝国的政治议题。其说可信，见罗根泽：《管子探源》，第122—142页。诸如国家控制资源、如何维持统一的议题在此篇中有明确表达，故将《地数》断在西汉似尤为合理。

〔98〕《管子·地数》，《四部备要》版。

之。蚩尤受而制之，以为剑、铠、矛、戟，是岁相兼者诸侯九。雍狐之山发而出水，金从之。蚩尤受而制之，以为雍狐之戟、芮戈，是岁相兼者诸侯十二。故天下之君顿戟一怒，伏尸满野。此见戈之本也。[99]

当蚩尤开始攫取金属、制造兵器之时，黄帝所欲求的统一大业为之打破。为了重新夺取对国家的控制权，黄帝被迫亲征，以戟诛暴讨逆。

《山海经·大荒经》[100]中的叙述亦与之相关：

蚩尤作兵伐黄帝。黄帝乃令应龙攻之冀州之野。应龙畜水。蚩尤请风伯[101]雨师纵大风雨。黄帝乃下天女曰魃，雨止，遂杀蚩尤。[102]

尽管此说时代较晚，掺入了雨和旱的主题，[103]但故事的母题与上相同：蚩尤创制兵器，违抗黄帝之治，终受

[99]《管子·地数》。

[100] 相当多的学者致力于判定《山海经》各部分的年代。虽然至今为止，为《大荒经》找到一个更为确切的年代不太可能，但大多学者同意它很可能是汉代文献。见 Riccardo Fracasso，"*Shan hai ching*，"载 Loewe，ed.，*Early Chinese Texts*，pp. 359–361。

[101] 从字面上看，"风伯"谓"风的伯爵"，"雨师"即"雨的长官"。

[102]《山海经笺疏·大荒北经》，《四部备要》版。

[103] 雨、旱这些主题时代偏晚，鲁惟一为我们提供了一些汉代背景，方便我们理解这些主题。参其"The Cult of the Dragon"一文，此文极为精彩。

其诛。[104]

自始至终，这些作品使用了与《吕刑》和《十六经》相似的叙事模型：创制兵器一事虽涉及冲突、战争，却是治术的重要组成部分。当一位作者意欲表明此事必不可少，却为自然所排斥，为圣人所不取，便会让乱贼“制兵”，再让圣人（在公元前 3 至公元前 2 世纪的文本中，“圣人”一般指黄帝）取而代之，化为己用，使国家合理利用兵、刑。所以，应该将这些叙事放入更为广阔的论辩之中，将之视为彼时特定的对创作、对中央集权国家治术的理解。

鲧

公元前 3 世纪，人们亦逐渐认为鲧乃作乱之源。在战
国早期，他往往见于与洪水相关的叙事。如《尚书·尧典》 127
中，鲧作为臣下，未能阻止洪水泛滥，故为禹取而代之，水患乃得以治。[105]此后，《尧典》谓圣人舜建立秩序，逐鲧、苗及共工、驩兜四位乱贼。[106]《尧典》并未直言鲧何以受逐，或与其治水失败有关。《尚书·洪范》对此则有详解，谓鲧

[104]《山海经·大荒经》部分成书偏晚，然而，众多学者恰恰利用了这一叙事，以之为基础来重构一个早期的黄帝—蚩尤神话。笔者以为此举大谬。显而易见，《大荒经》对神话的演绎是一种时代较晚的版本。而我们应该这样去理解：在汉代以前，人们以不同的方式演绎了黄帝—蚩尤神话，而《大荒经》将其收摄到一个求雨、干旱的传说之中。绝不应将之视为一种对此神话的早期表达。

[105]《尚书正义·尧典》。

[106] 同上。

之被逐，乃因企图堙塞洪水，扰乱自然进程：[107]

> 箕子乃言曰："我闻在昔，鲧陻洪水，汩陈其五行。帝乃震怒……鲧则殛死。禹乃嗣兴，天乃锡禹洪范九畴，彝伦攸叙。"[108]

或许，正因鲧与堙塞洪水的这层关联，在宇宙论的意义上扰乱了自然的进程，才有人说城墙也是鲧所作，如《世本·作》云："鲧作城墙。"[109]城墙与"障碍"的意象有关，亦实因战争才得以存在，是故《世本》将城墙之创作推诿于乱贼，让圣人与之一刀两断。

因此，从结构上看，在公元前3世纪及此后的一批文献中，鲧、蚩尤（更为常见）所扮演的角色与《吕刑》中的苗民相类：他们都是工具的创造者，代表处于自然之外的反叛势力。恰如《吕刑》让苗民负责制刑一般，这些文献让蚩尤和鲧创制兵器、城墙及冶制锻造。蚩尤与黄帝在叙事中互为仇雠，而黄帝与《吕刑》中的圣人近似：为求合理的治术，将乱贼所发明的工具纳为己用。与《商君书·画策》不同，这些文本明言此等统治工具本身就有问题，出于乱贼之手，与自然相断裂；它们的出现与圣人毫无瓜葛，圣人只是

〔107〕此处有必要参考《孟子》相关篇目，上文已有讨论。《孟子》说，大禹治水，并未拦截壅堵，而是疏通河床，让水顺着其自然流向流出。

〔108〕《尚书正义·洪范》。

〔109〕《世本·作》。

去驾驭这些工具，将之引入合理的秩序之中。

斗争自然 128

在“兵器何以出现”这一问题上，另有两篇文献并不以“蚩尤作兵”说为然。二者皆转向了一种近似于《经法》所见的模式，试图将斗争根植于自然之中。因而，它们绝不承认兵器乃是为人所制，毋论兵器出于乱贼之手。它们亦以圣人全然不作，唯条理而已。尽管与《经法》共用同一框架，但其写作背后的政治观点却是南辕北辙。这又一次表明，当时的人们汲汲于重新阐释过去的叙事框架，以申己意。

《吕氏春秋·荡兵》

《吕氏春秋·荡兵》开篇云：

> 古圣王有义兵而无有偃兵。兵之所自来者上矣，与始有民俱。凡兵也者，威也；威也者，力也。民之有威力，**性**也。性者，所受于天也，非人之所能**为**也。武者不能革，而工者不能移。[110]

换言之，兵器完全属于自然：它们乃是人类欲求“威力”的产物，如此一来便是人类自然禀赋的一部分。作者强调，人的本性仅受之于天，不能刻意而为。所以，兵器与人类的历

〔110〕《吕氏春秋·荡兵》。

史一样久远，始终为圣人所用。《荡兵》又云：

> 兵所自来者久矣。黄、炎故用水火矣，共工氏固次作难矣，五帝固相与争矣。递兴废，胜者用事。人曰："蚩尤作兵。"蚩尤非作兵也，利其械矣。[111]

因此，《荡兵》不承认有哪位乱贼在某一时刻制作了兵器，兵器自始至终皆在为人所用，并非出于蚩尤的制作。只有动
129 乱是有所谓开端的，即此处说的共工"作"乱。可即便如此，作者也有所保留，说动乱并非是强加在处于和平状态的民众身上的，它的出现仅仅意味着斗争历史的一隅，而此历史足以追溯至人类的开端。

继而，《荡兵》叙述了统治权威的兴起：

> 未有蚩尤之时，民固剥林木以战矣。胜者为长。长则犹不足治之，故立君。君又不足以治之，故立天子。天子之立也出于君，君之立也出于长，长之立也出于争。争斗之所自来者久矣，不可禁，不可止。故古之贤王有义兵而无有偃兵。[112]

好斗、好战是人的天性。第一位领袖不过是首位斗争中的赢

[111]《吕氏春秋・荡兵》。
[112] 同上。

家而已，此后从“长”至于“君”，再极于“天子”的过程，乃是不断地以胜者用事、以强者为尊的历史。

总而言之，《荡兵》以为斗争自然而然，所以要否认兵器、斗争本身起自某一时刻、出于某人之手。由此，蚩尤之作乱毫无必要。不仅如此，在《荡兵》的描绘下，斗争是人的本性，由此才产生了不断增强的统治权威，故国家并非出于圣人之有意造作。制作兵器一事，《画策》诉诸黄帝，另有诉诸蚩尤的说法，此处都被《荡兵》归之于自然。就此而言，可以说《荡兵》以一种大体接近墨家的方式论证国家运用有组织的暴力的合法性，然而并未让圣人“制”国，而是采取了一个让人想起《经法》的模型：暴力的出现是自然而然的。

《大戴礼记·用兵》

《大戴礼记·用兵》谓暴力自然而然，但更强调“用兵
自然”符合道义，说这是孔子本人的想法。《用兵》的叙述 130
以鲁哀公与孔子的对答展开：

> 公曰：“用兵者，其由不祥乎？”
>
> 子曰：“胡为其不祥也？圣人之用兵也，以禁残止暴于天下也；及后世贪者之用兵也，以刈百姓、危国家也。”[113]

---

〔113〕《大戴礼记·用兵》，《四部丛刊》版。

与墨家相类，《用兵》不以兵器本身为恶，转而关注它们如何为人所用。倘若能够如作者所言的往圣一般以德用兵，便无危及道义之虞。

《用兵》既以兵器无害，便反对蚩尤制兵之说。它也并未如墨家一般以圣人制兵，而是以为兵器的出现自然而然，与《吕氏春秋·荡兵》的说法相似：

> 公曰："古之戎兵，何世安起？"
>
> 子曰："伤害之生久矣，与民皆生。"
>
> 公曰："蚩尤作兵与？"
>
> 子曰："否！蚩尤，庶人之贪者也。及利无义，不顾厥亲，以丧厥身。蚩尤惛欲而无厌者也。何器之能作？蜂虿挟螫而生，见害，而校以卫厥身者也。人生有喜怒，故兵之作，与民皆生，圣人利用而弭之，乱人兴之丧厥身。"[114]

131 墨家将制兵一事归之于圣人，其他诸家归咎于蚩尤，而此谓兵器与人同时出现，将之视为人类自然情感的结果。[115]

---

〔114〕《大戴礼记·用兵》,《四部丛刊》版。

译文：……蜂类、蝎类出生之时都带着咬、刺（的本能）。当它们遇到潜在危险时，为了保护自己，便加以报复……

译按：普鸣以为"蜂虿"一句当断作"蜂虿挟螫而生，见害，校以卫厥身者也"。校，报也。

〔115〕齐思和说，这段文字佐证了早期中国的一个普遍信仰：唯圣人可以创作。故齐氏以为，《用兵》以蚩尤非圣，不得制兵。见（转下页）

因此，《用兵》杂糅了不同立场：既关心仁义，又如墨家一般说兵器本身无害，而须关注它们如何为人使用，亦从《吕氏春秋·荡兵》，说用兵自然而然。《用兵》亦以为圣人与蚩尤皆不创制兵器，而圣人仅仅条理了那些原本在自然中已有之物。

蚩尤为臣，黄帝创作：《管子·五行》

在《管子》第四十一篇《五行》[116]中，许多关于自然与创作的主题，以及黄帝和蚩尤在国家兴起中所扮演的角色又被改头换面。虽然《五行》在叙述创立秩序的过程时，并不关心暴力的由来和组织，但它仍然在处理许多笔者一直讨论的问题。《五行》意在强调与自然相契的重要性，却也坚持黄帝创作。既然创作之人是圣人而非乱贼，则《五行》中的

（接上页）齐思和：《黄帝的制器故事》，第 201 页。

然而，《用兵》背后的问题实非如此，它也全盘否定了兵器，乃至普遍的暴力系由“造作”而来。谁都没有制作过兵器，既非圣人，亦非乱贼蚩尤。它们无处不在，故只能出于自然，而非造作。继而问题转化为：这些自然兵器如何为人使用？是如圣人一般用以益民，抑或用来宰制民众？

〔116〕《五行》属《管子》以历法系统为基础的系列篇章之一，另外还有《幼官》第八、《幼官图》第九、《四时》第四十、《轻重己》第八十五。对这些历法系统的精彩讨论，参李克（Allyn W. Rickett），*Guanzi: Political, Economic, and Philosophical Essays from Early China*，pp. 148–169。其中多篇所载历法与后世逐渐占据主导地位的历法系统截然不同，包括《五行》。故葛瑞汉说，应将它们视为较早的作品，可能成书于战国后期，见 Graham, *Yin–Yang and the Nature of Correlative Thinking*，pp. 84–89。从目前的争论来看，葛瑞汉的说法很可能成立：我们可以看到《五行》的出现，是为了回应战国晚期文献某些有关黄帝和蚩尤的说法。

蚩尤便不再以乱贼的面目出现，而化为黄帝的一位要臣：

> 昔者黄帝得蚩尤而明于天道，得大常而察于地利，得奢龙而辩于东方，得祝融而辩于南方，得大封而辩于西方，得后土而辩于北方。黄帝得六相而天地治，神明至。[117]

故作者一一列举此六臣所职，又云："蚩尤明乎天道，故使为当时。"[118]此处之蚩尤与一恶贼形象大相径庭，成了一位通晓天道四时之臣。

132 《五行》既已表明在自己的叙事框架中，蚩尤无须扮演乱贼，便转而强调黄帝的创作力量：

> 昔黄帝以其缓急作五声，以政五钟。……五声既调，然后作立五行以正天时，五官以正人位。人与天调，然后天地之美生。[119]

于是，黄帝创作了五声、五官、五行。所谓"作立五行"甚为有趣——通常情况下，五行被视作人类自身之行为应与之相合的自然现象；而那些提到五行的文本，多以为人类自身的举动当基于自然的运行。然而，此处竟谓五行出于

---

〔117〕《管子·五行》。

〔118〕同上。

〔119〕同上。

圣人黄帝之造作：人类的一举一动未必与一个早先存在的自然对应；相反，恰恰是黄帝创作了五行，因以修正了四时。实际上，黄帝的创作使得天人得以调和，天地得以生美。

此刻，比照《五行》与《十六经》的框架将会有所裨益。《十六经》意在申论圣人应弃绝人为，顺遂四时，故以蚩尤为乱贼，以此解释暴力之创作。相反，《五行》虽采纳了一种“自然主义”观点，即圣人当寻求天人之和谐，却以为即便否弃人为、顺遂自然，这种和谐也难以实现；唯有圣人锐意造作，才能将自然与人类二者引入秩序，使这种和谐得以可能。在《五行》体系下，蚩尤并非犯下造作之罪的乱贼，而是最为重要的臣属，辅佐黄帝创作。

是时候阐明笔者不同意陆威仪说的原因了：陆威仪认为，战国的黄帝—蚩尤神话以二者为仇雠，而蚩尤乃黄帝臣属一说则源于商代祭仪。笔者反倒认为，这两种对二者关系的表述皆是在回应战国时期的论辩，涉及何谓创作、何谓国家的正当本质。这场论辩解释了这些不同叙事所共享的结构：唯有当叙事以蚩尤为臣之时，黄帝才能被表现为一位作者；相反，当叙事以蚩尤为乱贼，使其创作之时，黄帝从不以一个创作者的身份出现。两种情况背后隐含的问题都是： 133
何谓治术之本质？如何恰当地引入这种新的统治模式？

公元前3世纪以降，关于“创作国家”的叙事逐渐把目光收敛、聚焦于黄帝及其仇雠（或谓臣下）蚩尤身上。除此之外，仅剩《经法》这类更强调“自然主义”的文本和一些处理鲧的文献，而在此所论的背景下，鲧与蚩尤所扮演的角色并无二致。

蚩尤、鲧等角色为叙事的作者们利用，来处理他们眼中治术的某些极成问题的面向：法律、兵器、刑罚、战争、城墙等等——换言之，这些面向皆奠基于有组织的暴力。此后，叙事围绕着这一问题构建：这些有组织的暴力是否出于人为造作？倘若如此，是圣人所作，还是乱贼所作？每位作者基于自己在这场论辩中的立场，决定赋予黄帝、蚩尤何种特质、行为——或谓黄帝发明、利用了国家暴力；或谓黄帝遵循自然世界之文理；或谓乱贼蚩尤作兵，黄帝纳为己用；甚至谓五行之创制，出于黄帝之手。同时，也很难离开黄帝去定义蚩尤。在作者的勾勒下，蚩尤或得以率先作乱，对抗黄帝之治；或能以乱贼之身，制作兵器，与黄帝对峙；抑或北面称臣，最为黄帝所重。一切企图统一这些叙事，重塑一个早期神话主体的努力注定失败：叙事如何利用这些人物，取决于这场论辩；叙事以不同方式利用这些人物，原因还在这场论辩。如此一来，唯有去追问何以这些人物在诸家笔下大相径庭，才有可能理解这批叙事。讨论完这些叙事的历史发展，才可能分析是什么问题、张力促成了这一整场论辩。

134 结论

上述叙事手法各异，或将作乱、制刑推诿于乱贼、蛮民；或谓治术的全部面向皆为圣人所作；或全盘否认创作，并谓一切都是本于自然的（此派内部尚有分歧）；或将制作兵器一事归咎于乱贼。诸家对上古之时，究竟“谁作了什么”的聚讼似乎永无休止，对“创作究竟属于自然还是人为”莫衷一是。

在上述第一层文献中，刑罚先后为蛮民、圣人所制，而《孟子》以为，社会规范应奠基于自然，与刑罚毫不相干。而在第二层讨论“治术的暴力面向如何出现”的文献中（所谓“治术的暴力面向”，不仅包括刑罚，还包括武器、城墙、法律及一般意义上的国家），虽然黄帝与蚩尤绝非独一无二的主角，但着眼点却大体聚焦在他们两人身上，论辩逐渐强调这样一些问题——黄帝是在创作？还是在效法自然？蚩尤是黄帝的臣下，还是与黄帝为敌、以乱贼身份进行创作的人？尽管作者基于一系列常见的人物、主题展开叙述，但往往能回过头来追问：到底什么应该归诸自然，什么应该归诸圣人，什么应该归诸乱贼。

开始为求方便，我们会不由自主地把注意力集中在这些人物所扮演的角色上。如此一来，便能迅速注意到叙事中一再重现的一些数量有限的母题。打个比方，在一些文本中，伯夷、稷和黄帝以一种组织者（organizer）、道德教师（teacher of morality）的形象出现，我们便可能会去分析圣人—教育家（sage-educator）这一母题。同样，另一些叙事让乱贼、蛮民创作可疑之物，人们在处理时便容易关注乱贼、蛮民本身，如苗、蚩尤、鲧。继而，人们便会用“捣乱之神”（trickster）这样的母题来描述这类人物。“捣乱之神”

这一术语为一些比较神话学的学者所用，指某些诡计多端的作乱之人。[120]

从某种意义上说，利用母题来分析叙事是有所裨益的，任何对文本的仔细分析都离不开这一过程，可它本身却不足以解释本章提到的早期中国叙事的许多特征。这种方法无力
135 解释，为什么作者在某些语境使用“捣乱之神”的母题，而在另外一些语境，又选用了“圣人—教育家”的母题。它更无法解释，在每个叙事中，不同人物如何依靠另一方来界定自身。譬如，要想分析作者如何塑造蚩尤，就必须解释公元前3世纪及更晚的作品中，蚩尤为什么通常与黄帝成对出现。这就有必要对叙事的转变进行整体性解释，而不是去寻找单一母题。最后，或许也是最为关键的一点在于，它无法解释叙事的多样性：为何某些叙事被改头换面？又为什么在不同文本中，同一个人物的所作所为并不相同？因此，我们需要一种能解释诸家如何利用这些各种各样叙事结构的方法，如此才能理解全部论辩背后的张力。在对这些问题的处理上，葛兰言也许是最富洞见的学者之一。

葛兰言试图借战国叙事重构早期社会和仪式系统的演进，对此笔者已有批评。尽管如此，若能将叙事从其进化论

---

〔120〕对这一母题的经典研究，见 Paul Radin 的 *The Trickster*。又见 *Encyclopedia of Religions* 中，Lawrence Sullivan, R. Pelton, M. Linscott 最近为“捣乱之神”撰写的条目，ed. Mircea Eliade et al., vol. 15，pp. 45–53（New York：Macmillan，1987）。这一术语适用于希腊神话研究，Karl Kerényi 有所论述。不出所料，他关注普罗米修斯。见 Kerényi，“The Trickster”。

框架中剥离出来，细细阅读葛氏之著作，便能明了其远见卓识。我提倡分析叙事的历史发展，对此，葛氏的研究方法极具价值。为了阐明这一点，先概述葛氏所论。

葛兰言认为，王权的发展意味着王者不断侵占原属自然的神圣领地。随着社会愈发复杂，男性权威、父系继承和封建制不断崛起，王权也在逐步僭越着自然。葛兰言假设，男权发展的最初阶段，表现为一个以兄弟对抗为基础的社会组织，[121]而这一组织很可能伴随冶金术的发展而出现。[122]故此一阶段之标志，表现为男性权威互相对抗的不断增多，以及因冶金术兴起引发的人对自然本身的控制。[123]后来，王权愈发强大，致使这一制度土崩瓦解：其中的胜者最终将对手的权力据为已有。[124]

正是以此进化次第为背景，葛兰言解读了很多与君臣、圣人与乱贼相关的叙事。他对蚩尤、鲧这类著名乱贼被改造为臣下的情况犹为好奇。葛氏以为，他们的身份之所以在乱贼与臣下之间游移不定，乃是因为叙事产生于早先权力被兄 136
弟瓜分的礼仪系统：君臣来自互相斗争的兄弟集团，臣下更有继承王位的权利，是故“臣位”往往意味着僭祚。大臣实

---

〔121〕概述见 Granet，*Danses et légendes*，pp. 606–611；又见 Granet，*La civilisation chinoise*，pp. 219–229。

〔122〕Granet，*Danses et légendes*，pp. 609–610；Granet，*La civilisation chinoise*，pp. 219–223.

〔123〕此说遍布 *Danses et légendes*（特参 pp. 608–609）和 *La civilisation chinoise*（pp. 219–220）。

〔124〕*Danses et légendes*, pp. 393 ff.；*La civilisation chinoise*, pp. 231–243.

有意欲称王之心，暗自与王者为敌。因此，葛兰言认为，人们在早期中国叙事中往往遇到二元模型，原因在于史前时代的王者与臣下确实构成了一个不稳定的二元统治制度，其中，权力很大程度上建立在强力之上。〔125〕随着王制的演进，王者对臣下的控制愈发强烈，终将其大部分权力篡为己有，使得王者将统治权建立在父系继承制上，再也不必依靠战胜同样有权称王的兄弟而登位。〔126〕

所以，这一历史发展阶段表现为愈发强势地操控自然，以用武作为社会制度的基础。很大程度上，统治权意味着能够战胜自然力〔127〕、攻克对手、打败其他敌人。正因如此，葛氏才会主张，这一时代的相关叙事集中在诸如僭越、战争、制兵、冶金这类议题。

---

〔125〕见 *Danses et légendes*, pp. 270–297，概述见 pp. 295–297；又见 *La civilisation chinoise*, pp. 220–243。

〔126〕为了证实这点，葛兰言征引了一些有关尧、舜、禹的叙事。舜、禹在践祚之前皆为前王之臣下，而葛氏以为，禹传位其子而非禅位于臣，继而开启首个世袭王朝的故事，标志着一次转向：社会从兄弟间的竞争关系转向了父系继承制。在此转变中，王者为了自身和本系氏族，夺取原由君臣共享的权力。葛兰言进一步论证说，在早期文献中，王者祭子以便臣下掌权；在后期文献中，王者祭臣以便于其子掌权（*Danses et Légendes*, pp. 272–297，又见 *La civilisation chinoise*, pp. 231–243）。大体来说，葛氏此说虽鲜为学界所重，但艾兰（Sarah Allan）重新检视了其中一些材料，发现葛兰言的论点是有一定基础的，见 Allan, *The Heir and the Sage*。我也认为，虽有必要对基本概念进行重大修正，但葛氏所论有很多值得认真对待之处。他对禹、益、启叙事的讨论尤值得认真研究。

〔127〕葛氏将王者射日这一仪式（说见第一章）同样置于此一历史发展阶段，见 Granet, *La civilisation chinoise*，pp. 223–227。

与黄帝、蚩尤有关的叙事极为有力地佐证了葛氏所描绘的社会、礼仪制度。蚩尤既被视为黄帝之臣下，又被当成一位与冶金、制兵有关的乱贼。在一些文献中，黄帝为建立其统治，不得不将蚩尤献祭。〔128〕同样在此背景下，葛氏注意到，人们在描述黄帝时往往会用到与描述蚩尤类似的字眼：他们不仅是对手，而且在某种意义上说是“一对”（doubles），彼此分享对方的许多特征。因此，二者都可被视为战争之发动者，或是率先施暴之人。〔129〕

葛兰言以“僭越”来分析二元模型，极为有效。这使他得以解释蚩尤在叙事中时为臣下、时为乱贼、时为辅佐、时为仇雠的多变形象；也有助于解释为什么率先施暴之人既能是蚩尤，也可以是黄帝。葛氏会主张，这不仅是母题不同，事实上，叙事在概念上互相关联，建立在一个（葛氏所
谓“史前的”）共同结构之上：“僭越”（即对自然力之攻克、 137
对政权之篡取以及对暴力的使用）植根于国家兴起的过程之中，即便王权达到顶峰，也必须收摄暴力，将之引入国家的合理秩序。〔130〕

---

〔128〕Granet, *Danses et Légendes*, pp. 270–272，350–360；Granet, *La civilisation chinoise*, pp. 220–223. 葛氏在同一语境中讨论了蚩尤、鲧和苗。对鲧的讨论，见 *Danses et Légendes*, pp. 272–273，又 *La civilisation chinoise*, pp. 233–235。对苗的讨论，见 *Danses et Légendes*, pp. 350–351，又 *La civilisation chinoise*, pp. 233–234。

〔129〕*Danses et Légendes*, p. 352.

〔130〕李约瑟（Joseph Needham）试图以葛氏理论为基础，说苗、蚩尤、鲧及其他如共工一类乱贼，代表了早期与冶金同盟有关的青铜时代领袖。其他诸圣将他们击败，则反映了此后封建国家崛起，剥夺了（转下页）

葛氏方法的局限在于，他试图以“史前结构”（prehistoric structures）为框架讨论这些叙事的转变。在“史前结构”的限定下，他既无法解释战国时期不同叙事的历史发展，也无法解释，比如，为何特定作者会挑选蚩尤、黄帝中的一位让其进行创作？[131]尽管如此，相较他人对早期中国叙事的诠释，葛兰言确实更好地解释了叙事中这种圣人、臣下与乱贼之间的互动，故得以令人信服地论证：唯有从这些人物的彼此关系入手，相关叙事才能得到解释。不仅如此，这种方法让他有底气也令人信服地宣称：这种互动背后的问题在于僭越，与王权之兴起有关的僭越；更进一步说，僭越问题背后另有更为宏大的问题，即自然和文化之间的关系。葛氏展现这些问题之时，虽然没有将之看成战国时有关创作的论辩，而认为它们反映了史前国家兴起实际情况背后的道

（接上页）早期领袖权力的历史。见 Needham, *Science and Civilisation*, pp. 115–120。李约瑟的论证建立在葛氏分析之上，后者以为神话反映了青铜时代国家的兴起。遗憾的是，这种阐释忽略了葛兰言理论中更加耐人寻味之处（他对叙事中圣人、乱贼和臣下互动的解释），而着眼于最为乏味之处（试图将叙事植根于更早的历史发展阶段）。

〔131〕如葛氏评述早期中国之史家有言：“他们写史之时，其实并不理解故事背后的想法，这套想法之所以能在他们笔下得到保存，不过是因为他们无意识地因循了传统而已。”（*Danses et Légendes*, p. 47）葛氏这样说并不稀奇，只要他想说明这些想法、原则在史家写史之前早已存在，便需要否认它们出自史家之发明；同样，只要他想突破史家解读叙事的框架，以己意解读叙事及史料，便得否认史家本人理解故事背后的想法。譬如，他对王者射天仪式的重构便是以己意解读叙事的极佳例证。在早期中国的史家笔下，此举仅展现了某一王者之肆意妄为。唯有主张史家意欲呈现一道德化的历史图景，纯然不解此举背后的实际真意，葛氏的重构才能成立。

理，但这并未削弱他的论证力度。

因此，是某种张力促成了叙事本身的产生。葛兰言的洞见在于能够根据这种张力来分析叙事结构。以这样的进路研究战国叙事，便可以承认，叙事的不断涌现是某种想法促使的，而这一想法根本上是在追问“国家如何从自然中兴起”（或者，对葛兰言而言，“自然”指一个与自然有关的平均主义社会）。因此，人们或将战争这类行为归之于自然，或归因于人为。倘若战争由人为发起，那么既可以说是败者发动战争（比如蚩尤），也可以说是胜者发动战争（比如黄帝）。考虑到这一点，任何如蚩尤一般的败者都可以被称作“臣下”或“乱贼”，任何如黄帝一般的赢家都可被称为“作者”抑或“组织者”。

将葛氏的论点从其进化论框架中剥离，便能看到其中蕴含的意义：从一个给定的可能性集合出发，加以排列组
合，可得到多种模型。我们处理国家兴起时有一基本的发展 138
架构：自然→与自然之断裂→最终的国家秩序。我们也拥有一定的角色可以用来呈现这一发展：自然、圣人、臣下与乱贼。因此，将之排列组合，有以下几种可能：

1. 否认一切创作，继而不承认国家与自然存在断裂，主张二者是相连的。

2. 将与自然断裂一事归咎于乱贼，使与自然相关的圣人征服之。

3. 把与自然断裂一事归之于圣人，继而承认国家

与自然截然不同。

4. 虽言圣人创作，却又借由某些手段否认其创作与自然的断裂。

就最后一种情况而言，别处的作乱之人能以臣下之面貌出现。所以，这些排列可为人所演绎，组合至几乎无穷复杂的程度——这取决于论辩的发展，以及其中不同作者的想象力。

如此一来，这场论辩显然只用了三种叙事结构或者模型。第一种二元结构为《吕刑》《十六经》所采纳，认为乱贼、蛮民作恶，圣人不过将此一创作据为己有，合理运用之。在此框架内，只要国家接管了暴力，加以正确组织，暴力便可让人接受，并非出于专断。

与二元框架相悖，另外两种模型或全盘否定创作，或在表面上宣称圣人创作。前者坚持圣人条理、组织而不创作，却也否认乱贼创作，此说又表现为两种形式：孟子之阐释最为理想化，他对国家有组织的暴力多有质疑，以仁义界定自然，如此一来，任何创作皆出于专断与人为。《经法》《吕氏春秋·荡兵》《大戴礼记·用兵》也用了相似的模型，在这三篇文献中，斗争被视为自然本身的一部分。何谓圣人？对《经法》而言，圣人乃是根据自然正确之文理，组织暴力之人；对《荡兵》来说，圣人最为有力地利用了斗争；在《用兵》看来，圣人以正义之原则组织暴力。撇开这些文
139 献之间的众多差异，它们都试图发展一套全盘否定创作的框

架，圣人仅负责正确条理、组织自然本有之物。

最后，《墨子》《商君书》《管子·五行》则另辟蹊径，直言国家由圣人创作。《墨子》与《商君书》利用这一模型欣然接受由圣人所作的有组织的暴力，是故这一暴力本身无损于道义。而《管子·五行》借此模型暗示：若欲达至人与自然之和谐，唯有依赖“作”而非“不作”。这些文本皆意在表明：国家的形成依赖创作而非组织条理，创作国家者乃是圣人而绝非乱贼。

约略在这两个世纪中，这几种叙事结构不断为人挪用，以表达不同的立场，而每一立场所利用的人物却极为不同。这一事实又佐证了本章的一大论点：仅围绕特定人物去重构神话无助于阐明文本旨意。相反，之所以各种叙事在战国时代被建构出来，乃是为了回应一种与创作、僭越、断裂有关的紧张和焦虑。国家治术中有组织的暴力，如刑罚、战争、兵器等的出现，是否应该被视为人为的专断，由此隔绝于自然世界？或者，它们的出现多少是与自然相连的？因此，可将这些矛盾叙事之生成过程，看作一次漫长的、处理这一困惑的历史。论辩亟于回答的问题是：我们在何种程度上支持当下兴起的中央集权国家？或者，回归这场论辩本身习惯的表达方式——这种新的国家统治形态是否悬绝于自然世界，抑或仍处于自然之中？

在对此问题的处理上，诸家立场之分歧暴露出背后的紧张：难以在解释上兼顾二者——既谓有组织的暴力出于创作，又谓国家与自然相连。由此可见，第二章讨论过的许多关切在此重现：既要推崇创作，又需使之与自然相合，让人感到步履维艰。有人否认有组织的暴力出于创作，转而强调它的“自然而然”；有人强调圣人创作出一套新的统治手段，
140 不顾其是否合乎自然（如《商君书》所为）；有人设法兼顾治术的暴力面向与自然，要么将它根植于自然之中，要么说它出于乱贼而非圣人之手，要么说唯有圣人创作，它才能够合乎自然。

这种构想的重要性在于，它强调一切叙事之所以被写就，乃是为了回应一种“与自然连续抑或断裂”的焦虑，甚至连《经法》这般否认国家形成过程中存在任何创作的叙事也没有预设国家与自然相合。解决自然与创作之间的紧张，才是作者真正的出发点，也正是这种紧张造就了《吕刑》等一批文献。是故，所有这些作品背后都在争论一个问题：能否接受国家有组织的暴力的诸多面向？

清楚了这些以后，我们便可以回到“绪论”中学者们提出的问题。现在应已很清楚，早期中国的国家起源叙事明显为自然与文化之间的断裂、人性与神性之间的紧张、创作与僭越之间的张力感到焦虑。至少就创作文明与社会中的某些面向而言，早期中国与希腊都认为它必然隐隐与自然和神圣世界产生断裂：在早期中国的叙事中，有一种对僭越问题的深切忧虑，诸家都忧心忡忡。僭越性的暴力潜伏于国家兴起的过程之中。

是时候转向下一场论辩了——它围绕着帝国本身的形成展开。随着帝国的统一，很多本章讨论的叙事都变得极为

重要。而本章强调的方法对研究后世论辩的重要性也愈发凸显：在战国时期的叙事中，诸家利用神话人物的方式极为不同。受其影响，在不断崛起的帝国文化中，帝王将相又选择以同样的方式来利用这些人物，为自己正名。

141 **第四章** # 创作帝国

帝国统治的兴起与巩固

公元前221年，秦攻克了当时仅存的齐国，创作出中国历史上首个统一帝国。这是一段漫长的历史：起自公元前4世纪中期商鞅变法，继之以公元前3世纪中期秦国经济、军事实力的渐进，至此达到顶点。可是，当秦昭告新王朝成型之时，却选择去强调这一时刻的断裂性，让自己彻底与过去决裂。虽然秦帝国最后只延续了短短十四年，可始皇帝打造出来的制度终将长存。诚然如此，到了后来的汉武帝治下（公元前141—公元前87年），帝国逐渐被成功地巩固，与秦最初创立的制度极为相似。

从始皇建立帝国，到汉武帝加以巩固这段时间，我们在前两章追溯过的论辩愈演愈烈。帝制是否标志着与过往的决裂？倘若如此，人们又怎会以为帝制具有正当性呢？在前两个世纪中，诸家已各抒己见。而在这场论辩中，他们的意见又被帝国朝廷内外之士急切、紧迫地援引、重塑着。最终，支持中央集权的一方获胜，帝国意识形态就此成型。

创作帝国：秦朝 142

公元前221年之后，秦扩张了国家体制。为了统治中国，这一体制已经发展了一个半世纪之久。秦分土以行郡县，使之直接归中央管辖；又一统法度，发展国力，开辟疆土。与不行中央集权制的周朝针锋相对，秦创作出一个帝国。[1]

秦王择立帝号一事最能彰显秦廷决意以怎样的形象展示自身。如第三章所述，战国后期诸侯多僭商、周之王号。秦王嬴政战胜六国，建立新朝，大可效法以沿用王号：既能否认旧敌称王的正当性，又能强调自己与周王之间的联系。可秦王偏不如此行事，决意制作新号而非墨守传统，极力强调自己的政权与过去一刀两断。

秦王最终选择了“皇帝”作为新号，字面意思即“辉煌的帝”（the august *di*）。[2]我们或许还记得，商代诸神体系之中以“帝”为最贵。此后战国诸子借用“帝”这一名号称呼往圣。其中“黄帝”与许多国家初创之叙事有关，最为著

---

〔1〕 对秦帝国的全面讨论，杨宽的《秦始皇》仍是不二之选。又见卜德（Derk Bodde），*China's First Unifier*。卜德对秦帝国的细致概述，参“The State and Empire of Ch'in.”就政治史而言，我们讨论秦帝国的基本资料仍然是《史记》的相关篇目。除此之外，考古资料极大地丰富了我们的理解。其间最著名者，当属睡虎地出土的一批材料，包含了一部分秦代法律文献。对秦律的讨论，特见何四维（Hulsewé），*Remnants of Ch'in Law*。然而，对此处所讨论的问题而言，《史记》诸篇仍是重中之重。

〔2〕 《史记·秦始皇本纪》，卷六，第236页。

名。秦王自称为“帝”，亦即使自己与往圣平起平坐。不仅如此，我们很快便能看到，秦似乎是在提倡一种与早先《商君书》一类作品相似的对于圣人的理解：帝并不条理，而用力于煌煌之创作；而其中又以黄帝对国家的创作最为伟大，此后一直被沿用，直到秦的兴起。在秦的意识形态中，这种将“帝”理解为伟大的创作者的观念愈发重要：秦王也企图包装自己，将自己展现为一位致力于创作的圣人，说自己锻造出一个全新的国家，超越古代帝王的创作。

143 诚然，我们对秦代的认识主要依靠司马迁的《史记》。司马迁还原了择取新号时秦臣的奏议。括其大意，即群臣以为始皇之业前所未有，甚至为古代帝王所不及。[3]虽然奏议很可能出自司马迁个人手笔，但他对“皇帝”这一称号含义的解释似为可信：这一名号更意在表明，秦皇比往圣更为伟大。[4]

皇帝继而自称“始皇帝”。此处据司马迁所述，始皇称其继承者为“二世皇帝”，继之以“三世皇帝”，以至于万世。[5]虽然我们同样无法核实此说是否真正在历史上发生过，司马迁的解释仍似可信：帝号前的数字意在表明，始皇帝已经规划好了长长的帝王嗣系，自己位居这一全新帝系之首，

---

〔3〕《史记·秦始皇本纪》，卷六，第236页。

〔4〕笔者于第五章检省了这一议论，彼处讨论了司马迁如何描述帝国之兴起。与本章其他地方相类，此处并未假定司马迁所载即那时群臣的真实言论。当然，可能秦将廷议存档，司马迁有可能接触到这批档案。但这样假设有其危险性。

〔5〕《史记·秦始皇本纪》，卷六，第236页。

从那一刻开始，他的帝国将延绵不绝。[6]换言之，作为一个崭新的朝代，秦帝国绝不可能在几个世纪后轻易被另一个朝代推翻；它统治着一个全新的帝国时代，这一时代将延续下去，甚至比黄帝所引入的朝代循环还要长远。

尽管如此，始皇依然有意将秦塑造为周的合法继任者。与之相应，他运用了五德终始说。[7]这种学说的历史难以追溯，有学者推测，它起源于早期医术的技术实践。[8]据战国晚期的记载，驺衍首次将这一系统运用于政治和伦理领域。[9]从最基本的层面说，驺衍假定宇宙之运行按周期循环，人应该联系这些周期以规范自身之行为。扩之于政治领域，这一理论暗示了自然五行转移，朝代亦随之更迭。因此，朝代之循环是在仿效更大的自然循环。[10]

几种模式互相竞争，解释此前的朝代到底怎样与“五德”相匹配。所谓“五德”，即土、木、金、火、水。始皇遵从的模式，便出自驺衍的某位信众之口。[11]根据这一模式，

---

〔6〕从这里开始，笔者将遵循汉学传统，直接以“first emperor”而非“First august *di*”称始皇帝。正如用“king”翻译早前的“王”号一般，虽然“first emperor”这一译文并不能与“始皇帝”逐字对应，却抓住了这一身份的实质。

〔7〕《史记·秦始皇本纪》，卷六，第237—238页。

〔8〕见顾颉刚的讨论，参顾颉刚等：《古史辨》第六册，第404—617页。

〔9〕驺衍的作品今已不传，我们对他的了解完全来自其他作家的描述。其中，司马迁对他的讨论或许最为重要，参《史记·孟子荀卿列传》，卷七四，第2344页。顾颉刚概括了我们对驺衍仅有的了解，对研究其人有所裨益，参顾颉刚等：《古史辨》第五册，第411—422页。

〔10〕在现有文献中，《吕氏春秋·应同》对这一理论的阐述最为有力。

〔11〕《史记·封禅书》，卷二八，第1368页。

144 人们相信最初的国君黄帝获土德，夏得木德，商得金德，周得火德。既然下一个朝代要将周取而代之，始皇便决定秦为水德。继而秦朝必须遵循水德以及其他与水有关的现象，如阴、冬、黑色、刑罚和数六。与此相应，始皇帝昭告天下：秦尚水德，以冬十月为岁首，色尚黑，度量以六为名。无须赘言，他也用法律、刑罚经营事务。〔12〕

这一诏令的有趣之处在于，它不仅暗示了秦帝国是周室的正当继承人，也意味着中央化的行政体系纯属自然。而据五德终始说，秦之以法治国，仅仅是将自己与宇宙的运行联系起来：恰似随着一年的推进，必然存在冬季和死亡；在朝代的轮回中，也必有一朝致力于法律、刑罚和战争。

而乍一看来，这一诏令似与始皇的其他主张自相矛盾。从其他一些表现上看，始皇如此坚持自己开创了一个新时代，怎会意欲以五德终始说正名？此说仅将秦视为朝代无尽更迭中的一环，尤其暗示了它不可能统治千秋万代，而只会被另一新朝取而代之。或许，从始皇帝对五德宇宙论系统的解释中，我们可以找到这个问题的答案。纵使战国晚期的作者假定五德周行不息，但始皇帝可能对此全然不取。在他使用的模型里，黄帝之国初得土德，继之以夏得木德，以此类推，直至秦获得末德水德。或许，秦以后的朝代会说这是一个循环，终会回到原由黄帝所有的土德，但始皇可能相信，在获得第五德、亦即最后一德后，秦标志着黄帝所开创的纪

〔12〕《史记·封禅书》，卷二八，第1366页。

元来到终点，是故土德一去不复返。

创立郡县制乃是秦最为重要的行政改革，此举延续了 145
公元前 4 世纪以来所开展的秦国郡县制，最终引起了轩然大波。恰如上章所论，商鞅变法引入中央集权时已然极具争议：违背周朝政治实践的正当性何在？而时至今日，秦朝向全国推广中央集权的行政体制，更是与周朝政治彻头彻尾地决裂。《尚书》说武王建周之时，分封其支持者及亲属。一些朝中之士以为，秦朝始建，也应效法西周行分封之制，如当时的丞相王绾及其他谋士便建议分封亲属，以控制较为偏远的地区（比如此前的燕、齐、荆国旧地）。[13]

然而，李斯以为，分封制对周朝的灭亡负有重大责任：通过分封子弟同姓，周王实际使诸侯得以独自处理诸多领域上的事务。世代更迭，诸侯与周王的亲属关系渐渐疏远，因而对中央朝廷的忠诚也相应减弱。李斯认为，此举致使诸国陷入了战国典型的动荡之中，因而建议秦王摒弃传统的分封实践。[14]

始皇听从了李斯的建议，分天下为三十六郡，中央朝廷任命长官，每郡直接受郡长官管理，故诸郡处于朝廷直接控制之下。[15]全部土地置于郡长官管控之中，而郡长官又处于秦中央朝廷的问责之下。始皇意欲借此遏制一切地方自治势力的滋长。

---

〔13〕《史记·秦始皇本纪》，卷六，第 239 页。
〔14〕 同上。
〔15〕 同上。

为了进一步遏制地方坐大，始皇强迁天下权贵之家于首都咸阳。[16]此举意在避免重蹈覆辙，让地方再如统一以前那般为权贵家族控制。最终，在各郡内部，代表帝国的地方行政长官在当地保持了最高权力。

与之相类，始皇还做了一次象征性的尝试：在咸阳附近建造效仿六国的宫室，塞满从各诸侯处掠夺而来的女人和
146 钟鼓。[17]既然六国皆以为自身之初封可以上溯至周天子，此举显然意在表明，过往受封之诸侯，如今被控制在始皇帝的股掌之中。

除了这些意在削弱地方中心权力的举措，秦始皇也试图打破地方文化和制度的藩篱，企图打造一个统一帝国。为此，他规范了重量尺寸单位、车轨和文字。凡不是帝国军队所用之兵器一概没收，销熔以铸成钟鐻、铜人。[18]最后下令修建道路以贯通整个帝国。[19]之所以这样做，意在统一诸国，平定疆土，使战国时期那种典型的诸国交战不再可能。

公元前219年，始皇决意行封禅之祭，为统一政策正名。封禅的意义在标识一个新时代的诞生，也是在宣示新的秩序已然建立。据载，始皇封于泰山之巅，禅于梁父。[20]

---

〔16〕《史记·秦始皇本纪》，卷六，第239页。

〔17〕同上。

〔18〕同上。

〔19〕同上书，第241页。

〔20〕同上书，第242页，又卷二八，第1366—1367页。

可惜，封禅的礼文被藏而秘之，文献无可征考。[21]可据司马迁所述，始皇攀登泰山去举行封祭时，半山途中，风雨暴至。求取福佑却徒劳无功，为儒生所讥。[22]在后世对秦创造帝国的讨论中，始皇献祭而未被接受这一点，逐渐成了一个重要问题。

从始皇帝统治时期所立的纪功石刻也能明显看出他昭告天下的渴望：一个新的秩序已然建立。[23]封禅之后，始皇当即立下第一个石刻；巡省全国期间，剩下的石刻相继立起。所有刻辞的首要关切在于说明始皇创造了一整套全新的秩序，绝非往圣统治下的国家可比。

第二块碑刻立于琅琊附近：

> 维二十八年，皇帝**作始**。

---

〔21〕《史记·秦始皇本纪》，卷六，第1367页。然而，司马迁简要勾勒了汉武帝如何行封禅礼，见下文的讨论。

〔22〕同上。《秦始皇本纪》对始皇遭遇风雨一事的叙述与《封禅书》不同。在《本纪》中，司马迁说封祭后下山之时，风雨方至。与《封禅书》相比，《本纪》暗示始皇受到神力的阻挠更少。

“儒”一般被翻译为“confucian”，而此处笔者保留中文，径译作“Ruist”。所谓儒生，大体指一批倡导遵奉经典传统教育之人。可它到底是什么意思？诸家却各持己见。绝大多数儒者尤为推重对《诗》《书》《春秋》的研读；而《礼》《易》在西汉又愈发重要。人们往往假设孔子是儒家的关键人物，是六经的编纂者，或者说他是《春秋》的作者。可他到底扮演了什么样的角色，却是仁者见仁，智者见智。

〔23〕因为这些碑刻现已全部无存，我们唯一的资料来源就是《史记》。尽管如此，司马迁引用铭文的长度、数量说明这不太可能是史家凭空编造出来的。

译按：琅琊、泰山石刻今尚存，且多有拓本流传。

147 端平法度，万物之纪……

普天之下，抟心揖志。

器械一量，同书文字……

匡饬异俗……

功盖五**帝**……[24]

碑文的基调很明确。前两行中，始皇将自己塑造为一位伟大的创作者，用法律、度量为天下万物创作规则。下文则强调他开创的统一大业，这种统一不仅局限于政治领域，更表现在他塑造了天下之同心，器械、度量、文字之一统。末行所表达的观念已在“始皇帝”这一称号中得到了体现，他宣称自己的功绩超越了五帝。始皇非但无意宣称自己所为是在承继先圣之业，反倒吹嘘自己之功绩远胜五帝，创作出一套前所未有的新秩序。

另一刻石立于之罘山上，始皇将自己塑造为一位创作出新秩序的圣人：

大圣**作**治，建定法度，显著纲纪。……

普施明法，经纬天下，永为仪则。

大矣哉！宇县之中，承顺圣意。

群臣诵功，请刻于石，表垂于常式。[25]

---

〔24〕《史记·秦始皇本纪》，卷六，第245页。

〔25〕同上书，第249页。

同样，刻辞无意暗示始皇对先圣之业的延续，它们强调始皇本人就是一位创造出一套全新秩序的大圣。之所以提到“承述”问题，仅仅是为了表明这一创造会延及后嗣。显然，始皇帝名号前的数字也表达了这一点：他位居序列的首位，他的创作将由二世、三世等接续下去，直至万世。

始皇帝自谓圣贤而致力于创作的做法显然本自《商君 148
书》一类文献：原初的国家由往圣创作，其中以黄帝最为著名。秦遵循这一模式，将全国统一于一套新的统治体系，似无意将自己的帝国与前朝建立联系。始皇反而昭告天下，强调他以一己之力创作出一个中国历史上崭新的、前所未有的时代。

从公元前213年发生的一起事件中，可以看出始皇对这一正当性模式是多么地坚定不移。博士淳于越提请始皇以古为师，回归分封之制，而丞相李斯则以为师古并不可取，任何人都不应妄议此事。[26]根据李斯的建议，始皇随即下挟书令，除医药、卜筮、农事和秦史以外的书籍被一律禁止。自此以后，唯有博士官才被允许拥有禁书。[27]除非秦廷自身所有，其余副本一律焚毁。抓到“以古非今”的人一律处决。[28]

---

〔26〕《史记·秦始皇本纪》，卷六，第254—255页。

〔27〕同上书，第255页。对秦禁书一事的深入研究，参Peterson，“Which Books?”

〔28〕同上。

帝制的衰落

公元前 210 年，始皇崩，次子胡亥即位。[29]秦巩固帝国统治的颓势越来越明显：虽然始皇致力于统一，秦仍旧没能打破地方中心势力。公元前 209 年，陈胜在楚国旧地发动叛乱，自立为王，号为“张楚”[30]，以攀附支持光复帝制以前的王国制度的人。

虽然陈胜领导的叛乱很快便土崩瓦解，但在项羽及其叔父项梁的领导下，楚国旧地又掀起了另一场叛乱。与陈胜相类，项羽、项梁吸引了那些意欲重建旧国的人。譬如在叛
149 乱早期，项梁找到了楚国末世国君之孙，号之为楚怀王。[31]他们因而宣称自己乃是为怀王效命，如此一来，这场叛乱被描绘为正统楚国国君光复旧国，反对帝制的斗争。

类似的叛乱迅速蔓延整个帝国。直至公元前 207 年，旧时六国即燕、赵、齐、楚、韩、魏皆已重建，自立君主。[32]那时秦军战线已经拉得过长，无法控制局势。同年，二世自杀。[33]始皇打造秦帝国之时，意欲使之延续千秋万代，然而帝国却在短短十四年间便土崩瓦解。秦又立子婴，但也已公开承认帝国实践的失败，故子婴称“王”而非“帝”：秦重

---

〔29〕《史记·秦始皇本纪》，卷六，第 265 页。
〔30〕《史记·高祖本纪》，卷八，第 349 页。
〔31〕《史记·项羽本纪》，卷七，第 300 页。
〔32〕《史记·秦始皇本纪》，卷六，第 273 页。
〔33〕 同上书，第 274 页。

返众国之中，成为区区一国。[34]

可即便自黜为王，秦国的统治也短命而终，很快便彻底覆灭。公元前207年底，刘邦叛军便抵达秦都，迫使秦王投降。而项羽经由与秦军的作战成为至今为止最有势力的大将，于公元前206年初带领人马进入秦都，杀子婴，屠咸阳，焚宫室。[35]

在这一关头，重建先秦之王国体系真的成为了可能。然而，即使秦所创作出的帝国体系未能经久不衰，但它似乎确实削弱了地方势力中心。笔者这一推论乃是由继之而来的人民起义得来：公元前206年之后，权力实际上掌握在叛将手中，六国虽已重建，而新立的王者并不掌权。确实，叛军领袖项羽最富实力，他实际上推翻了先王后嗣，重新宣扬统一[36]：授予楚怀王"义帝"称号[37]，分割旧疆，使属下大臣、将军各得其份[38]，又自号"西楚霸王"[39]。项羽既赞成回归秦帝国中央集权统治以前的分封制，却也有意延续秦朝政策，削弱掌控王国的家族势力。然而，项羽并未如秦一般为此加强帝国中央集权，而是将王国分割为面积更小、势力更弱的单位，再去分封自己的支持者。

不久之后，项羽对楚国王室遗嗣采取行动，弑杀义

---

〔34〕《史记·秦始皇本纪》，卷六，第275页。

〔35〕同上。

〔36〕《史记·项羽本纪》，卷七，第316—317页。

〔37〕同上书，第315页。

〔38〕同上书，第316—317页。

〔39〕同上书，第317页。

150 帝。[40]汉王刘邦正是以此为借口，举旗反叛，指责项羽已经成了一个僭主，大逆无道。楚汉军队又对峙了四年，直至公元前 202 年，项羽终于全军覆没。

汉代对帝国的再造与巩固

汉的建立

如今刘邦开始统治中国，昭告天下汉代的建立。他所面临的困难显而易见：秦的帝国体制已遭败绩；公元前 207 年诸国重建自身，结果也是力不能支；项羽的霸业已然失败。公元前 202 年的人们根本不清楚汉制应当采纳何种治理形式，似乎也不太可能清楚这个朝代是否会历久不衰。

为了论证其统治的正当性，刘邦在象征层面做的第一件事，就是择立帝号：他既没有沿用“汉王”的名号，也没有如项羽所为自称“霸王”，而是采用了秦的“皇帝”号。[41]从而表著己意：重建秦所带来的帝国统一。

继而，高祖沿着秦帝国的边界，把三分之一的领土划归诸郡。此举再次显示，他渴望继续在中国行中央集权之制。[42]可是否要全盘将秦所创立的制度纳为己用？高祖犹豫

〔40〕《史记·项羽本纪》，卷七，第 320 页。

〔41〕《史记·高祖本纪》，卷八，第 379 页。

〔42〕“高祖”是后人给刘邦的谥号。在司马迁笔下，刘邦受帝位后便被称为“高祖”。在此，笔者也如此称呼，以便行文。

不决。原因不难揣测：战国时期，六国逐渐各自为政，秦虽定于一统，但帝国终归覆灭。非但如此，诸王叛乱频频，意欲恢复帝国以前的政治体系，高祖被迫卷入纷争。是故高祖很清楚秦制所面临的种种反对声音。

诚然，在入关之后的一段时间里，高祖关心的是如何将自己表现成一个反对秦中央集权的形象。如他在叛乱期间，先至霸上，受降子婴，首先做的事情便是除秦苛法。[43]
他想要昭告天下，自己反对秦帝国统治中较为极端的面向， 151
以赢得支持。

在宣布汉代建立之后，他甚至愈发激烈地反对中央集权。虽然他确实利用秦之郡县制来管理自己大约三分之一的领地，但又回归传统，将余下的三分之二行分封之制。为了维系叛乱期间支持者们的忠诚，他划出大片封地，授予诸王极大的自治权。[44]因此，在大多数领土上，高祖废除了郡县这一秦制的支柱，回归到了西周旧制。

同时，高祖想要展现自己与周代的关联，于是建立了一系列祭祀。譬如有人告诉高祖，周人兴起之时立后稷祠，

---

〔43〕《史记·高祖本纪》，卷八，第362页。除《史记》以外，并无单独证据可证实刘邦确曾削减刑罚，毕竟，我们所拥有的材料都起自汉初。出于明显的意识形态因素，这些汉初文本大可宣称秦帝国滥用刑罚，并将建立汉代的刘邦与之对立；可与此同时，作为一个叛军将领，刘邦为了赢得咸阳附近人民的支持，削减苛刑，也是合情合理的。所以，不管刘邦本人到底对秦律持怎样的看法，似乎没什么理由再去怀疑他修改秦法一事。

〔44〕同上书，第380页。

于是高祖也要求每一郡、国、县都要为后稷立祠。[45]

除此之外，汉初沿用秦之水德。[46]由此，高祖否认秦是王朝和宇宙循环中的一环：是汉而非秦之水德真正地继承了周的火德。因此，汉才是周的合法继承者，始皇不过篡位而已，在朝代顺承中无名无分。

总的来说，高祖在帝国统治的问题上杂糅了周秦之制。一方面将自己塑造为一个意欲回归往昔之道的，尤其与秦帝国之堕落一面为敌的统治者。因此，他削弱秦法，分封手上的大部分土地，并且在五德循环之中与秦同持水德而治。他将自己描绘为周的合法继承者，也同样是在暗示秦不过是一个僭越者，在王朝循环之中并无位置可言。而在另一方面，高祖却又以“皇帝”为号，把大约三分之一的土地划归到秦创立的郡县制中。

杂糅而治并未持续很久。最紧迫的问题在于分封。高祖立汉之时，赋予了此前的支持者太大的自治权，危险当即
152 暴露出来：许多异姓诸侯王起兵反叛中央。[47]高祖意识到帝国岌岌可危，便开始用同姓亲属取而代之，[48]以为相比之下，同姓诸侯与中央朝廷作对的可能性远远较小。但如此解决也只是权宜之计，因为相较于亲属本人，其后嗣毫无保留支持王室的可能性要小得多。正如西周历史所示，西周王国相对

---

〔45〕《史记·封禅书》，卷二八，第 1380 页。

〔46〕《史记·高祖本纪》，卷八，第 394 页。

〔47〕 同上书，第 382—391 页。

〔48〕 同上书，第 384 页。

较小，施行分封，依然能将它瓦解。相比之下，汉帝国幅员更广，施行分封则更加危险。

此后的局势则证实了诸王的叛变确为不祥之征。因此，高祖的后嗣面临两种选择：要么允许帝国衰微，沦于诸侯交战的境地；要么试图重返秦的统治体系。然而，如果试图恢复秦制，则必须找到一个更为成功的施行办法，毕竟秦的失败毋庸置疑。而这都是汉初统治者面临的问题。

陆　贾

正是在这一背景下，陆贾写下了《新语》，意在论证：遵循先圣之《五经》至关重要，因此依据前世之治术必不可少。可对他而言，全盘拒斥秦人遗产并无必要。于是，《新语》试图平衡高祖朝堂上的诸多争论。[49] 对我们当下的研究而言，《新语》极为有趣，因为陆贾展现其论点的方式大大归功于战国晚期《系辞》所开拓的一种综合体系和方法。非但如此，笔者以为，这标志着汉代经学发展的一个关键时刻。[50]

---

〔49〕 纵使并无确凿证据，众多学者仍质疑《新语》的真实性。笔者怀疑，这一怀疑缘于认定董仲舒才是汉代首位接受宇宙论原则的儒者。然而这种想法的理据并不充分。他们将董仲舒视为帝国儒学之父，可如笔者下文所论，此说无论如何都是不妥的。参罗根泽的讨论，《陆贾〈新语〉考证》；及徐复观：《汉初的启蒙思想家陆贾》，载《两汉思想史》第二卷，第 85—108 页。就《新语》的真实性问题，辜美高（Ku Mei-kao）的论证也极为有力，参 Ku，*A Chinese Mirror*，pp. 12–23。鲁惟一对诸家围绕《新语》提出的问题皆有总结，对我们的考察很有帮助。参 “Hsin Yü.”

〔50〕 参贺凌虚：《陆贾的政治思想》，载《思与言》第六辑，第 30—35 页，1969 年。

首章《道基》处理了创新与时势问题。开篇云："《传》曰：'天生万物，以地养之，圣人成之。'"[51]

有一段让人明显想到《系辞》，说圣人发现自然世界之文理，以乾、坤来决定适合人类的等序：

> 153 于是先圣乃仰观天文，俯察地理。画乾坤，以定人道。民始开悟，知有父子之亲，君臣之义，夫妇之别，长幼之序。于是百官立，王道乃生。[52]

如《系辞》所述，圣人观察天地之文理，将之引入人世，使人明晓适合自身的等序。同样，《道基》与《系辞》相类，认为乾、坤是从自然走向人道的中介元素。

接着，《道基》对圣人创新一事给出了自己的解释：

> 民人食肉、饮血、衣皮毛；至于神农，以为行虫走兽难以养民，乃求可食之物。尝百草之实，察酸苦之味，教人食五谷。天下人民野居穴处，未有室屋，则与禽兽同域。于是黄帝乃伐木、构材、筑作宫室。[53]

---

〔51〕陆贾：《新语·道基》，《四部备要》版。《道基》开篇到底引了哪篇"传"并不明确。而我们会看到，《道基》与《系辞》密切相关，故此处可能就是想引用《系辞》。倘若如此，既然传世本、马王堆本《系辞》皆无此句，它当出于伪托。尽管如此，为了给自己的立场提供支持，作者还是可能将其主要观点之一归于《系辞》。

〔52〕陆贾：《新语·道基》。

〔53〕同上。

继而，下文描述了后稷如何教人行土地之所宜、禹如何决江疏河、奚仲如何制作舟车、皋陶又如何制刑设罚。[54]

然而至此，人民仍旧没有道德。因此，中古圣人教他们以礼义。[55]对于陆贾来说，“中古”大概指的是代表了人类发展的新高度的三代：“先圣”所作之物质文化与“中圣”所授之礼义，兼备于此时。

可自此以后，一切便衰落了：“后世衰废。于是后圣乃定五经，明六艺，承天、统地、穷事。”[56]所以，在世衰道微的背景下，为了重构天人之间的联系，才有了五经的创作。于是后圣“匡衰乱”。[57]所以，五经使后世得以返回三代的 154
黄金时期。

过往的两个世纪，知识界对于“创作”问题的论辩主要分为两极。陆贾如此书写历史，使他得以将此二极判然分离：陆贾承认，曾经存在过一个圣人创作、属于伟大技术发明的时期，然而，陆贾对历史的排序使他得以将此一时期与三代之德治时期全然分离。

然而，单就这一历史排序本身而言，它未必意味着《新语》的立场与《商君书》一类文献所言水火不容。诚然，如第三章所述，《商君书》甚至同意三代引入了德治。可他

---

〔54〕 陆贾：《新语·道基》。

〔55〕 同上。

〔56〕 同上。陆贾并未点明是哪五经。然而，他在多处提及《诗》、《尚书》、《礼记》、《易经》和《春秋》，是故他所谓“五经”或同于此后汉武帝所立之“五经”。

〔57〕 同上。

们不过是想说：时代变了，追迹三代是大错特错，如今要与时俱进，建立一套不被道德绑架的中央集权治理术。

这就是为何对陆贾来说，一套宇宙论框架如此重要。陆贾会以为，时势更迭，圣人却对此置若罔闻；相反，他们不断地工作，使万物恰如其分、自然而然地得以实现。譬如，他这么说自然之物："效力为用，尽情为器。故曰：圣人成之。所以能统物，通变，治情性，显仁义也。"[58]因此，施行仁义的过程就是人去占用（appropriating）自然之物，使它们成为人类消耗对象的历史。不仅如此，在陆贾眼中，这一占用是一种让万物各得其所的成全。或者，若将此举置于《道基》开篇"天生万物，圣人成之"中考虑，圣人对于自然世界的占用，便是恰如其分、合乎道德地成全了这一由上天发起的过程。在这一过程的开展中，为了人类的消耗而占有自然资源乃是必由之路。因此，圣人对物质文化的创作，不过是为了人类能够恰当地利用物资，一代代圣人合理地占用越来越多的自然资源的过程，而仁与义，则是这一过程的指导原则。

---

〔58〕陆贾：《新语・道基》。

译文：一个人可以出力，使得它们有用；耗尽（exhaust）它们的情理，将它们做成器具。因此我说：圣人成全它们。通过这种办法，一个人能够统御万物，看透变化，掌控情理和本性，使仁、义得以显现。

译按：在首句的解释上，普鸣与传统说法有异。一般认为，首句与上文"莫非〔不〕"二字连读，作"莫不效力为用……"，且主语乃是天生之万物，强调万物无不使出浑身解数，让自己成为"用"、成为"器"，希望自我成全；而普鸣从"效力为用"开始读起，并以为首句之主语乃是圣人，更强调他将万物作为"对象"（object），对它们进行改造、消耗的过程。

所以，虽则《道基》叙述圣人创作，但它无意赞颂创新本身，转而强调圣人正确为人类提供所需的必要性。相应 155
地，叙述并不重视时代的改变，而是强调借由圣人的每一次创新，人类文化不断进步。因此，“中古”之三代并没有什么特别，那时候，圣人也没有以什么特殊的方式回应时代；我们只能说，在中古时代，之前的技术发明与仁、义妥当地结合了起来。

因此，《新语》的论证中有一隐含的目的论，与我们在《荀子》中所见相似，这有点和我们的直观感受不符。圣人正确地利用自然世界，为此创作出适合于人类的文化，以此成全了上天所开启的过程。从宇宙论的角度看，圣人利用自然最为妥当的方式便是创作文化。因而，《新语》与《荀子》相类，隐隐有支持圣人创新之意，而这种对创新的支持又与遵循经典所述的伦理原则密不可分。当然，陆贾将礼、义这些伦理原则归根于宇宙自身，而非如荀子一般，把它们说成是一种只有当圣人正确运用天生之感官，才可以“自然地发明”（naturally invent）出来的“建构”（construct）。尽管如此，二者都遵循同一种目的论，基于同一种经典文本提出的原则永远有效的立场。与法家所谓“与时俱进”大相径庭，陆贾将创新奠基于一个更大的宇宙论框架中，从而限制了任何创新的可能性。

因而，陆贾以为，确定存在着仁、义这些亘古不变的准则。不仅如此，后圣制定的五经更详细解释了这些原则。相应地，陆贾认为若想合理地治国，五经至关重要：

> 夫谋事不并仁义者后必败，殖（直）不固本而立高基者后必崩。故圣人防乱以经艺，工正曲以准绳……齐桓公尚德以霸，秦二世尚刑而亡。[59]

换言之，恰如经书中所载，那些遵循仁、礼原则的统治者将会成功；反之，必将重蹈秦二世之覆辙。

156 然而，如果讲此说与《荀子》有某些相似性的话，不如说《系辞》实际对陆贾的影响要大得多。陆贾暗引《系辞》对卦象的讨论，说圣人以卦象为中介将文理引入人世；又与《系辞》用了相同的框架解释圣人对技术的不断创作；又说经典是在衰世写就的——圣人以为，世衰道微之时，必须教之以仁义。换言之，《系辞》使陆贾得以杂糅诸说：先圣将文理由自然引入人世；这些文理指引着随后的创新，所谓“创新”，既有技术发明，也包括了仁义之教；而仁与义这类亘古不变的原则，便珍藏于经典之中。简言之，《系辞》使陆贾得以既呼吁遵从经典，但仍然允许创新。

在汉初的大背景下，此说意味深长。《商君书》和《韩非子》一类文献极力鼓吹圣人创新，意在引入中央集权体制，宣扬这一治术的正当性：既然圣人都与时俱进，那么在当今时代创作一套中央集权体制便是大势所趋。秦国造作出一套前所未有的帝国体制，在它自我正名的过程中，频频利用了这类观念。与之相对，陆贾也引用了这种圣人在“时势”中

〔59〕 陆贾：《新语·道基》。

创作的叙述，却将之改头换面，转而重视遵循经典所显现的宇宙原则，隐隐有批评秦帝国意识形态之意。简言之，陆贾向汉代皇帝呼吁，避免将秦的帝国体制和意识形态全盘吸纳，而应当遵循五经的指引。不过，陆贾的论述方式使得他允许自己接受创新的正当性，却又仍然提倡回到经典中去。

这类观点贯穿在《新语》之中。譬如，《术事》批评了“以为自古而传之者为重，以今之作者为轻”[60]的人。虽然乍一听上去，陆贾像是在批评那些墨守经典之人，但此说实与《道基》所勾勒的立场全然一致：陆贾以为，值得我们遵循的、亘古不变的原则始终存在。不仅如此，我们会在《春 157
秋》这类著作中找到这些原则：

> 《春秋》上不及五帝，下不至三王。述齐桓、晋文之小善，鲁之十二公，至今之为政，足以知成败之效。[61]

因此，陆贾对墨守经典之举绝无异议，反而倡导统治者去遵循《春秋》这类著作中发见的统治原则。

这让人想到墨家的立场：只要有合适的原则指导，创新便是可行的。可陆贾以为，我们无法在功利的算计中发现这类原则，它们只能出现在《春秋》一类文本之中。换言之，在最终的意义上，它们显现在由圣人引入人世的文理之中。

---

〔60〕 陆贾：《新语·道基》。

〔61〕 同上。

所以，陆贾所展开的立场贯穿于《新语》之中：只要背后有合适的道德指引，创新便可行。因而，他并未将秦帝国体系一笔抹杀，而只是选择性地批评其中尚刑而轻德的一面。他也并未贬抑秦的创新，而是指责它滥用刑罚，违背经典，又谓秦帝国体系中另有某些面向与早期经典所见的宇宙、伦理原则大相径庭。简言之，陆贾以如此方式发展了《系辞》的论点，这使他得以宣称：存在一些亘古不变的原则，圣人将之引入人世；与此同时，这类原则也可以为圣人之合理创新提供指导。虽然在汉代朝廷之上，陆贾所言并没有立即得到响应，可他的说法最终对汉代经学的发展具有举足轻重的影响。

早期王朝面临的问题

短期来看，陆贾所言对朝政的影响似微乎其微。早期帝国面临的主要问题在于控制诸侯封国，可在西汉最初的
158 几十年间，并没有证据表明经学在此问题的处理上逐渐扮演了重要角色。高祖自己便是由于淮南王黥布叛乱而负伤身亡。[62]高祖一死，帝国便险象环生：王位继承出了问题，吕后意欲政变。中央权力减弱，直接促成了诸侯国力量的壮大。

汉文帝（公元前 180 至公元前 157 年在位）统治时期，诸侯国势力愈发强大，致使贾谊、晁错等大臣开始呼吁加

〔62〕《史记·高祖本纪》，卷八，第 391 页。

强中央集权，以防帝国分裂。[63]自后，文帝便逐步落实政策，削弱那些体量较大的诸侯国。单就这点而言，公元前164年，他成功将庞大的淮南国一分为三，可谓是一丰功伟绩。[64]可削藩之举，却引起封国统治者们的强烈反对。最后，在景帝（公元前157至公元前141年在位）治下，危机一触即发。公元前154年，以吴王为首的七个诸侯王发起了一场反叛中央朝廷的叛乱。汉军最终平叛，景帝抓住这一契机，扩大郡县制的范围，愈发大刀阔斧地削弱诸侯国势力。[65]

汉武帝对帝国的组织

早期朝廷论辩

汉武帝（公元前141至公元前87年在位）治下，与帝国中央集权和分封有关的矛盾愈演愈烈。尽管景帝已经开始将诸侯国的权力收归中央，可离大功告成仍然相距甚远，帝国有许多地区依然受诸侯辖制。因此，许多朝廷论辩都逐渐停留在这样的问题上：面对文帝的政策，武帝是否应该改途易辙，返回一种“去中央化”的分封制中；抑或承袭前绪，以此走向另一条道路，即再造一套秦代的、中央集权统治的帝国体系。

武帝即位之初，便有习“儒术”者谏立明堂，以朝诸

〔63〕本书第五章对晁错上疏削藩一事有详细讨论。
〔64〕《史记·淮南衡山列传》，卷一八，第3081页。
〔65〕《史记·孝景本纪》，卷八，第440页。

侯。[66]这一建议背后隐隐有其目的，即说服人君改途易辙，不再建立帝国中央集权，重归分封实践——若皇帝设立明
159 堂，朝诸侯于其间，则会标志着这一转向。其次，他们还建议武帝行封禅[67]，以示王朝之巩固。如上所述，儒生以为，上天之所以不受始皇之封禅，乃是因为他变古易常。在他们心目中，王者唯有与传统周代礼仪亦步亦趋，他的封禅才可能成功。最后，他们建议武帝改正朔，易服色。[68]这或许是出于皇帝定义自身的需要：他本人获取的权力与刑罚、战争、秦制无关。

《淮南子》

郡县还是分封？这一论辩的一大表现，聚焦在武帝朝廷与淮南王的关系上。尽管文帝已将淮南国一分为三，但它依然是汉王朝疆域内幅员最广、实力最雄厚的诸侯王国之一。武帝即位之时，淮南国处于高祖之孙、武帝本人的叔父刘安治下。他还是一位学术活动的资助人，在公元前 139 年前往中央朝廷时，将《淮南子》一书上呈给了武帝。[69]《淮

〔66〕《史记·封禅书》，卷二八，第 1384 页。明堂乃是出于礼仪功能而建。它应该实现怎样的功能？众说纷纭。但此处儒生所言显然相信，明堂应该用在与传统封建关系相关的礼仪之中。

〔67〕同上。

〔68〕同上。

〔69〕在刘安的生平问题上，金谷治整理了我们可以见到的证据，《老莊的世界—淮南子の思想》一文的尝试非常可观，特别参见第 24—56 页。罗浩（Harold Roth）则提供了对《淮南子》文本的源流、性质的精彩研究，参 *The Textual History of the Huai-nan Tzu*。

南子》有二十一篇，是我们了解武帝初期政治与学术氛围篇幅最长、内容最丰富的资源之一。

《淮南子》末篇《要略》申明全书宗旨，以很长的篇幅考察了旧时著述向王者进言之人，其中包括儒、墨及商鞅。[70]然而，《淮南子》以为，诸子之进言，仅反映了一时一隅之策，而刘氏所作之谏言终将不朽：

> 若刘氏之书，观天地之象，通古今之事，权事而立制，度形而施宜。……非循一迹之路，守一隅之指……故置之寻常而不塞，布之天下而不窕。[71]

《淮南子》致力于永垂不朽，以为旧时著述无一例外，都作于某一历史关节；《淮南子》则不然，它的建议不仅有益于 160
当下，而且教人如何成为能够应对万世之变化的圣人。此说之基础与《系辞》一致：《淮南子》建立在对自然世界的正确认识之上，故唯有它终将不朽。[72]

---

〔70〕《淮南子·要略》。

〔71〕同上。

〔72〕在当代学术语境下，《淮南子》往往被视为"黄老"学说的代表。例如，罗浩称《淮南子》为"汉代黄老思想的典范"，参 *The Textual History of the Huai-nan Tzu*，p. 13。白光华亦持此论，见 *Huai-Nan Tzu*，p. 6；又见马绛（John Major）的 *Heaven and Earth in Early Han Thought*，p. 12。

然而，《淮南子》的作者们从未将自己与"黄老"一词联系在一起。这让我感到，将《淮南子》归之于"黄老"并无必要。诚然，学界习惯用"学派"来为文献分门别类，但此举并非始终行之有效。重点应该在于，将每篇文献置于当时的论辩背景下，以阐明各自的主张。（转下页）

《淮南子·氾论训》第十三最为有力地阐明了何谓“对自然世界的正确认识”。陆贾之流强调遵循经典，而汉代朝廷里的另一拨人极力主张建立中央集权，《氾论训》用很长的篇幅试图与这两方展开辩论。有趣的是，虽然此篇同样建立在《系辞》等文本所论的基础上，却恰恰是为了借此反对《系辞》和陆贾所希望维护的观点，《氾论训》认为，人们不应遵循圣人引入人世的永恒不变的文理。

《氾论训》开篇叙述了历代圣人创作宫室、衣服、耒耜、船舶、车轮、马车和兵刃之事。[73]这一叙述显然受到《墨子·辞过》与《韩非子·五蠹》的影响，以为圣人锐意造作出人类的物质文明。继而，《氾论训》从这一叙述中得出与《五蠹》所见相同的结论，即圣人必须与时俱进，破旧立新：真正的圣人当不拘先例，适时创新。[74]故《氾论训》以为，三皇五帝皆能“因时变”。[75]

在汉代早期背景下，这类主张引起了巨大反响。战国晚期的一些文本既谓圣人不断地创造物质文化，又谓圣人与时俱进，两种说法又与《商君书》《韩非子》之流所言相互

（接上页）对汉代乃至战国文献而言，将其主张归为某家某派未必是最好的理解文献的方式。纵使某一文本给自己定位，说自己属于某个特定的文本传统，研究者也必须力图在理解那种文本传统的同时，去力求理解它这样给自己定位到底想借此表明什么？然而，此处单就《淮南子》而言，它从没说自己属于某某“家”，这点让我感到称之为“黄老”并无必要。

〔73〕《淮南子·氾论训》。

〔74〕同上。

〔75〕同上。

关联，提倡去建立一种前所未有的中央集权治理形式；及至汉代早期，《淮南子》的这种说法可能暗示了一种对于由始皇帝所创建、汉景帝所重建的帝国制度的强烈支持。

《氾论训》继而以为，尊崇经典愚不可及——而这恰恰是陆贾之流所提倡的。

> 王道缺而《诗》作。周室废，礼义坏而《春秋》 161
> 作。《诗》《春秋》，学之美者也，皆**衰世**之造也。儒者循之以教导于世，岂若三代之盛哉？以《诗》《春秋》为古之道而贵之，又有未作《诗》《春秋》之时。夫道其缺也，不若道其全也。诵先王之《诗》《书》，不若闻得其言。闻得其言，不若得其所以言。得其所以言者，言弗能言也。故“道可道者，非常道”也。[76]

经典无法复原先圣之真道：《氾论训》引及《老子》，说言辞无法让人明晓道之分毫。且无论如何，经典皆为衰世而作，故所载之道仅是衰世之道。因此，《淮南子》对陆贾所言不以为然。陆贾所言之关键在于：一者，存在某种亘古不变的文理；二者，这种文理在经典之中昭然可见。

《氾论训》继而责备道：“天下岂有常法哉！”[77]天底下并没有什么恒久不变的法度，所以妄图法古，愚不可及：古

---

〔76〕《淮南子·氾论训》。
〔77〕 同上。

今并非一辙，过去行之有效之事，而今已毫无作用。[78]与之相应，圣人必须因时而制，他人则必须唯圣人是瞻，所谓“大人作而弟子循”也。[79]

既已否弃遵循前世之经典的必要性，又对《商君书》《韩非子》之流的观点极为坚持，认为真正的圣人因时而制——乍看之下，《淮南子》似是在主张中央集权统治。换言之，它似乎在鼓吹始皇所创立的帝国制度，也似乎在呼吁武帝重建这一制度。与儒生所为不同，它并不想让统治者们遵循旧典。

可就事实而言，在这一关节上，《淮南子》将这些观点引向了另一个截然不同的方向，用很长的篇幅讨论了“自修”（self-cultivation）问题，继而以为，完成自修之后，圣人将能自发地顺遂宇宙的生长过程：

> 162 天地之气，莫大于和。和者，阴阳调。日夜分而生物。春分而生，秋分而成。生之与成，必得和之精。故圣人之道，宽而栗，严而温，柔而直，猛而仁。……圣人正在刚柔之间，乃得道之本。[80]

在《氾论训》笔下，宇宙的发展过程是一些自生、自发的运动。其中，每一步都在恰当的时刻发生。与之类似，只要圣

---

〔78〕《淮南子·氾论训》。

〔79〕同上。

〔80〕同上。

人想顺遂这些过程，他就必须始终居于两极之中。

此说恰恰构成了《淮南子》论证之关键。《淮南子》在讨论创新时，似乎给了我们一个类似于《商君书》的叙事，可与之背道而驰的是，此处又以为，圣人必须顺应自然世界的特定过程。在圣人创新的叙事中，《商君书》赞颂创新与自然的一刀两断，而《淮南子》以为这种创新仅仅体现了圣人顺应自然的过程。换言之，与《系辞》相似，《淮南子》在此以为，创作并未在根本上与自然断裂；相反，它仅仅体现了圣人自己对自然世界的顺应。然而，《淮南子》并未如《系辞》一般利用卦象作为中介，也并没有像陆贾一般以为经典承载了亘古不变的文理。因此，虽然《淮南子》并不认同我们在《商君书》中见到的这种对断裂的呼吁，但它也并不尊重经典。

在下一节中，这一立场的隐含意图越来越清晰，作者们转而叙述了中国帝国统治的兴起。我们读完第一节，心里可能会有一个预期，以为《氾论训》支持帝国体制。可出人意料，它偏偏以极为严厉的口吻描述了秦帝国体制之兴起，认为秦不仅与顺应时势相距甚远，也与圣人中和之道有天壤之别。无论在哪一方面，秦都过为已甚。

> 秦之时，高为台榭，大为苑囿，远为驰道，铸金
> 人，发适戍，入刍稾……丁壮丈夫，西至临洮、狄道， 163
> 东至会稽、浮石，南至豫章、桂林，北至飞狐、阳原，

道路死人以沟量。[81]

在秦的统治之下，社会极端军事化，致使人们贬损一切的伦理准则："当此之时，忠谏者谓之不祥，而道仁义者谓之狂。"[82]

而在《氾论训》笔下，秦穷凶极暴、毁灭一切。而高祖之兴起则是在力挽狂澜，重建与过往的联系："逮至高皇帝，存亡继绝。"[83]与秦朝不同，高祖将自身与过去联系起来——或许是借着支持封建诸国，来与秦帝国之中央集权决裂。[84]

秦末人民战争时，儒者、墨者仍旧为时人不取："当此之时，丰衣博带而道儒墨者，以为不肖。"[85]但是，随着人民战争结束，王朝建立，高祖再次平衡了"文"与"武"，即"礼文"与"武功"的关系：

逮至暴乱已胜，海内大定，继文之业，立武之功。……总邹鲁之儒墨，通先圣之遗教……一世之间，

---

〔81〕《淮南子·氾论训》。

〔82〕同上。

〔83〕同上。

〔84〕如上所述，此说未必尽是。刘邦确实声称项羽杀害了楚怀王，因而要与之一战。因此，在某种意义上，可以说刘邦支持了先秦诸国之后裔。不仅如此，一些将领曾受项羽之封地，后来也确实转而支持刘邦。当然，这也是由于诸侯王国重建之后，诸王多被项羽废黜，诸国自身之领地也被项羽分割的缘故。

〔85〕《淮南子·氾论训》。

而文武代为雌雄，有时而用也。[86]

所以，本篇所言之“文”指先圣所传之文理。是故高祖对“文”的支持，被视为对儒、墨二者的扶持——二者皆尊崇先圣之经典。[87]而“武”显然指的是军队。《氾论训》说高祖之成功在于平衡了自己对文、武二者的拥护，知道什么时候应该承继前绪，什么时候理应用武。

然而《氾论训》又以为，如今高祖治下特有的平衡已 164
然消逝：

今世之为武者则非文也，为文者则非武也。文武更相非，而不知时世之用也。此见隅曲之一指，而不知八极之广大也。[88]

所以，在这样一种解读之下，帝国兴起的历史被解释为“文”“武”之对峙。当时的读者必然心领神会：此处所谓主“文”之人，即那些主张遵循前代经典之人，他们也会赞成《诗》《书》这些西周早期文献描绘的分封政策，而用武之兴起，则与用强力去创制一套帝国中央集权统治有关。

---

〔86〕《淮南子·氾论训》。

〔87〕考虑到我们在第二、三章中讨论的儒墨之争，《淮南子》却决意将二者并而观之，这点令人出乎意料。可关键要记得：尽管方式不同，儒、墨二者都重视遵从先圣，而这点为秦廷所不取。

〔88〕《淮南子·氾论训》。

故“今世”文、武相持不下的局面，显然指的是当时正在进行的论辩：其中一方支持帝国之“去中央化”，希望一仍分封之旧；另一方却意欲返回由秦所造就，又为景帝重新引入的军事化、中央集权化帝国政制。

此刻，《汜论训》回归了对圣人自修重要性的讨论，重点依然落在权衡（weighing）之上，或者说，关键在于维持两极之间的适当平衡：“唯圣人为能知权。”[89]文中还写道：

> 是故圣人审动静之变，而适（施）受与之度，理好憎之情，和喜怒之节。夫动静得，则患弗过也；受与适（施），则罪弗累也；好憎理，则忧弗近也；喜怒节，则怨弗犯也。[90]

故圣人行自修之正道，以至于懂得随机应变。[91]

165 既已总结了《汜论训》大意，让我们回忆一下此篇之梗概。它首先指出，时势变迁，没有什么原则能够历久不变，它们也无法指引人的行为。因此，遵循前世经典乃是愚昧之举：圣人必须因时而动。过去行之有效，未必合于今日之形势。虽然在某些时刻，过往之文理也对治国很是关键，但唯有圣人才能明白何时将之启用，何时将之废止。《汜论

---

〔89〕《淮南子·汜论训》。

〔90〕同上。

〔91〕在对这些自修观念的理解上，笔者特别受罗浩在“Psychology and Self-Cultivation in Early Taoistic Thought”一文中精彩分析的启发。

训》说圣人不取恒常，而是修养自身，以至于他在任何时刻都能随机应变，维持不偏不倚之势。

尽管《氾论训》言辞含蓄，其直指帝国问题的意图清晰可见。作者重新定义了“文”字，表示高祖在文与武、分封与郡县之间维持了适当的平衡。如此一来，《氾论训》就让自己置身于朝廷占据主导地位的两股势力之间：一方以为，应该遵循前代经典，包括回到周代文献所描述的分封之制；另一方则认为，应该延续景帝的中央集权政策。

所以，《氾论训》中有某种出人意料的转折。原以为既然叙述了先圣对物质文化的创制，《氾论训》多半会全力支持帝国中央集权。可是不然，它一方面极力鼓吹“因时而作”，一方面却说这并不意味着应该全力支持中央集权。同时，耐人寻味的是，此说奠基在与《系辞》相似的基础之上。不仅意欲解释创作，而且希望摆正创作的位置，说它并不会导致与自然世界生长关系的任何割裂。可与《系辞》有异，《氾论训》并未以卦为媒，而是以为只有至圣自发地与自然世界的变化相契之时，圣人才会去创作，又说唯有适当地维持一种处于文、武之间的帝国中央集权形式，才是与自然世界变化相契之正道。然而，在《氾论训》笔下，这两种情况下的创作都不会导向与自然任何形式的断裂，而在早先大多数战国文献中，无论它们支持创作与否，都恰恰强调一种与自然的断裂。〔92〕

---

〔92〕 第二章注〔144〕曾提到，顾颉刚以为《系辞》的时代晚于《淮南子》（参《古史辨》第三册，第36—43页，第45—69页）。顾氏此说的主要论据之一，便是此处所论之《氾论训》。从内容上看，（转下页）

恰恰是因此，笔者相信，在汉代前期，《系辞》所言对
166 学者的影响逐渐增强。陆贾和《汜论训》都转向了《系辞》给出的这种观点，因为它赋予了他们一种强有力的形式使他们得以批判帝国统治。《系辞》所论使他们不再全盘拒斥帝国统治，而使他们允许创新，因而默许了帝国统治的某些面向；与此同时，又利用宇宙论批评了中央集权治术的某些方面。因此，尽管陆贾与《汜论训》在政治与学术立场上大相

（接上页）《汜论训》与《系辞》相似，都讨论了圣人制造工具。有鉴于此，顾氏便以为其中一篇必然袭用另一篇。然而《系辞》论证之关键是圣人制器乃是取象于《易》卦，而《汜论训》却没有谈到这点。对此，顾氏大为惊讶，以为刘安本人尊《易》，如果彼时《系辞》已经存在，他招致宾客，编撰《淮南》之时，必会将“圣人取象制器”模式纳为己用（特参顾颉刚等:《古史辨》第三册，第41，59—60页）。是故顾氏以为，《系辞》必是袭仿《汜论训》而作，而非相反。

这一对《系辞》年代的说法未必可信。顾文甫就，胡适即有批评（参顾颉刚等:《古史辨》第三册，第84—88页）。当然，马王堆帛书《系辞》的出土，使《系辞》至少早于《淮南子》五十年这一事实变得毋庸置疑，甚至很可能早于《淮南子》百年之久。然而，纵使顾氏对《系辞》年代判定有误，笔者仍然以为，他对两部作品内容的大体观察极为精准。

胡适亦主张《汜论训》效法《系辞》，又谓《汜论训》之所以不取观象制器说，不过是因为作者对此并无兴趣（同上书，第84—85，86页）。在本节之中，笔者已阐明了二者旨趣可能相异之处。在此，还想指出一点以回应顾氏：无论刘安本人是否尊《易》，问题的关键在于，《淮南子》诸篇多对占卜抱有成见。虽然在我们眼中，占卜将人事与自然世界联系起来，不失为一条可行之道，值得推崇，但是在《淮南子》笔下，占卜精于算计，与那种自然纯粹、自发的和谐相比，有高下之别（如参《淮南子·本经训》）。这一规则或亦适用于《汜论训》。该篇诚与《系辞》相类，以为圣人确实有“作”；二者也如出一辙，将这些创作根植于自然的生长过程中。然而，与《系辞》之以卦为媒不同，《汜论训》以为，唯当至圣之一举一动都自发地顺遂自然世界之变化，圣人的行为才能植根于自然中。

径庭，但他们都承认“创作”这一概念意味着顺遂自然世界，而非与之划清界限。

董仲舒

如果说《淮南子》此论代表了一种模棱两可的尝试——它反对帝国中央集权，却仍然不愿回归经典，无意承袭前绪——那么，董仲舒则代表了另一种面向，他对中央集权的抨击立足于对先代经典的重视。虽然在后世的重新阐释下，董仲舒缔造了帝国儒学，而此说与其对策之时展现出的面貌大相径庭。〔93〕对策直斥秦代之非，公然反对汉代保留秦朝某

〔93〕20世纪90年代，两本重要的董仲舒研究先后出版，重新思考了传统上对董仲舒的认识：桂思卓（Sarah Queen），《从编年史到经典》（*From Chronicle to Canon*）；Gary Arbuckle，*Restoring Dong Zhongshu (B.C.E. 195–115)*。二人皆质疑了将董仲舒视作“帝国儒家”（imperial Confucian）的观点，也怀疑了其思想对汉室的影响。桂思卓正确地指出：“或许要重新考量，当我们谈到武帝的礼仪实践时，是否能够套用‘汉代儒家的胜利’这类陈词滥调。”（p. 205）笔者唯一想补充的是，董仲舒似不仅仅在礼仪实践上影响甚微，而且司马迁与董仲舒同时，显然也没有把他当成武帝朝廷中的重要角色，参司马迁对董仲舒生平的简介，《史记·儒林列传》，卷一二一，第3127—3129页。

显然，之所以董仲舒最终以“帝国儒家之创始者”闻名，乃是因为后世汉儒的建构。为了避免一叶障目，让这种后世观点影响我们对董仲舒其人的判断，必须忽略《春秋繁露》的大部分内容：自宋代以来，学者多以为此书包含了大量东汉的内容。戴维森（Steve Davidson）与鲁惟一对此的总结对我们非常有帮助，见“Ch'un ch'iu fan lu,” *Early Chinese Texts*, pp. 77–87。Arbuckle与桂思卓皆为《繁露》各部分的年代提出了有益的假设，也都得出结论，认为《繁露》的一些篇目很可能出自董仲舒之手。然而，鉴于《繁露》诸篇之年代多有疑义，笔者在此仅取董仲舒对策加以评论。

些面向的努力[94]，至于秦本身，董氏有云：

> 至周之末世，大为亡道，以失天下。秦继其后，独不能改，又益甚之，重禁文学，不得挟书，弃捐礼谊而恶闻之，其心欲尽灭先王之道，而颛为自恣苟简之治。[95]

秦朝既已让人深恶痛绝，汉若承秦之制便是重蹈覆辙。就算是希望在秦国治理方略的基础上，对之加以修缮，也不能让人接受：

> 孔子曰："腐朽之木不可雕也，粪土之墙不可圬
> 167 也。"今汉继秦之后，如朽木粪墙矣，虽欲善治之，亡
> 可奈何。法出而奸生，令下而诈起，如以汤止沸，抱
> 薪救火。[96]

换言之，秦制不可为我所用，也不可在其基础上小修小补：它们如朽木一般毁败不堪，根本让人无从下手。

---

〔94〕长期以来，董氏对策的准确年代颇具争议。因为《汉书》给出的证据似彼此矛盾，不太可能找到一个解决办法。桂思卓很好地总结了所有证据，主张董氏对策的年代在公元前 140 年或公元前 134 年；参 *From Chronicle to Canon*，pp. 249–254；相反，Arbuckle 以为在公元前 130 年，参 *Restoring Dong Zhongshu*，pp. 34–46。窃以为迄今我们所掌握的证据尚不足以为之确定一个时间。

〔95〕《汉书·董仲舒传》，卷二六，第 2504 页。

〔96〕同上。

另一段对策持论相类。赞颂周德之后，董仲舒云：

> 至秦则不然。师申商之法，行韩非之说，憎帝王之道，以贪狼为俗，非有文德以教训于下也。[97]

《淮南子·氾论训》仅仅批评了秦政（以及秦政在汉代的复兴）走得太过激进，而董仲舒则断然宣称，秦政毫无正当性可言。

在这种情境下，董仲舒提倡遵循孔子所作之《春秋》："孔子**作**《春秋》，上揆之天道，下质诸人情，参之于古，考之于今。"[98]在此，我们看到，董仲舒同样强调圣人之"作"乃是阐明文理。在此，他认为孔子如此"作"《春秋》，以至于打通了天人、古今的界限。

这样一来，《春秋》实是圣人之文理："孔子**作**《春秋》，先正王而系万事，见素王之文焉。"[99]此处董仲舒将孔子解为"素王"，重新阐释了孟子所说：

> 世衰道微，邪说暴行有作，臣弑其君者有之，子
> 弑其父者有之。孔子惧，**作**《春秋》。《春秋》，天子之
> 事也；是故孔子曰："知我者其惟《春秋》乎！罪我者 168

〔97〕《汉书·董仲舒传》，卷二六，第2510页。
〔98〕同上书，第2515页。
〔99〕同上书，第2509页。

其惟《春秋》乎！”[100]

是故董仲舒与孟子相类，实以孔子为圣。基于孟子以降两个世纪中宇宙观的发展，董仲舒更进一步，说孔子之“作”所揭示的文理打通了天人古今。然而，在汉代前期的背景下，以孔子为“素王”别具深意。董仲舒希望断言：只要孔子之《春秋》出自王者（即便是“素王”）之手，只要它旨在批评自己之君上（即彼时之周王），它就应该标志着一个全新朝代的开启。通过向武帝进谏，使之以身效法《春秋》，董仲舒实际上是在说秦并不合法，而汉理应成为一个以孔子为开端的王朝。

从许多方面来看，相较于《淮南子·氾论训》而言，董仲舒对汉代政策的批评更为激烈、直率；相较于早先的陆贾，他更加彻底地拒绝了以秦帝国体系为代表的治国方略。与所谓“帝国儒学的缔造者”这一形象全然不同，我们从这些对策之中看到的董仲舒，似乎全然否认了帝国的正当性。

汉武帝正名之举

《淮南子》与董仲舒取径截然不同，却都请求武帝放弃秦所遗留，又为景帝重新引入的中央集权政策。可最终，二者的建议皆未见采纳。反而在此后的几十年间，武帝力削诸侯王国，大大增强了帝国的中央权力，并以各种手段彻底削

〔100〕《孟子·滕文公下》。

弱了地方统治者的势力。〔101〕诚然，相比于文帝所为，其中央集权政策包含的削藩举措远为激进。

废黜淮南国恰恰是武帝这一政策最为重要的举措之一。刘安被控谋逆〔102〕，于公元前122年自尽。帝国军队占领淮南王地，终将其纳入了帝国郡县之中。〔103〕

借由这些政策，帝国的大部分地区被再次统合到郡县 169
制中，让人联想到秦朝的情况〔104〕，一套强大的法律体系又被重新引入〔105〕。同时，通过对北方、中亚、南方的一系列入侵，大大扩展了帝国版图。〔106〕最后，武帝执行了一系列中央集权的经济政策，包括实行国家垄断。〔107〕总而言之，汉帝国大体上回到了由秦帝国所缔造的中央集权国家。如此一来，武帝终于结束了地方统治者对帝国的威胁，在某些时

〔101〕《史记·平准书》，卷三〇，第1439页；《平津侯主父列传》，卷一一二，第2961页。

〔102〕难以判决此一罪名是否成立。或许，看着汉帝国中央集权愈演愈烈，刘安若非谋逆别无选择。还有另一种可能：汉帝国仅是在为吞并淮南国而罗织罪名。

〔103〕《史记·淮南衡山列传》，卷一一八，第3095—3096页。

〔104〕有一条线索贯穿了许多关于武帝的篇章：他将原有的诸侯王国和新近征服的土地转为郡县。就前者而言，最重要的例子即废淮南王国，除为九江郡，见《史记·淮南衡山列传》，第3094页。后者如武帝于南部置新郡，见《史记·平准书》，第1440页。

〔105〕同样，《史记》与武帝有关的篇章一而再、再而三地强调他回归了一套秦所创制的严密的法律体系。见《史记·平准书》，第1421，1424，1428页。

〔106〕举例而言，见《史记·平准书》，第1424，1428，1438—1439，1440页。

〔107〕特参《史记·平准书》，第1429，1432页。鲁惟一在《剑桥中国秦汉史》的“前汉”部分（“The Former Han Dynasty”）对武帝政策有很好的总结，见第152—179页。

刻，这种威胁使汉帝国濒临倾危。

然而，在继续施行这些中央集权政策的同时，武帝亦试图为其帝国正名。公元前136年置五经博士[108]，此后于公元前124年，决意培养博士，兴办太学[109]。或许，这是他最为令人惊讶的决定。

学者往往以为，此举表明武帝接受了董仲舒“帝国儒家”思想。譬如一位重要学者就说过，汉代普遍从“黄老”之学转向儒家之道，而武帝尊崇五经，贬抑淮南之举便是其间一环：

> 在汉武帝统治的前几十年间，治术意识形态由此前的黄老道家，转向以董仲舒这类士大夫为代表的儒家……对于一心想着巩固权力的儒家中央政府来说，武装干涉似乎成为唯一的选择。[110]

可恰如笔者所说，虽然取径有异，《淮南子》和董仲舒都极力批判武帝的中央集权政策。而且，给这些声音分别贴上“黄老”和“帝国儒家”的标签，并将汉武帝的统治视作一次转向，或许是误入歧途：二者皆对武帝政治有所批判，也终究未能左右武帝。虽然董仲舒并未如刘安一般殒命，但难以判断他究竟对武帝朝廷产生了多大影响。

---

〔108〕《汉书·武帝纪》，卷六，第159页。

〔109〕同上书，第159，171—172页。

〔110〕Roth，*The Textual History of the Huai-nan Tzu*，p. 17. 亦参司修武：《黄老学说与汉初政治平议》。

与其假定“帝国儒家”出于董仲舒之手笔，笔者则有
不同的解释。虽然证据尚不足以表明武帝有意于此，殊为遗
憾，但笔者以为，我们一直以来追溯的论辩可能指向另一种
假设：陆贾这类学者，以《系辞》为基础发展出一套语汇， 170
既支持创新，又拥护先圣由自然世界引入人世的文理。虽然
董仲舒本人呼吁全盘否定秦帝国体系，但陆贾等人的处理则
并非如此。笔者提出一种可能性，即武帝之决意或许更与陆
贾的思路一致，意欲证明自己与先圣于五经中发见之文理步
调一致；秦帝国意识形态鼓吹否定过去，而武帝自己虽重建
了始皇帝所作的制度体系，却并未与过去分道扬镳。

然而必须强调，武帝支持五经之举，不足以证明导向某种所谓“帝国儒家”之兴起。如此后《盐铁论》所示，几十年后，儒家士大夫仍处于与武帝时期的董仲舒相同的位置，抨击着朝廷上占据主导地位的帝国政策。〔111〕

相反，此处所见之“儒术”仅是文饰，武帝以此为借口，为的是达到迥然不同的目的，所以，他不仅置五经博士，立明堂行封禅之礼，还更易了当朝服色。然而此类举措绝不象征着回归周道，似乎是别有用心。武帝真正想说的

〔111〕人们多以为，《盐铁论》是对公元前 81 年“盐铁会议”论辩的记录，关乎国家垄断盐铁的正当性。然而，作者桓宽明显左袒儒生，呼吁抵制朝廷的中央集权政策，所以这一文本是否真实记录了论辩本身值得怀疑。尽管如此，对我的观点而言，《盐铁论》的有趣之处恰恰在于它对儒家立场的维护。作者所代表的儒生视角明显不为朝廷所重。吴慧《桑弘羊研究》既对盐铁会议，也对《盐铁论》这一“会议记录”进行了通篇讨论，堪为典范。

是：今日之帝国体系已然巩固，帝国已然成为新的准则。[112]

在这一点上，若司马迁所述可信，武帝之所以动起封禅的念头，部分该归因于他对黄帝故事的迷信。有一则故事特别投其所好——齐人公孙卿上言，说受申公札书，书云：

> "汉兴复当黄帝之时"。曰："汉之圣者在高祖之孙且曾孙也。宝鼎出而与神通，封禅。封禅七十二王，唯黄帝得上泰山封。"[113]

171 申公又云："汉主亦当上封，上封能仙登天矣。"[114]

所以，故事强调高祖之后嗣（显然指的是武帝）将使汉朝回归黄帝之历时，行封禅之祭。这位圣王也可像黄帝一样，得不死而升天。[115] 我们无法判断武帝之所为是否主要受申公故事刺激，但有更多的证据表明，武帝之封禅确实在效法黄帝：着手准备封禅之前，先祭了黄帝冢。[116] 有人献所谓"明堂图"，说是黄帝所用，武帝还下令按照此规

---

〔112〕对武帝统治时期的通盘讨论，鲁惟一的研究最为可观，参 Loewe，*Crisis and Conflict in Han China*，pp. 17–36。

〔113〕《史记·封禅书》，卷二八，第 1393 页。

〔114〕同上。

〔115〕李少君提供了一个类似的有关不死的故事，认为"封禅则不死，黄帝是也"（《史记》，卷二八，第 1385 页）。

〔116〕《史记·封禅书》，卷二八，第 1396 页。在另一个背景下，武帝亦向黄帝献祭。春日之时，令行一系列祭祀，以解殃咎。黄帝乃是祀主之一，用一枭、一破镜祭之，此二者皆被视为秽物（《史记》，卷二八，第 1386 页）。因此，祭祀大概代表对此类不祥之禳祓。

格重建明堂。[117]

武帝余下的准备值得一一细究，因为解释封禅意义的线索寥寥，这几条弥足珍贵。[118]所作的准备包括一次巡兵，随后又举行了将士兵遣散的仪式：

> 其来年冬，上议曰："古者先振兵泽旅，然后封禅。"乃遂北巡朔方，勒兵十余万，还祭黄帝冢桥山，释兵须如。[119]

此后，将石块运上泰山之巅：

> 东上泰山，泰山之草木叶未生，乃令人上石立之泰山巅。[120]

继而，武帝行封禅，全程描述如下：

> 乙卯，令侍中儒者皮弁荐绅，射牛行事。封泰山

---

〔117〕《史记·封禅书》，卷二八，第1401页。

〔118〕可惜司马迁无意详述仪式细节（对此问题的说明，参《史记》，卷二八，第1404页）。很久之后，涌现了大量关于封禅如何施行的材料，但因为世纪推移，仪式可能会面目全非，故笔者并不认为，此类材料可以用来讨论早期帝国的仪式。对后世材料的讨论，参沙畹（Chavannes）：《泰山》（*Le T'ai chan*），第20—26，158—161页。

〔119〕《史记·封禅书》，卷二八，第1396页。

〔120〕同上书，第1397页。

172 下东方，如郊祠太一之礼[121]。封[122]广丈二尺，高九尺，其下则有玉牒书，书秘。礼毕，天子独与侍中奉车子侯上泰山，亦有封[123]。其事皆禁。明日，下阴道。丙辰，禅泰山下阯东北肃然山，如祭后土礼。[124]

又云：

> 天子皆亲拜见，衣上黄而尽用乐焉。江淮间一茅三脊为神藉。五色土益杂封。纵远方奇兽蜚禽及白雉诸物，颇以加祠。兕旄牛犀象之属弗用。皆至泰山然后去。封禅祠[125]，其夜若有光，昼有白云起封中。[126]

封禅毕，武帝坐明堂制诏："其大赦天下……行所过毋

---

〔121〕司马迁说，封礼与用于郊祀太一之礼同。但讨论郊祀太一之时，司马迁仅言其"如雍郊礼"（《史记·封禅书》，卷二八，第1395页）。可惜，他也并未详述"雍郊礼"如何施行。因此我们只能承认缺乏礼仪具体施行情况的材料。

〔122〕此"封"与"封禅"之"封"字同，即聚土筑堆，以划定疆界。描述献祭时，举行封礼的土堆始终被称为"封"。下文会讨论这一点的重要性。

〔123〕我们还记得，准备祭祀之时要将石块运上泰山之举。可能这些石块砌成了封土，在上举行泰山之巅的封祭。

〔124〕《史记·封禅书》，卷二八，第1398页。此处说禅礼与祭后土礼相类，可这对复原禅礼于事无补：司马迁并未提供任何关于祀后土的描写。

〔125〕此据《史记·孝武本纪》，卷一二，第475页，此处内容全袭《封禅书》。

〔126〕《史记·封禅书》，卷二八，第1398页。

有复作。”[127]祭祀之后，禁行刑罚，不事造作。

后有彗星现，有司所言为司马迁所引，云：“陛下建汉家封禅，天其报德星云。”[128]此星表明，上天已经接受了祭祀，因而也承认了汉朝本身。

虽然司马迁并未讨论封禅本身的细节，但这些信息已经足以让人推测封禅的整体意义。一者，祀前准备之时，武帝先行振兵，后遣散之。从司马迁的只言片语中还可以发现另一条细节线索：封禅之时，武帝先从其统一、征服而来 173
的领土中捕获动物，又将其放归山林。振兵、取兽皆与帝国统治权有关，武帝先行演习示威，后又松手让渡自己的权力。

“封”字本身也暗示了类似的意涵，事实上，“封”既指祭祀，也指为献祭所建的土堆。“封”作动词，意谓“赐封”；用作名词，指用以标明疆界的土堆。后一种用法似格外重要：据司马迁所述，土堆由石块所建，本身被称为“封”。这似乎意味着：武帝借建造这些土堆来设立界标，申明对土地的控制权。我们可以看到，人们将五色土与封土混杂，这一事实为我们的解读再添一证。如“五德终始说”所述，战国晚期和汉代前期用“五”来表示所有自然现象，而“五色土”则可能指涉所有的土地，而建筑封土，则标志着宣称全部土地为己所有。继而，这一祭祀代表了皇帝对土地

〔127〕《史记·封禅书》，卷二八，第 1398 页。
〔128〕同上书，第 1399 页。

的支配屈从于神力，或即上天。〔129〕一场成功的祭祀可能表明，上天认可了统治者的主权，故允许维持其地位。

最终，在封禅之后，武帝大赦天下，停止兴建土木。这表明武帝暂时搁置了自己的强力、造作的一面，暗示随着封禅的完成，他的统治化归神圣，这在某种意义上说，也是在化归自然。是故带有控制、造作意味的手段，都被搁置一旁。

封禅的时间也耐人寻味。春日草叶未生之时，堆筑封土。此后祭祀本身于五月施行。春日万物之繁荣也许被用来象征着一种与自然的联系：自然更始，新的政治秩序也随之开始。祭祀之后，统治者可以宣称自己的新秩序与自然世界存在象征上的关联。

总而言之，封禅很可能是一种“赎罪仪式”（expiatory
174 rites），其中，统治者所掌控的帝国权力被献给了更高的权威。祭祀的圆满完成，可能表示自然这一更高的权威接受了新秩序，此处背后隐含的意思是：这种新帝国秩序的形成带有一种僭越，需要为之赎罪。封禅之后，神明接纳了新的秩序，将之立为准则。所以武帝行封禅之意，就在于昭告天下，神明认可了帝国秩序，故此秩序在中国大地上施行得理所应当。

---

〔129〕可惜，司马迁并未明言哪些神明受祭。然而，所有后世讨论祭祀的作品皆以为，封则祭天，禅则祭地。此说很可能也适用于武帝之封禅。上面提到的一种说法可以为这种解读提供一些佐证。封禅毕，彗星见，《史记》载有司云：“陛下建汉家封禅，天其报德星云。”（《史记·封禅书》，第1399页）换言之，当上天做出回应，表明自己接受献祭，封禅方可谓成功。因此或可说，武帝封禅与后世封禅祭祀的对象相同。

显而易见，这样一种帝国秩序，与武帝统治之初儒者的期待相去悬殊。虽然武帝建明堂、行封禅，但此举无意昭示一种对前帝国时代传统实践的回归，反而用以昭示新统，希望帝国的统治秩序在新的时代被奉为准则。所以，武帝说自己乃是黄帝一般的圣人，巩固了新的秩序，而后以不死之身升天。

顺着这样一类思路，武帝更进一步，改正朔，易服色，以宣扬新统之成立。考虑到汉初统治者延续了秦的水德之治，武帝更之为土德：

> 夏，汉改历，以正月为岁首，而色上黄，官名更印章以五字，为太初元年。[130]

时人认为土能克水，故汉代正式继承了秦。我们曾说过，武帝即位之后，董仲舒等儒生对他有所期许，此处武帝又一次践行了他们的谏言，但其所图与儒生的初衷大相径庭。武帝并未将自己与秦政判然二分，而是强调一种连续性：汉实承秦之制。与此前的汉代统治者不同，他不再粗暴地将秦刻画为一个处于朝代更迭之外的僭越者——承认汉承秦制，就说明秦已被官方承认为一个朝代。这里隐含的意思是，秦制应作为自然循环中的一部分被承认，因而汉代得以 175
合法地将之纳入组织。如我们所见，这一象征仅应了一个更

[130]《史记·封禅书》，卷二八，第 1402 页。

大的现实：事实上，武帝借用、巩固了始皇帝的许多创制。

在这场变革之中，还有一种带有象征意味的说法。之前讲到武帝意欲自比黄帝，而其行封禅、立明堂之事也或多或少表明他有意效法黄帝所为。有趣的是，我们可能还记得，黄帝也据土德而治。武帝将汉朝更为土德，借此声称，德运变化不仅是一循环，更在武帝时完成了周而复始，因此武帝可以与黄帝相提并论。与始皇帝不同，武帝并没有说自己开创了一个超越先圣的新时代，反而提出自己巩固了一个全新的帝国时期，与至圣黄帝对上古封建制度的巩固别无二致。

这一点表明了武帝与始皇帝对先圣的态度不同。如上所述，始皇遵从一套见于《商君书》这类著作的对先圣的解释，将之视为一群伟大的造作者，故亦将自己塑造为圣人和创作者，甚至比前人还要伟大。相反，汉武帝遵循另一套解释：恰如蚩尤僭制而作，黄帝此后将之纳入组织一般，武帝也将自己塑造为另一位黄帝，巩固由秦所创制的帝国，以此建立一套新的秩序。是故对武帝而言，黄帝是用来效仿而非超越的对象：正如黄帝成功地组织了国家，武帝也成功地组织了帝国。

因此，武帝希望自己之于帝国，恰如此前黄帝之于封建国家。自此之后，武帝说后继的朝代不再遵循分封之制，而是将帝国中央集权奉为准则；同时他也希望，这些被继任者奉为楷模而承担组织帝国工作的圣人，恰恰是他自己。由此，帝国被奉为新的准则，全然与神明和自然世界保持一致。

结　论 176

鲁惟一谈到过一个“悖论”：秦始皇“在中国传统中遗臭万载”，却对帝国体制的形成最具影响。[131]在某种程度上，本章试图解释这一悖论背后的问题。笔者以为，始皇虽在历史上声名狼藉，却无碍于他所创作的帝国终被奉为准则。相反，汉武帝利用始皇的方式，与诸多“创作国家”叙事利用蚩尤的方式并无二致：蚩尤这一僭越者，要为引入新的治理工具负责。由此，武帝得以将自己塑造为一位如黄帝一般的巩固者，将始皇所作的新帝国纳为己用，组织到适当秩序之中。换言之，他得以宣称，即便帝国出于始皇这样的僭越者的造作，也全然合乎神圣、合乎先圣之文理，值得被奉为准则。

然而，帝国之创作，是否已然洗刷掉僭越的痕迹？这在早期中国并未成为共识。诚然，笔者将在下一章中论证：司马迁极为反感武帝的正名之举。可纵然他明言帝国非如武帝所粉饰的那般“合乎道义、完美无缺”，它仍然是中国大地上的新准则。

---

〔131〕Loewe，“The Concept of Sovereignty，” p. 740.

177 # 第五章 创作的悲剧

司马迁对帝国兴起的重构

武帝统治时期，司马迁正任当朝太史，参与了当时的论辩。[1]他的作品《史记》意在通览中国过往之历史，上自黄帝、下讫武帝。对本研究讨论的议题而言，《史记》这一文本尤为引人入胜，因为司马迁的直接关切是，帝国如何被创制出来？在什么程度上，我们仍然能够认为这一新的创制与过去关联？不仅如此，重构帝国的兴起时，司马迁隐晦地表达了自己对此前几个世纪中诸家聚讼的创作问题的看法。

司马迁的规划

在《太史公自序》中，司马迁明确表达了自己作为史家的想法。他一度叙述了自己与“上大夫壶遂”的一次对话，内容关乎《史记》的本质及其与经典的联系：

---

〔1〕 一直以来，学界对司马迁的确切生卒年月争论不休。其中，王国维的讨论比较有影响力，将其生年断在公元前145年，见《太史公行年考》。郭沫若等其他学者对此断代有疑义，以为断在公元前135年更为合理，见《“太史公行年考”有问题》。张大可亦持此论，见《史记研究》，第108—120页；张书第74—107页讨论了司马迁生平系年问题，令人信服。

> 上大夫壶遂曰：“昔孔子何为而作《春秋》哉？”太史公曰：“余闻董生曰：‘周道衰废，孔子为鲁司 178
> 寇……是非二百四十二年之中，以为天下仪表。’”[2]

所以，司马迁承认孔子作为圣人“作”《春秋》的说法，还征引董仲舒言，以为《春秋》之作，使是非之文理得以显现，以为人世之典范。诚然，他紧接着就强调《春秋》“辨是非”的特质[3]，又褒美经典，说明它们如何引人向善。[4]

随后，司马迁让壶遂质疑自己写作《史记》的意图：倘若孔子作《春秋》为的是批判当时，那么他也在做相似的事吗？首先，史迁强调，经典非独批判而已。他提到伏羲作《易》八卦，又谈到诸经对圣贤的褒美。[5]继而颂扬了武帝统治成就之斐然，又在诸多成就之中提到了封禅。[6]

此后司马迁笔锋一转，说《史记》绝不可与《春秋》相提并论，因为自己与夫子不同，仅仅是在承述而非创作：“余所谓述故事，整齐其世传，非所谓作也，而君比之于《春秋》，谬矣。”[7]与《论语·述而》一章孔子自谦之辞遥相呼应，司马迁声称自己仅止于承述，所以并非圣人。

此说显然应和了孔子自谓“述而不作”之说，通过否

---

〔2〕《史记·太史公自序》，卷一三〇，第3297页。

〔3〕同上。

〔4〕同上书，第3297—3298页。

〔5〕同上书，第3299页。

〔6〕同上。

〔7〕同上书，第3299—3300页。

认自己有“作”，司马迁反倒隐隐暗示了自己与圣人之间的联系。可紧接着，他又愈发直白地表示《史记》也是一种“作”，说写作之时，自己困于郁结，恰如先圣创作经典之时幽于困厄，一如孔子作《春秋》。[8]然后，他概述了《史记》的内容，解释了撰写各篇的缘由；用动词“作”字形容自己的编撰过程。[9]因而，虽然司马迁效法孔子，说自己仅仅是在“述”，他却在别处宣称自己有“作”。他在隐隐暗示：自己与孔子一样，都是尚未得到认可的圣人。

179 但是，倘若司马迁暗将自己归入圣人之列，那么他又将如何定位《史记》？我们已经看到，孟子和董仲舒都致力于宣扬一种观念：至圣之所“作”并未引入技艺，而是为人类凝练了适当的文理，与之相应，孔子之“作”《春秋》正是在凝练道德文理，用来引导后世。我们看到，司马迁在这一点上援引了董仲舒说。

那么，如果司马迁隐隐将《史记》与《春秋》作比，暗指其出于自己之“作”，那么，他的创作是否意在效仿《春秋》？他的“作”是否意在与孟子、董仲舒等人所谓的孔子《春秋》之“作”一较高下？若是，他是否在宣称，自己可以不假他求，直接通达永恒之文理？是否在借用这些文理去批判

---

〔8〕《史记·太史公自序》，卷一三〇，第3300页。

〔9〕同上书，第3301—3320页。见Watson，*Ssu-ma Ch'ien*，pp. 90-91，华兹生同样正确指出：相比于司马迁，班固是一位远为正统的史家。在相似的背景下，班固始终用“述”而非“作”，见Watson，*Ssu-ma Ch'ien*，p. 223 n. 31。同时，在笔者看来，班固《叙传》所谓“私作本纪”（《汉书·叙传》，卷一〇〇下，第4235页）隐隐有批评司马迁之意。

武帝？

笔者认为，尽管司马迁确谓有“作”，却无意仿效《春秋》。首先，难以判定《史记》是否有意从历史过程之中凝练道德文理。诚然，在篇末“太史公曰”中，司马迁频频以道德说教的形式收尾，可我们全然不晓他是否对这些道德信条坚信不疑。看似简略的“太史公曰”与更为隐微的叙事部分互相矛盾，叙述部分似乎多用来讥讽“太史公曰”的道德说教。[10]

可这是否意味着司马迁走向了另一个极端，意在消解《春秋》微言，承认面对复杂多变的历史过程时道德准则的无能为力？对此，笔者同样持怀疑态度。毕竟，《史记》凡百三十篇，不太可能只为说明这一点。

笔者相信，司马迁在处理一些极为不同、根本上更为复杂的问题。[11]就对“作”的理解而言，司马迁似乎是在质疑：圣人之“作”是否仅仅在凝练世界原有之文理？他似乎在说，任何创作都包含了建构，甚至是一种人为建构。他在质疑某种在《系辞》中极具影响的传统儒家看法——圣人当真可以效法、凝练天之文理？

---

〔10〕 杜润德（Stephen W. Durrant）说，司马迁试图将《史记》写成《春秋》那样的作品，但由于内心的冲突而归于失败，最终之结果也极为不同；见 Durrant，*The Cloudy Mirror*，特见 pp. 1–71。亦参笔者对杜书的书评，载于 *Harvard Journal of Asiatic Studies 57*，no. 1 (1997): 290–301。

〔11〕 同样应当指出的是，我大体上将《史记》本身解读为一系列关于历史、文化问题的深思。所以我的解读多同意裴德生（Willard Peterson）的观点，见 Peterson，“Ssu-ma Ch’ien as Cultural Historian.”

180 对此一问题最为清晰的讨论，见于其著名的《伯夷列传》。在此，司马迁公然向圣人，尤其是撰著经典的孔子质疑问难。开篇他便点出许由、务光等“义至高”者甚至为六艺所不载。[12]又疑孔子对伯夷、叔齐所谓“不念旧恶，怨用是希”“求仁得仁，又何怨乎”的解读不当。孔子说伯夷、叔齐并无怨怼，但司马迁指出，睹其轶诗，确然展现了他们怨怒之心迹。[13]随后司马迁转而质问上天：当真“善有善报”？他指出伯夷、叔齐皆为善人，却饥馑至死。夫子独许颜回，然回也英年早逝。盗跖日杀不辜，却得以颐养天年。[14]

司马迁质疑经典，直指孔子为非，更怀疑上天究竟能否赏善罚恶，此后转向了圣人与创作的问题。先引《易传·文言》：“同明相照，同类相求。云从龙，风从虎，圣人作而万物睹。”[15]《文言》所言与《系辞》极为相似，说自然世界内部自有文理，当圣人有“作”之时，文理逐渐昭著。与《系辞》相近，此处的“作”最好解释为“起”。因此，圣人致力于在人世间彰明自然世界之文理。

这段话反映了这一时期主流的、对圣人之所作的认识。司马迁先加以引用，又当即贬抑之：

> 伯夷、叔齐虽贤，得夫子而名益彰。颜渊虽笃学，

〔12〕《史记·伯夷列传》，卷六一，第2121页。

〔13〕同上书，第2122—2123页。

〔14〕同上书，第2124—2125页。

〔15〕同上书，第2127页。《周易·文言》原文与司马迁所引几乎一致。

> 附骥尾而行益显。岩穴之士，趣舍有时若此，类名堙灭而不称，悲夫！[16]

换言之，这一切都有某种程度上的人为专断。并不是圣人一
“作”，天下之文理便能彰显；相反，此人此物之所以得到彰
明，不过是因为圣人碰巧知晓、赞颂了它。伯夷和叔齐变得
广为人知，仅仅是因为适逢孔子道出了他们的故事。不仅如 181
此，恰如司马迁此前在本篇中所明言，孔子对他们的塑造甚
至也不可谓准确。

此处特别有意思的一点是，司马迁虽然让我们留意这些不足，却并未呼吁一位更高明的圣人的出现。相反，他完全不承认圣人仅仅靠“作”就能使世界之文理得以昭明。司马迁以为，在此过程之中有一内在的建构因素——圣人不仅仅使世界之文理得以兴起，他们也在建构。孔子并未如其所是地凝练伯夷、叔齐的生命，而是建构了一种在司马迁眼中并不准确的解读。

如果能联系到上文谈到的一点，则更能证实此说：司马迁隐隐有自谓圣贤的倾向，暗指自己有“作”。果真如此，司马迁便是否认《系辞》中极富影响的观点，以为圣人之“作”不只是将文理昭明于人世，而是在肯认，他自己的规划不可避免地包含了某种程度的建构。司马迁也谈“作”，但也以为这一行为包含了专断与人为建构。

---

〔16〕《史记·伯夷列传》，卷六一，第 2127 页。

然而，如果司马迁否认圣人仅仅是在彰明文理，那么他在《史记》中又说了些什么呢？另外，与我们此处所言更直接相关的是，他如何讨论帝国？笔者相信，司马迁自己对创作的看法，也会贯穿在他对帝国兴起的书写中。我将试图表明，司马迁在帝国兴起的过程中看到了某种根本的断裂因素，而他身边的另一些人却认为这段历史与自然相连。具体而言，武帝以为自己将帝国引入了经典所定义的道德文理中，而司马迁似讥刺了这种说法。因此，他对帝国兴起的重构，便成了一种深思——何谓创作？圣人在人类历史中扮演怎样的角色？历史变迁又是如何发生的？为了阐明这一点，笔者追溯了司马迁如何描绘国家，乃至此后帝国的兴起。第三章叙述了诸家对与国家兴起有关叙事的演绎，而司马迁接手之后，就“连续”还是“断裂”的问题提供了相当有力的思考。

182 司马迁笔下的国家历史

黄帝之治

开篇，《史记》便描述了国家的兴起。《五帝本纪》篇末“太史公曰”总结自己对于往圣的记述时，强调自己将现存材料搜罗殆尽，去除其中“不雅驯”的因素。[17]据此，许多评论者解读《五帝本纪》之时，以为司马迁是在将早期神

〔17〕《史记·五帝本纪》，卷一，第46页。

话“理性化”及“历史化”。[18]

相反，笔者以为，这并不仅仅是在试图以理性化、历史化的方式去记述往圣。司马迁写下这段叙述时，心中自有旨意。与他处相类，司马迁在此并不仅仅是在尽量客观地描绘历史：他打造出这个故事，乃是为了提出各种各样与历史过程相关的问题。在本书第三章中，我们讨论了各种与国家起源有关的叙事。在此，司马迁将之再度演绎，而我们必须探讨此举背后的原因。因此，阅读这一故事的每一步都需要追问：何以司马迁选择如此叙述？

司马迁以神农统治之衰落入手：“轩辕之时，神农氏世衰。诸侯相侵伐，暴虐百姓，而神农氏弗能征。”[19]恰如此前所述，公元前3世纪的叙事利用神农这一人物指代动乱出现前的和平时期，《商君书·更法》《画策》便是一例。换言之，这一和平年代出现在暴力被引入之前，此后黄帝创作国家，将暴力纳为己用。诚然，我们在此看到了动乱随着神农氏凋敝而兴起，可与《商君书》二篇相似，《五帝本纪》也没有试图解释动乱的起因：在司马迁笔下，暴力既非蚩尤所作，也并非自然而然。与《商君书》二篇相似，暴乱之所以兴起，都仅仅被视为历史变迁中的一部分。

继而，司马迁笔锋一转，说黄帝企图控制这种动乱：

---

〔18〕譬如，陆威仪解读与黄帝相关的这一部分时，便说它是“一位公元前2世纪有教养、具有批判性的中国人眼中，对黄帝功业的一种‘真实’‘可信’的描述”，见 Lewis, *Sanctioned Violence*, p. 174。

〔19〕《史记·五帝本纪》，卷一，第3页。

“于是轩辕乃习用干戈，以征不享，诸侯咸来宾从。”[20]神农无
183 法攻克诸侯，黄帝则能正确使用武力使之归顺。《商君书》二篇将神农、黄帝之别描绘为一位和平君主与另一位国家创制者之别；与之不同，在《五帝本纪》中，同样是面对暴乱的兴起，神农与黄帝一个无能为力，另一位却能处理得当。

这里同样值得指出，“征服成功”指获得诸侯的拥戴。换言之，黄帝胜利之后，地方诸侯显然仍然存在。是故司马迁并未给出一套鼓吹创制中央集权，以此废黜诸侯的法家叙事。

动乱既已发生，黄帝既已用武，至此蚩尤才出现在叙事之中：“而蚩尤最为暴，莫能伐。”[21]动乱、武器皆非蚩尤所作，二者都先于他存在，司马迁也没有联系创作问题对二者展开讨论。相反，蚩尤被当成最为暴虐、最难对付的诸侯。

然而，在进一步讨论蚩尤之前，司马迁引入了另一位敌人——炎帝：“炎帝欲侵陵诸侯，诸侯咸归轩辕。”[22]如果说蚩尤还是诸侯中的一员，只是拒绝臣服于中央朝廷的话，司马迁则将炎帝描述为意欲篡夺所有诸侯权力之人。

到了这个关头，司马迁才开始讨论黄帝对万物的条理、

---

〔20〕《史记·五帝本纪》，卷一，第 3 页。

〔21〕同上。

〔22〕同上。

译按：此处普鸣将“侵陵诸侯”译为“attack and usurp the power of the lords of the states”，即炎帝意欲侵袭、篡夺诸侯的权力。

组织，上述的许多思想家都以条理、组织定义圣人之业：“轩辕乃修德，振兵，治五气，艺五种，抚万民，度四方。”〔23〕

此时此刻，黄帝已做好了清除乱贼的准备。先除掉炎帝：“以与炎帝战于阪泉之野。三战，然后得其志。”然后消灭乱贼蚩尤：“蚩尤作乱，不用帝命。”〔24〕此处所谓“蚩尤作乱”并非如《吕刑》所言那般，认为一切暴乱始于蚩尤，而是更接近《十六经》的看法，认为蚩尤发动了一次具体的暴乱。

然后，诸侯辅佐黄帝击溃乱贼：“于是黄帝乃征师诸 184
侯，与蚩尤战于涿鹿之野，遂禽杀蚩尤。”〔25〕

黄帝如此击败炎帝、蚩尤以后，终于使得诸侯将其奉为天子，继神农之业。此后，他继续凭借武力维持秩序：“而诸侯咸尊轩辕为天子，代神农氏，是为黄帝。天下有不顺者，黄帝从而征之，平者去之。”〔26〕

因此，整个叙事围绕着天子与诸侯的关系展开：始于神农对诸侯之束手无策，终于黄帝获得诸侯拥戴，受其承认而成为新的天子。如此处所言，成功统治之钤键，在于君主须能控制诸侯，却不篡夺其权力。

司马迁以黄帝与乱贼炎帝、蚩尤的关系来强调这一点。在他笔下，炎帝、蚩尤二者互相补充：前者轻侮地方权力，后者无视中央权力。如果要阻止对诸侯权力的篡夺，黄帝就

〔23〕《史记·五帝本纪》，卷一，第 3 页。
〔24〕 同上。
〔25〕 同上。
〔26〕 同上。

必须击败炎帝；如果要遏制神农末世大行其道的暴乱，那他也必须击溃蚩尤。炎帝的重要性在于，当他威胁篡夺诸侯权力时，诸侯恰恰能够投靠黄帝；蚩尤的重要性在于，当他与中央朝廷抗衡之时，黄帝得以成功率领诸侯与之相抗。是故黄帝被诸侯奉为下任君主，首先需要满足两个条件：既要展示自己有能力引领诸侯，又要保持对诸侯地位的尊重。与《商君书》大异，此处之黄帝绝非中央集权国家的创作者，而是封建体制的支持者——在此封建体制之中，诸侯的地方权力与君主的中央权力维持了平衡。

不仅如此，黄帝条理、组织，却不创作。叙事也并没有让他的两位对手负责创作，只让他们分别代表了两个极端，而黄帝为了正确地组织运用国家武力，必须维持两极之间的平衡。所有人都与创作无关，包括黄帝和蚩尤；黄帝从
185 未创作新事物，也没有将蚩尤所作的任何事物据为己用。在关涉有组织的暴力的黄帝—蚩尤叙事中，制作兵器的问题极为关键，但司马迁对此事绝口不提。相反，他意在表现黄帝能有效用兵，以挟制诸侯。此事关乎正确地使用暴力，而非制造暴力。虽然司马迁说神农末世暴乱出现之后，黄帝立定了秩序，但有一点含混不清：在黄帝成功施行秩序的过程中，其所作所为，哪一条不是神农原本应该能做的？他没有引入什么新东西，乱贼亦然。

这点很有意思。因为在叙述国家兴起时，许多作者以为，圣人只是在条理、组织，在观念上反对圣人所制的国家包含任何的造作、强制因素。然而，笔者并不以为此处

司马迁意在介入一场关于国家最初起源的思想论辩，或者更确切地说，司马迁此举仅仅有助于他处理自己真正感兴趣的问题。他主要关心对所谓“国家”给出一个定义，使他得以衡量后来的历史发展，包括将帝国引入中国历史的问题。正是在讨论进入帝国的时候，司马迁转向了创作问题，如果黄帝组织的封建制度标志着国家的基本形态，那么，进入帝国将标志着一种彻底的断裂：换言之，传统上，地方与中央力量相互平衡，而帝国的引入则意味着一整套中央集权统治的引入，为传统画上了句号。因此，我们在第三章详细讨论的主题，被司马迁极为复杂地重构。而《史记》开篇第一节便迈出了重构的第一步，占据了大量的剩余的讨论。

秦的兴起

《史记》卷十五《六国年表》引言概览了秦的兴起及秦帝国的历史意义，强调秦人、秦国野蛮、僭越的特性。

开篇言及秦襄公受周王分封，立为诸侯，以此作为秦
国的正式开端。尽管秦国的建立符合正当的分封程序，襄公 186
当即僭越了诸侯与周王的传统关系：

> 秦襄公始封为诸侯，作西畤用事上帝，僭端见矣。《礼》曰：“天子祭天地，诸侯祭其域内名山大川。”[27]

---

〔27〕《史记·六国年表》，卷一五，第685页。

是则秦始于僭越：一旦襄公受封为诸侯，便篡取了周王室祭祀上帝的特权。

非但如此，司马迁下云，秦俗杂糅了戎、翟的蛮人习气，故疏离道德，而恰恰是道德界定了何谓“周道”：“今秦杂戎翟之俗，先暴戾，后仁义。”[28]总而言之，秦的统治者都是野蛮的僭越者，为中央王国之容止、道德所不取。

然而，待到战国秦崭露锋芒之时，一切诸侯国与周王的正当分封关系皆已破裂。事实上，司马迁明确指出，三家分晋、田氏代齐，战国时代本身便始于僭越：“三国终之卒分晋，田和亦灭齐而有之，六国之盛自此始。务在强兵并敌。”[29]因此，战国时期的特征，乃是篡夺此前周王所封之诸侯的权力。

可在此背景之下，司马迁又云秦之功绩甚巨，天下陷入动乱后，是秦使之偃旗息鼓的：“秦取天下，多暴。然世异变，成功大。”[30]与其他学者意见相左，司马迁认为秦帝国
187 虽然早夭，却不能抹杀其历史意义：

> 学者牵于所闻，见秦在帝位日浅，不察其终始，因举而笑之，不敢道，此与以耳食无异。悲夫！[31]

---

〔28〕《史记·六国年表》，卷一五，第685页。

〔29〕同上。

〔30〕同上书，第686页。

〔31〕同上。

秦诚然是野蛮的僭越者，帝国也短寿促命，却成功地终结了一个以僭越为本质特征的乱世。

因此，司马迁意在表明秦帝国之历史作用甚巨，但他论证的方式却耐人寻味：既无意在道德上为秦翻案，也未言其虽然无道却至关重要，反而强调秦以暴力摧毁过往封建制度的僭越性。虽然如此，他又以为时势变迁，所有国家都已堕落到忍无可忍的地步，在此背景之下，秦的所作所为理应在历史中得到颂扬。随着讨论逐渐展开，司马迁在此给出的几点暗示变得至关重要：首先，时代确实变了，致使暴行在某些情况下变得可以理解。其次，司马迁没有贬斥秦的蛮横残暴，而是说恰恰归功于此，秦方能止息战国动乱，发挥举足轻重的作用。

乍看上去，此说似与《商君书》相近：时势更迭，战国兵戈扰攘，唯有一基于严刑峻法的中央集权国家，才能带来秩序。但我们从本章第一节司马迁对黄帝的处理中已然得见，他绝非偏好中央集权统治之人，倘若他鼓吹中央集权，何不依照《商君书》所为，编织一套创制中央集权国家的叙事，反倒将封建说成国家的基本形式呢？事实上，司马迁不仅抨击极端的中央集权制，而且也批评那些如《商君书》作者之流、亟于抛离传统之人。虽则如此，他也非孟子那种渴望回归传统和旧时封建体制的理想主义者。相反，司马迁对秦有所保留的褒美，乃是他苦心孤诣地叙述帝国如何进入中国历史，后来又如何为人巩固的一部分。而他自己对帝国的
看法，也与这一更广阔的历史理解难解难分。为了探求其旨 188

意，笔者将转向他对秦始皇的叙述。

秦始皇

公元前 221 年，秦王嬴政一统诸侯，创作出中国历史上首个帝国。他自号“始皇帝”，据说还宣称自己的后嗣将统治帝国至于万世。为了反对施行分封，他设置了一套统一的郡县制，意欲将一切置于中央国家的掌控下，又自勒碑铭，强调其统治乃是在全盘革新。

“彻底革新”的主题也主导了司马迁对秦始皇的描述。在史家的描绘下，秦始皇独断专行，刻意摧毁往圣之所为，意欲创制一套全新秩序。司马迁大体上用“僭越”一词来描述秦国，他几乎也在用同样的词描绘始皇帝：中国历史上首个帝国的创始人是一位“僭主”，他完全没有什么传统统治者的道德考量。

司马迁利用几次始皇与臣下的对答，极为有力地演绎了“创新”这一主题。他叙述了几场论辩，如初并天下，秦统治者是否理应承袭旧有之“王”号，抑或制作新号？据载，丞相王绾、御史大夫冯劫、廷尉李斯有云：

> 昔者五帝〔32〕地方千里，其外侯服夷服。诸侯或朝或否，天子不能制。今陛下兴义兵，诛残贼，平定天

〔32〕 或许我们还记得，“五帝”是过往的圣人英雄，中以黄帝居首。诸家虽对其他四位的身份说解不一，但皆以“五帝”一词指涉早期圣人。

> 下，海内为郡县，法令由一统，自上古以来未尝有，五帝所不及。[33]

换言之，秦始皇开启了一个崭新的纪元，五帝的一切丰功伟绩都与之相距甚远。

继而，司马迁讨论另一场论辩：秦始皇是否应当承袭 189
前朝之制，裂土以封诸侯？据载，廷尉李斯以为不应再置分封，周行分封之制而终致衰败，诸侯愈发独立于朝廷，终致周室丧失了权力。[34]始皇从之。故分天下为三十六郡，创制出一套由中央管辖的新制度。[35]司马迁如此叙述这次政策抉择，再度申明这种中央集权形式前所未有，始皇是全然拒斥传统中央朝廷与诸侯之间的关系的。

司马迁本人在书写历史之时，着重强调了这点。在《五帝本纪》中，他不仅说黄帝对诸侯的控制有其限度，更说是各国诸侯赋予了黄帝统治权。相反，秦统治者彻底破坏了分封实践，制作出一个被切割为郡县的帝国版图。所以，始皇所创制的帝国，摧毁了中央与地方之间的平衡。而正是这种平衡，定义了何谓黄帝之治。

始皇对传统视若无睹。为了表明此举之肆意妄为，司马迁勾勒出一连串据说来自臣下、博士的批评，说始皇不顾道德、不法上古以及种种为政之失，并以为若非遵循往圣之

---

〔33〕《史记·秦始皇本纪》，卷六，第236页。

〔34〕 同上书，第238—239页。

〔35〕 同上书，第239页。

道，其帝国难逃一劫。比如，司马迁引博士淳于越谏言："臣闻殷周之王千余岁，封子弟功臣……事不**师古**而能长久者，非所闻也。"[36]始皇于是让臣下讨论此谏。司马迁又引李斯上言，曰：

> 今陛下**创**大业，建万世之功……今天下已定，法令出一……今诸生不师今而学古，以非当世，惑乱
> 190 黔首。[37]

继而，李斯提议除去特定几种文献以外，余书一概焚毁；以古非今之徒尽行诛灭。[38]这一提议为始皇所从。因此，他不仅没有听取淳于越"师古"的告诫，还焚烧了大部分史书，誓将处决今后胆敢提出类似告诫之人。

因此，司马迁并非仅仅记述了始皇焚书一事，而是将此举描绘为始皇听闻"师古"告诫后的当即回击，由此强调其狂妄自大；并且，淳于越"师古"乃能长久的告诫也强烈预示了始皇的统治终将灭亡。

司马迁更借众多逸事遗闻强调始皇之狂妄自大，虽然无法判断这些故事的历史真实性[39]，但它们更能表达司马迁

---

〔36〕《史记·秦始皇本纪》，卷六，第 254 页。

〔37〕 同上书，第 254—255 页。

〔38〕 同上书，第 255 页。

〔39〕 如卜德（Derk Bodde）就认为，这些奇闻异事很可能大多没有历史根据（"The State and Empire of Ch'in," pp. 80，94–98），下面讨论的一则故事也是如此。

本人的想法。如下文有云，始皇帝遭逢大风，受阻湘水，便挞伐湘君之神：

> 浮江，至湘山祠。逢大风，几不得渡。上问博士曰："湘君何神？"博士对曰："闻之，尧女，舜之妻，而葬此。"于是始皇大怒，使刑徒三千人皆伐湘山树，赭其山。[40]

在司马迁的描绘下，始皇自己不仅不屈从于神威，反倒要神灵在他面前俯首称臣，他因不达目的而去挞伐舜的妻子——湘君之神，再次展现了他轻视古代、亵渎神明的本性。

遍及《秦始皇本纪》的道德说教在始皇崩殂后得到了应验，帝国迅速土崩瓦解，他本欲创建一个统治万世的帝
国，而秦朝却仅仅持续了十四年。 191

司马迁如此总结秦之灭亡："始皇自以为功过五帝，地广三王，而羞与之侔。"[41]考虑到始皇帝的统治迅速分崩瓦解，此处"太史公曰"是在强调始皇之妄自尊大、空有气力。

总而言之，司马迁无意美化秦始皇。在他笔下，秦始皇自始至终都目空一切，执拗于逾越往圣之业。司马迁又用"创""为"和"作"（见本书第四章引秦始皇石刻）这类在早期中国文献中颇成问题的、表示"创作"的词来形容秦

---

〔40〕《史记·秦始皇本纪》，卷六，第248页。
〔41〕同上书，第276页。

始皇的举措。上引所谓淳于越谏言更是一语成谶：始皇拒绝师古，其帝国必不长久。由此观之，司马迁的叙事似乎纯粹是在表达一种对创新的抨击，或许仅仅停留在道德教化的层面：渴求创新并不可取，人应该遵循往圣之道。

从某种程度上说，这种对始皇帝的负面刻画支持了上节引到的一种看法：视秦为僭越的蛮夷，与旧时的正当秩序格格不入。而无论评价有多么负面，太史公仍谓其暴行确实成功地终结了战国动乱。因此，尽管司马迁站在道德的角度抨击秦将帝国引入，却也承认了秦帝国体系的历史功绩。[42]

司马迁对秦的处理模棱两可，似乎暗示了他眼中存在着“必需”（necessity）与“道义”的冲突：秦始皇或许在道义层面遭人唾弃，可我们不得不承认其举措乃是时势之必需。而笔者以为司马迁在此提出的问题，更直接关系到帝国如何被引入中国历史，而他相信理解这一问题有助于理解他自身所处的文明的某些面向。[43]循着这一问题，我将

---

〔42〕张大可同样指出，尽管司马迁抨击了秦始皇，但也确实肯定了其功绩，见《史记研究》，第362—363页。他对此解释说，司马迁明确支持统一，故虽反对始皇以暴治民，却仍以为秦之以暴治国乃是为了求得一统，在这一点上，秦贡献甚巨。笔者将在下文对此着重讨论。

〔43〕在华兹生的解读中，司马迁笔下的始皇帝一无是处；他认为司马迁持有一种历史循环论，认为历史即王朝之兴衰。在华兹生看来，司马迁将秦始皇描述成了一位典型的、穷凶极恶的秦国末君形象；换言之，应仅将秦史视为一段“王朝史”，而始皇的品行败坏导致了这一王朝的终结。见 *Ssu-ma Ch'ien*，p. 6。

就司马迁对始皇帝的刻画而言，笔者的理解相当不同。（转下页）

继续分析他对秦、汉之际乃至汉代初年的讨论，二者都叙述了这一历史过程：如何接手这位僭越的、罪恶的“作者”留下的难题，并将之引入一套更为成功的秩序之中。

秦亡汉兴：楚汉战争 192

项　羽

《项羽本纪》上承《秦始皇本纪》。在推翻秦帝国一事上，项羽居功至伟。在司马迁笔下，他纯粹是位尚武、自大的僭主，多与同样举兵叛秦的刘邦相提并论。最终刘邦击败项羽，建立了汉朝。[44]二者之间的差异，主要在于他们与秦始皇所作帝国体系之间的关系，而是否回归传统的中央和地方权力关系又是矛盾的焦点。

反叛初起，项羽及其季父项梁扶植前帝国诸侯之后裔

（接上页）司马迁笔下的始皇帝将秦国野蛮、僭越的习气发挥得淋漓尽致，在此意义上他确实代表了秦国历史的顶点。然而，始皇帝的历史意义更体现为他以一“作者”之身，超越了正统王朝循环。他绝非一位“典型的、穷凶极恶的王朝末君”，而是一位僭越、疏离于历史循环以外的“作者”。这意味着司马迁绝不仅仅持王朝循环史观。例如，对本章所关注的问题而言，司马迁意在探讨如何将一套新的帝国体制引入朝代之兴衰循环？这点尤为重要，因为在《孟子》这类文本的定义下，王朝成功与否的判断标准在于它在多大程度上效法了古代。只要这一对“王朝”的定义成立，那么所谓“王朝循环”就无法囊括我所强调的“创新”概念。

〔44〕在讨论司马迁对两位人物的塑造时，笔者关注的是，司马迁如何描述二者成败的缘由？《史记》对二人不同性格的分析，见张大可：《史记研究》，第 312 页。对《史记》中项羽个性的专门讨论，见聂石樵：《司马迁论稿》，第 189—197 页。

以谋求支持，声称自己之所作所为纯粹是为了楚怀王孙奔走效命。[45]因此，这场反叛最初被说成传统地方统治者（其中有一部分人声称，自己的先祖最初为周所封）对始皇帝制的反抗。是故，他们明确主张：秦始皇宣称自己建立的新王朝毫无正当性可言，而项羽引领诸侯之正嗣，与秦之僭政分立抗衡。

反叛成功之后，项羽口风一变，不再支持先秦诸侯后裔，弑杀楚王。[46]至此为止，他建立僭政的企图愈发昭然可见。随后，一些地方统治者开始意识到自己的权力被日渐侵凌，于是奋起反抗。汉王刘邦，就是这一群新乱贼中的重要角色。[47]

在司马迁的塑造下，刘邦之所以终能战胜项羽，在于他能更有效地利用各诸侯王，更受其支持。据说，刘邦决意进击，乃是因为臣下张良、陈平指出“诸侯皆附”。[48]此役之切要关头，在于刘邦许诺将土地分予韩信、彭越，说服他们并力击楚之时。[49]故在司马迁笔下，刘邦对项羽的胜利，乃是地方势力拥护者对企图篡夺他们权力的僭主的胜利。

此后司马迁描绘了项羽临终前的一幕，为《项羽本纪》

---

〔45〕《史记·项羽本纪》，卷七，第 300 页。

〔46〕 同上书，第 320 页。

〔47〕 同上书，第 321 页。

〔48〕 同上书，第 331 页。

〔49〕 同上书，第 331—332 页。

收尾。项羽知其败局已定，咏歌垓下： 193

> 力拔山兮，气盖世。时不利兮……[50]

项羽以为，他单凭一己之力便足以称霸于世；之所以沦落到四面楚歌的境地，乃是因为时机不利。

司马迁又引项羽的临终独白：

> 吾起兵至今八岁矣，身七十余战，所当者破，所击者服，未尝败北，遂霸有天下。然今卒困于此，此天之亡我，非战之罪也。[51]

项羽又一次强调自身之伟大，并将最终失败的原因归咎于此刻外在天意的专断力量。

“太史公曰”从道义出发评定项羽时，先肯定了他所言属实，项羽确然战无不胜。司马迁也确实以为，纵使项羽之功业并非冠绝往圣，亦可与往圣媲美：

> 太史公曰：“吾闻之周生曰‘舜目盖重瞳子’，又闻项羽亦重瞳子。羽岂其苗裔邪？何兴之暴也！夫秦失其政，陈涉首难，豪杰蜂起，相与并争，不可胜数。

---

〔50〕《史记·项羽本纪》，卷七，第 333 页。
〔51〕同上书，第 334 页。

> 然羽非有尺寸，乘执（势）起陇亩之中，三年，遂将五诸侯灭秦，分裂天下，而封王侯，政由羽出，号为‘霸王’，位虽不终，近古以来未尝有也。”[52]

此皆盛赞之辞。司马迁将项羽与大圣虞舜本人作比，说他
194 极有可能是其后裔。此说的意义在下面几行表达得更加清楚——之所以褒扬项羽，乃是因为他推翻了秦帝国，重建分封旧制：他很可能是某位往圣之嫡系，因而他的反叛代表了一种摧毁秦始皇之创作、重回古道的尝试。

至此，司马迁因为项羽与过往之联系而盛赞之：他既能复返往圣之道，又可能是舜的后裔。甚至在表明项羽之崛起极为迅猛，为往圣所不及时，也绝无将创新归咎于项羽之意。司马迁在此仅仅是为了强调这位豪杰的伟大，说项羽真乃人杰，登上高位的速度甚至胜过往圣。

然而，司马迁又说项羽命该如此。之所以功败垂成，关键也在于他终究拒斥了古道。秦灭以后，项羽自毁长城，推翻自己重建的传统分封关系。而在司马迁看来，这种分封关系定义了何谓往圣之治：“及羽背关怀楚，放逐义帝而自立，怨王侯叛己，难矣。”[53]项羽并不满足于传统分封关系的束缚，于是离开关中，返归故土，犯下了弑君之罪。王侯背叛之时，项羽败征已见。

---

〔52〕《史记·项羽本纪》，卷七，第 338—339 页。

〔53〕 同上书，第 339 页。

此后司马迁笔锋一转，解释项羽性格中的哪些因素致使其归于失败：

> 自矜功伐，奋其私**智**而不**师古**，谓霸王之业，欲以力征经营天下，五年卒亡其国。[54]

司马迁所勾勒的项羽颇具智识。此外，恰如淳于越责难秦始皇
时所言，司马迁挑出了项羽“不师古”这一品质。当我们回顾
第三章的讨论时，此说的重要性才能显现：在公元前 3 至公元
前 2 世纪的论辩中，“智”这个词始终疑义重重——这一概 195
念与“创作”有关，被置于循古、守旧这类概念的对立面。

司马迁暗示，在秦分崩离析的局面下，若要开辟一个新的王朝，唯有为秦帝国企图销毁的那些过往招魂，建立自身与过去之间的联系。尽管项羽在一开始正是希望恢复分封旧制，但在后来企图清除地方统治者，创制僭政，终与始皇并无二致。因此，司马迁说他落得如此下场，在很大程度上乃是咎有应得：“乃引‘天亡我，非用兵之罪也’，岂不谬哉！”[55]与始皇帝相类，项羽背弃了往圣之道德、容止，因而无法开创新朝。[56]

---

〔54〕《史记·项羽本纪》，卷七，第 339 页。

〔55〕同上。

〔56〕季镇淮批判司马迁从道德上对刘邦败北、项羽成功的解读，认为他将之归因于“天命”，见氏著《司马迁》，第 110 页。然而，笔者希望接下来的讨论可以明确一点：司马迁对历史的解读，远比季氏之概括所暗示的情况更为复杂。

刘 邦

《高祖本纪》下接《项羽本纪》，二者往往需要对读。《高祖本纪》数次强调刘邦与项羽不同，授土于其追随者以赢得支持，还尊重地方统治者，无心僭政。[57]

《高祖本纪》中的一幕叙述了刘邦同列侯诸将的对话，论所以得天下之由。高起、王陵对曰：不同于项羽，刘邦无意大权独揽，愿“与天下同利”，回馈战争中帮助过自己的人。[58]他之所以能够获胜，与黄帝所为如出一辙：既不篡取地方统治者的权力，又能统领大局。

此外，司马迁所述刘邦受帝号一事也同样表现了对地方统治者的尊重。据说，大败项羽之后，诸侯、将相相与共请刘邦受帝号。刘邦婉拒之后，群臣进言：“有功者辄裂地而封为王侯。大王不尊号，皆疑不信。”[59]故终受皇帝号，云：“诸君必以为便，便国家。”[60]

因此，在司马迁笔下，刘邦至少在某种程度上恢复了
196 王者与诸侯间的传统关系。如同黄帝一样，刘邦站在地方诸侯势力一边，反对那些在当时如始皇、项羽一般企图侵凌诸侯之人。且又与黄帝相关，他接受帝号乃是奉地方统治者之命。诚然，在司马迁笔下，地方统治者皆谓唯有刘邦受帝

〔57〕我们此前已讨论过刘邦的许多政策，故而在此仅检视司马迁如何描述刘、项之不同。

〔58〕《史记·高祖本纪》，卷八，第381页。

〔59〕同上书，第379页。

〔60〕同上。

位，才允许他们保存自己的势力。

刘邦与始皇、项羽之别显而易见。始皇之掌权以牺牲王侯利益为代价，又借摒弃分封来界定何谓帝国，而项羽僭政之成立，乃是基于他对地方权力的侵凌企图。相反，在相当程度上，刘邦回归了传统的中央和地方权力关系，司马迁说正是因为他的这种回归，最终统治才得以成功。[61]

然而，这种“回归”的本质耐人寻味。尽管刘邦说自己遵循传统的封建关系，但他也接受了秦始皇传下来的“皇帝”称号。此外，他仅分封了帝国面积的三分之二，其余则一仍秦帝国之制，划为郡县。

司马迁细细探寻封建与帝制之间的潜在张力。他一方面批评了秦始皇和项羽，借此表明唯有师古之人才能实现国祚日久。不仅如此，他将高祖的成功归因于对分封旧制的回归（尽管并非全面回归）。[62] 另一方面，司马迁在《高

---

〔61〕 笔者仍然围绕司马迁笔下的帝国兴起问题进行讨论，重点关注刘邦在这段历史中的意义。至于司马迁对刘邦个性的描绘，见聂石樵：《司马迁论稿》，第 93—95，197—205 页。聂氏特别指出，司马迁于涉及刘邦性格之处多隐隐流露讥刺之意。

〔62〕 上章注〔42〕说“高祖”乃是刘邦之谥，《高祖本纪》则是在刘邦受帝号后改称“高祖”。为了便于引用，我在此也这样处理。

乍一看上去，司马迁对项羽和刘邦的处理似令人诧异。在近来的研究里，学者往往以为项羽反对帝国，试图建立一个由自己称霸的诸国联盟。这些举动可能让人觉得，项羽在试图回归前帝国体制的统治（譬如，参 Loewe，“The Former Han Dynasty，” p. 116）。相反，刘邦采用帝号，依据秦郡县制管理部分领土。有鉴于此，效法过去之人似是项羽，而非刘邦。

虽然如此解读可能有一定的历史基础，但有必要指出，（转下页）

祖本纪》的剩余部分着力指出：封建使高祖将过多的权力授予他人，导致自己刚建立的帝国危机四伏。如果说分封乃是其制胜法宝，从另一个角度来看，它也埋下了祸根。

司马迁在余下的部分中展开了这一想法，花了相当的篇幅细致地勾勒出诸侯王接二连三的叛乱。为此，高祖置同姓子弟以取代叛乱的异姓诸侯王——换言之，他以为同姓亲属的忠诚度更高。[63]然而，恰如分封之于周代一般，此举不过是一权宜之计：世代更迭，王室一系和诸侯王后代之间不可避免地相互疏远，旧疾复发，诸侯王会再度叛乱。

所以，虽然司马迁以为，高祖之所以成功，部分是因为他有意回避了秦中央集权的严苛一面，但他的叙述也表
197 明，这种“回避”同样致使其帝国岌岌可危。如果说项羽最终失败，是因为他拒绝将任何实权授予地方统治者，那么高祖则陷入了另一泥沼之中。他赢得了地方统治者拥戴，是故得以承受其意而建立新朝，却无法长辔运驭，致使帝国陷入危机。淮南王黥布反，高祖本人就是在平叛中负伤身亡。[64]

因此，在司马迁的叙述中，帝国的崛起似乎隐含着某种无解的张力。一方面，他以黄帝之治作比，强调国家的基

（接上页）司马迁的结论恰恰相反。从道德的角度解读，司马迁主张项羽的问题在于并未全然效法过去。或者更确切地说，他一开始效法过去，但最终背弃之。与此相反，借由回归分封，刘邦实在相当程度上遵循了古代。

〔63〕《史记·高祖本纪》，卷八，第382—391页。

〔64〕同上书，第391页。在司马迁笔下，汉朝在分封实践中遇到一些问题。聂石樵对此有所讨论，见《司马迁论稿》，第112—117页。

本统治形式必须将分封纳入其中，也明言唯有效法这样一种国家，王朝才能成功维系。此即始皇、项羽一败涂地，而高祖建功立业之由。另一方面，自战国以降，时势更迭，封国已经不足以维持秩序，任何背离分封之制的国家形式都注定失败，但仅一厢情愿地死守分封，同样不可能维持秩序。后来几位汉代皇帝在统治期间都试图解决这一问题——这构成了司马迁研究的主题之一。他特别热衷于叙述秦制如何最终在汉代复兴。

晁　错

在此后几朝中，分封制的隐患愈演愈烈，最终迫使景、武二帝再度施行中央集权。从司马迁对彼时一些朝臣的议论可见他对这一趋势的看法。其中对一位历任文、景二朝的臣子——晁错的描写最为重要，最能看出他如何看待中央集权。

《晁错列传》开篇即云此人“陗直刻深”，习申、商之说。[65]晁错从政之初，不止十次上奏文帝，建议他削弱诸侯势力，更定法律。而文帝不听。[66]

景帝即位以后，晁错仍以诸侯为患，再谏削地，更收其枝郡[67]，为景帝所从。不出所料，诸侯一片哗然，抨击晁错变更制度。此后，吴王联合另外六国反叛，要求处死晁 198

〔65〕《史记·袁盎晁错列传》，卷一〇一，第 2745 页。

〔66〕同上书，第 2746 页。

〔67〕同上书，第 2747 页。《史记》数次强调晁错极为喜好更定法律，如卷九六《张丞相列传》，第 2684 页。

错。袁盎和窦婴二臣与晁错素来不和，亦力劝皇帝杀之。[68]景帝下令腰斩，以息诸侯之怒。[69]

晁错死后，景帝命邓公攻打吴楚。邓公返还之时批评皇帝：晁错担忧诸侯强大而不可制，故请削其地，此举纯粹是为了挽救帝国于危难。景帝默然悔过。[70]景帝及其继任者武帝此后之所作所为，都继续贯彻了晁错政策的主导精神：以牺牲地方势力为代价，大幅增强朝廷权力。

景帝借诛杀晁错坚守了分封传统，避免了重新施用秦政。可司马迁极力强调景帝所谓"悔恨"意在申说晁错的政策实不可或缺，晁错准确地估量了中央与地方势力之问题所在，想法虽然严苛，却必不可少。

《史记》另有几处表明司马迁相当赞同晁错。如《吴王濞列传》说刘濞叛变之时，司马迁重申晁错削藩之主张不误。该篇中的相关段落首先描述了晁错与文帝的关系，又谓文帝没有听从晁错的建议：

> 晁错为太子家令，得幸太子，数从容言吴过可削。数上书说孝文帝，文帝宽，不忍罚，以此吴日益横。[71]

司马迁在此表明，正因文帝拒绝听从晁错的建议，没有惩治

---

〔68〕《史记·袁盎晁错列传》，卷一〇一，第2746，2747页。

〔69〕同上书，第2747页。

〔70〕同上书，第2747—2748页。

〔71〕《史记·吴王濞列传》，卷一〇六，第2824页。

吴王，使吴王权力膨胀至此。文帝的无所作为，只能是雪上加霜。

及至景帝继位，司马迁言晁错向上进言曰： 199

> “昔高帝初定天下，昆弟少，诸子弱，大封同姓……今吴王……乃益骄溢，即山铸钱，煮海水为盐〔72〕，诱天下亡人，谋作乱。今削之亦反，不削之亦反。削之，其反亟，祸小；不削，反迟，祸大。”〔73〕

晁错完全清楚削藩之举会引燃叛乱。尽管如此，听之任之的后果将不堪设想，与其养虎遗患，不如抢占先机，晁错以为如此至少不至于大乱或使情势脱离掌控。

《吴王濞列传》中的叙事部分与晁错本传旨意相类，表明晁错充分估计了形势，判断不误。责任主要在文帝，是他不能听从晁错之谏。在司马迁笔下，即便晁错之举会引燃叛乱，但这仅是削藩政策无法避免的后果。

这些讨论强调晁错有先见之明，却因统治者缺乏判断力而无法将政策付诸实践。文帝没有听取他的建议，而景帝则丧失了坚持其政策的决心，反倒将之处死。不过，虽然司马迁在叙述部分美化晁错，却在为之盖棺论定时笔锋一转，

---

〔72〕铸币、盐业皆为朝廷特权。如我们在第三章指出的，在《管子·地数》对创作兵器的叙述中，原本留给黄帝统一国家的资源，被蚩尤挪为己用。《地数》有一种对中央集权国家的强烈关切，很可能也作于汉初。

〔73〕《史记·吴王濞列传》，卷一〇六，第2824—2825页。

正颜厉色地指出他并非含冤而死，而是“变古乱常，不死则亡”。

又如晁错本传“太史公曰”开头便说：“多所变更。诸
200 侯发难。”[74]当即将之与同样支持变革的秦皇、项羽相提并论。他拒绝遵从旧制，侵凌诸侯的传统利益，致使他们起兵叛变。

在“太史公曰”的结尾部分，司马迁像平常一样引用古语，重新回到“师古”这一主题，说遵从过去必不可少：“语曰：‘变古乱常，不死则亡’，岂错等谓邪！”[75]晁错的主要问题在于企图更革旧故，扰乱恒常，为此自取灭亡。

司马迁在《吴王濞列传》“太史公曰”中亦谈及创新的危险：“‘毋为权首，反受其咎’，岂盎、错邪？”[76]正如这句俗语预示，晁错与景帝的另一位臣子袁盎皆为始作俑者，两人同遭横祸。司马迁又一次借用道德框架去解读个体的最终命运：背离古道之人终受其败。创作本身就意味着不幸，是故始创之人必将覆灭。与秦皇、项羽相似，晁错并没有效法过去，故此三人命当如此，罪有应得。

司马迁在此犹疑不定。一方面，叙述人物之时，司马迁对他们颇具同情之意；另一方面，盖棺论定之时，他又站在遵循古制的原则上，词严义正。如果说太史公前面的叙事部分认为晁错以削弱诸侯为代价、加强中央集权的努力必不可少，那么在结论“太史公曰”部分，他又将此举视为道德

[74]《史记·袁盎晁错列传》，卷一〇一，第2748页。
[75] 同上。
[76]《史记·吴王濞列传》，卷一〇六，第2836页。

败坏、注定失败的典型。

我们注意到司马迁在《孝景本纪》“太史公曰”中的说法，更加凸显了这种犹疑不定：

> 太史公曰：“汉兴，孝文施大德，天下怀安。至
> 孝景，不复忧异姓，而晁错刻削诸侯，遂使七国俱起， 201
> 合纵而西乡。”[77]

我们还记得，司马迁在《吴王濞列传》中指责文帝，说他不应拒绝晁错之谏，致使吴国势力膨胀，威胁中央。此处则恰恰相反，重点不在于批评文帝没能采纳晁错的建议，反倒强调文帝之伟大：他并未施行中央集权之制，而是以德治国，使天下泰安。于是在司马迁笔下，诸侯叛乱乃是由于晁错之失，他还专门批评了晁错政策之严苛。此处的道理在于，唯有以德治国才能走向“天下怀安”，而施行中央集权政策则导致灭亡。因此，晁错仅仅被当成一部反面教材，代表着国家理应拒斥的行为方式。

问题至此凸显：司马迁到底怎么看待晁错？他是否是认清时势需要，值得称道却含冤而死的诤臣？抑或陗直刻深，拒绝遵从传统实践，咎有应得？

在笔者看来，两种说法都得司马迁之一旨：晁错的确支持严刑峻法，拥护中央集权，背弃传统，应受一死；但他

---

〔77〕《史记·孝景本纪》，卷一一，第 449 页。

也是汉制之创始者，最终使汉帝国逃过一劫。司马迁对晁错模棱两可的描述与他早先对秦始皇的处理如出一辙。此二人都未能师古，故死有应得，但从历史的角度来说，由秦始皇所开创、晁错试图重新引入汉朝的制度都是时势之所需：正如秦始皇创作出首个统一帝国，为战国时代画上了句号，晁错也为汉朝开创了一套最终能够摧毁地方势力的制度，由此给一个疲软无力、岌岌可危的帝国带来了稳定。[78]

所以，司马迁并不认为晁错应该继续扮演他的角色，也不认为秦始皇的帝国理应长存。他反倒认为即便晁错、始皇的所为陗直刻深而应受到道德谴责，他们的所作所为也是必需的。

至此，司马迁对历史的看法开始逐渐清晰。尽管不情愿，但他也遵从《商君书》一类文本的见解，承认时势更
202 迭；而秩序在战国时代已经全盘崩溃，纵然无可奈何，引进帝制已是必需。在时势考量之外，司马迁也透过道德的框架透视历史：遵从往圣之人繁荣昌盛，否则必将灭亡。由此，司马迁揭示出一个复杂的悖论——在他的处理下，依循传统而施行分封有其危险，但任何偏离这一轨道的举动会注定失败。他为何要展现这样一种张力？又是如何解决这一悖论的？在他对武帝的描写中，这两个问题逐渐得

〔78〕聂石樵说，司马迁从“德治”出发，反对“法治”，故贬斥晁错这类人物。虽然司马迁的确在大体上贬抑帝制，但我们必须留意，在“太史公曰”以外的叙事部分，司马迁表达了晁错这类人物的所作所为在历史上有其必要性。

到了清楚的解答。

武　帝

终于，武帝剥夺了诸侯王的大部分权力，重新启用一套法律体系和复杂的郡县制度，让人联想到秦帝国。换言之，武帝成功将由始皇所作、晁错率先引入汉代的帝国体系付诸实践。司马迁对武帝这一貌似“成功”的贯彻实践持何种看法？学界已有大量探讨。主流的学术观点认为，他对武帝政策持反对意见。〔79〕

达成这一学术共识的原因不难寻觅。司马迁显然不能直接抨击武帝，但对他委婉的讥刺遍布《史记》，往往仅略加掩饰。譬如，卷三十《平准书》讨论汉代经济政策，司马迁先略言汉初诸帝的政策，又详述了武帝之制，专门点到他企图发动侵略战争、建立国家垄断的行为。在篇末“太史公曰”中，司马迁用了很长的篇幅抨击秦始皇，说他施行的类似政策竭尽了天下资财。〔80〕如许多评论家指出〔81〕，这一谴责

〔79〕如参季镇淮：《司马迁》，第 94—95 页；Watson, *Ssu-ma Ch'ien*, pp. 33-36；苏诚鉴：《史记是对汉武帝的批判书》，第 75—100 页。张大可也谈到了这点，虽然他也认为，司马迁大体上赞同汉武帝对中央集权统治的巩固，参《史记研究》，第 396—400 页。下文会讨论张氏这一观点。

〔80〕《史记・平准书》，卷三〇，第 1442—1443 页。

〔81〕譬如在华兹生（Burton Watson）对《封禅书》的翻译注释中，说此“太史公曰”抨击秦政，几乎是在毫不掩饰地影射武帝政策，见 *Records of the Great Historian*, vol.2, p. 106。苏诚鉴（《史记是对汉武帝的批判书》，第 90 页）与张大可（《史记研究》，第 28 页）均持此观点。

显然是在针对武帝。

司马迁借始皇影射武帝，这一批评手法耐人寻味。之所以如此，或许唯一的理由乃是它甚为有效。但司马迁还在其他地方故技重施，将二者作比，这使我们怀疑他不仅意在指责武帝之失德，他给出的批评或许更为复杂。

《封禅书》致力于记述封、禅二祭的历史，在本书第四
203 章已有讨论，其间司马迁亦将武帝与秦始皇作比。纵观整个叙事，司马迁用浓墨重彩渲染了武帝的负面形象，使之声名狼藉。诚然，《封禅书》用大量篇幅讲述了武帝如何被纷至沓来的方士迷得晕头转向，也明言这群方士就是一帮江湖骗子。因此，我们或许一开始会认同司马迁对武帝求神问卜、鬼迷心窍的讥刺，也仍然可能会认为他将秦皇、汉武作比，乃是因为想强调武帝之失德。为了衡量这种解读是否成立，笔者将以《封禅书》的叙事作为一个整体，加以讨论。

司马迁在一开始便说明了封、禅二祭的目的："每世之隆，则封禅答焉，及衰而息。厥旷远者千有余载，近者数百载。"[82] 封、禅标志着对一个时代的巩固（consolidation）。此说的重要性在于，它隐含着对秦始皇和汉武帝的批评：二人行封禅，不仅仅意在巩固其时代，也企图借以长生不朽。

在此背景下，司马迁接着叙述秦始皇封禅未遂之事，重点描写了始皇与儒者冲突的一幕。始皇召集了七十名儒生至泰山，讨论祭祀应如何施行，然而众说纷纭，难以施

〔82〕《史记·封禅书》，卷二八，第 1355 页。

用，故始皇罢黜群儒，自行封禅之礼。[83]又在登泰山、行封礼的途中遭遇狂风暴雨，在儒生中落下了口实。[84]

在《封禅书》的后半部分，司马迁继续讲述了始皇如何千方百计地求取长生不老。[85]秦灭亡后，太史公总结说："始皇封禅之后十二岁，秦亡。"[86]考虑到封禅象征王者对一个时代的巩固，秦施行封禅后的迅速垮台更加凸显了始皇帝的失败。

太史公又说：

> 诸儒生疾秦焚《诗》《书》，诛僇文学，百姓怨其 204
> 法，天下畔之，皆讹曰："始皇上泰山，为暴风雨所
> 击，不得封禅。"此岂所谓无其德而用事者邪？[87]

所以，始皇帝误行了封禅。他既没有巩固一个时代，德行亦不足以封禅。司马迁将他行祭的企图与长生不老的希求并而观之，二者注定劳而无功。

司马迁转向叙述武帝时，先用很长的篇幅叙述他如何落入一个又一个方士的圈套。叙事大体遵循同一模式：武帝视某位被引荐的方士为神，对他的提议唯命是从，直到证据

---

〔83〕《史记·封禅书》，卷二八，第1366—1367页。
〔84〕同上书，第1367页。
〔85〕同上书，第1368—1370页。
〔86〕同上书，第1371页。
〔87〕同上。

表明此人不过又是一江湖骗子，终为武帝处决。因而司马迁暗示，武帝与秦始皇一样鬼迷心窍。

叙述武帝治下的封禅时，司马迁也强调了秦皇汉武的共通之处：武帝也召集儒生议定封禅之礼，诸说仍然乖异而无法施用，于是尽罢儒生。[88]然而，二者有一处主要区别，据载武帝成功施行了封禅："封禅祠。其夜若有光，昼有白云起封中。"[89]

正如《封禅书》开篇指出的，封禅成功意味着上天认可了此一朝代。故礼毕彗星显现之时，司马迁便引了一句皇帝臣属的说法："陛下建汉家封禅，天其报德星云。"[90]

尽管如此，汉武帝同样以为封禅与长生有关。在这个意义上，司马迁明确表示祭祀并不成功：

205 > 天子既已封泰山，无风雨灾，而方士更言蓬莱[91]诸神若将可得，于是上欣然庶几遇之，乃复东至海上望，冀遇蓬莱焉。奉车子侯暴病，一日死。上乃遂去。[92]

子侯曾陪伴武帝上泰山行封礼。死得很不吉利，是某种败

---

〔88〕《史记·封禅书》，卷二八，第 1397，1398 页。

〔89〕 同上书，第 1398 页。

〔90〕 同上书，第 1399 页。

〔91〕 蓬莱乃是永生不朽之地。

〔92〕《史记·封禅书》，卷二八，第 1398 页。

征。此外，皇帝未能沟通蓬莱诸神，也表示他利用方术获取长生的努力化为了乌有。

此后，司马迁为《封禅书》的叙事部分作结，说武帝为汉家制定了封禅及其余诸礼[93]，但也公开批评了武帝之迷信：

> 而方士之候祠神人，入海求蓬莱，终无有验……天子益怠厌方士之怪迂语矣，然羁縻不绝，冀遇其真。自此之后，方士言神祠者弥众，然其效可睹矣。[94]

既已从整体上讨论了《封禅书》，笔者如今回到本节一开始提出的问题。虽然司马迁明确将武帝与始皇相提并论，批评他们为方士及其怪力乱神的方术所惑，但他使用的框架表明，其批评或许另有旨意。

此处尤为有趣的是，司马迁在《封禅书》开篇强调，封禅的目的绝非求取长生，而是去巩固一个时代。就此而言，他既谓始皇、武帝为求取长生而行的封禅之举，失其本旨，又表明他们企图在这上面做出的努力惨遭失败。但与此同时，他也强调武帝确实顺利完成了封禅，借此确立了汉家祭祀。

司马迁在此似乎是想说，与秦始皇不同，不管怎么说， 206
武帝确实借由封禅巩固了一个时代。[95]而在《平准书》和

---

〔93〕《史记·封禅书》，卷二八，第1403页。

〔94〕 同上书，第1403—1404页。

〔95〕《史记》另有几处指出武帝成功巩固了中央集权统治。如（转下页）

《封禅书》中隐隐将始皇与武帝政策作比的意义正在于此。笔者怀疑，他之所以呈现二者的相近之处，是为了表明武帝最终成功消灭了地方统治者，发展了中央集权。换言之，武帝建成了秦始皇未能筑就的帝国政府。所以，二者是互相成就的：武帝成功完成了由始皇引入却未能巩固的帝国。

为了强调这一点的重要性，在此先回顾本章早先讨论的问题。在描绘始皇与晁错时，司马迁始终将帝制之引入描绘为一种僭越的创作，而只要这一创作不去遵循过往，它便注定失败。但他也以为，为了避免秩序彻底崩溃，帝国制度乃是一种必需。所以，在他笔下，武帝之前的帝国历史包含着一种看似无解的张力：帝国制度既不可或缺，但背离了往圣之实践，注定会失败。

司马迁在叙事上将秦皇、汉武作比，乃是为了标识一种历史的方法，以此方法解决这种张力。司马迁暗示，武帝将秦始皇僭越的创作成功纳为己用。是故，这一困境只能在历史中解决，也关系到战国和汉代前期极为流行的二元模型：一位罪恶失德之人出于僭越的创作被一位圣人成功地纳为己用。不过，《史记》之所以如此引人入胜，对武帝之影射如此一针见血，在于它反转了二元模型的叙事重心，故使其批评极为有力。

（接上页）《孝武本纪》虽有录无书，其序云："汉兴五世，隆在建元，外攘夷狄，内修法度，封禅，改正朔，易服色。"参《史记·太史公自序》，卷一三〇，第3303页。张大可也指出，司马迁认为武帝巩固了中央集权统治，见《史记研究》，第394页。

二元模型之关键在于撇清圣人与有问题的创作之间的关系：这类统治面向都由一位僭越失德的外人引入，而道德完备的圣人仅将这类创作纳入正轨。司马迁运用了同样的手法讨论帝国之兴起和巩固：这一过程中的每个阶段皆由主要 207
使用暴力的恶人或国家发起，而武帝则成全、巩固了这一过程。然而，司马迁扭转了叙事的重心。二元模型以为最终呈现的秩序全然合乎道义，毫无僭越之嫌，司马迁则不然，借此模型说明最终秩序奠基于也全然仰赖于恶人、蛮人之造作。因此，武帝虽表面上进行封禅，实际却在根除诸侯势力，借此二者所巩固的汉代，全然奠基在始皇帝的创作之上。司马迁以为，武帝或许会以有德之圣贤自许，但没有秦始皇之创作，就不可能有汉帝国之兴起。非但如此，正是始皇帝创制的政治结构奠定了汉帝国的基础。

因此，从某种程度上说，始皇与武帝间的关系近似于早先国家起源叙事中蚩尤与黄帝的关系。但司马迁在叙事中将二人并举，并不是用来强调将僭越纳为己用的武帝之至圣，而是为了彰显其统治基础之失德。

由此观之，在司马迁的刻画中，武帝并没有像圣人黄帝那样把武力和道德结合起来，也就不能以此二者为中心去巩固一个朝代；相反，武帝之治虽然在历史上获得了成功，却奠基于秦的高压体系之上。在司马迁笔下，武帝并未将秦始皇这位不合道义的“外人”之创作成功纳为己用，转而强调他全然依赖那些创作。若回到第三章所讨论的叙事的语境，这就像是在说：蚩尤作乱之后，黄帝并未重新将国家与自然世界相连，而完全倚赖于乱贼蚩尤之造作；他绝非圣贤，而是一位专制、多少有些荒谬的统治者。

我们已然得见，司马迁是如何根据创新和法古的冲突建构他大部分关于帝国兴起的叙事。这一冲突最为具体地彰显在分封与帝国中央集权的对峙之中。司马迁先借《五帝本纪》，为阐明这些问题立下判断之标准，开篇说先圣黄帝自己并不创作，甚至也不去巩固他人之创作，却建立了一个典范国家。司马迁以黄帝之治为国家之基本形态，据此评判之后将帝国形态引入中国的始皇、项羽、刘邦等人。

208 接下来的研究继续围绕着“创作”问题，司马迁对此的处理手段比较复杂，他让《史记》的叙事部分与道德评价左右互搏。单从道德评价的角度看，《史记》与那些同样强调“师古”的论调并无二致，譬如，《秦始皇本纪》不时插入臣下、博士们的一系列批评，意谓只要秦帝国一意孤行地将自身奠基于创新，便难以规避灭亡的命运。后来秦朝灭亡之时，司马迁以为那些批评有先见之明。与之相类，“太史公曰”几乎始终奠基在一套道德修辞（rhetoric）之上，意在强调效法先圣之必要。根据这套修辞，一个国家在历史上能否长久，取决于它在多大程度上遵循过往，而创新之人则必遭衰败。然而，在这样一种框架下，帝国的问题变得高度重要：如果道德只存在于往圣的时代，那么根据这一定义，在司马迁撰作《史记》前一个多世纪被引入中国的帝国形态，便不合乎道义。

可问题在于，司马迁也无心复归往圣之道。相反，他似乎承认了《商君书》一类文献中所见的观点：时势更迭，为了维护秩序，中央集权制度变得不可或缺。相应地，在处理那些引入帝国统治的弄潮儿时，司马迁从一种历史的视角出发，对之抱有一种理解之同情，纵使他们的所作所为有损于德行，咎由自取，却不可或缺——他们先终结了战国的暴乱，后又拯救汉朝统治于危难。始皇、晁错尤其能正确意识到时代的需求，必须与往昔之道一刀两断。

叙事中的同情与道德上的批评互相交织，成就了某种耐人寻味的矛盾：创作不可或缺，却命定毁灭。司马迁以为，借由武帝的统治，这一张力通过历史得到了缓解；而叙述这一解决方式的时候，司马迁转向了见于诸种国家起源叙事的二元模型。他认为由始皇所作，又由晁错重新引入汉代的制度虽然是时势之所需，却不合道义，而武帝则巩固了这一制度。他并未将武帝描绘为某位道德完备的、将创作引入恰当秩序之中的圣人，而是说如今显现出来的秩序全然仰赖恶人的创作。

是故，《五帝本纪》以黄帝的分封之治结尾，而《封禅 209
书》以一个被巩固了的帝国作结，结果迥然不同。相较于绝大多数有关创制国家的叙事，在司马迁所讲述的历史中，结局看上去远不及开端美好。如果说黄帝统治着一个合乎道义的国家，并不以篡取地方权力为代价去捍卫自身，那么武帝便统治着一个帝国，将大部分精力投注于征伐战争，并将中央集权推向极端。然而司马迁的叙事明确指出，历史已经走到了这一步，我们再也无法回归黄帝之治了。[96]

---

〔96〕另有一些对于司马迁帝国观的分析。不少学者大体遵照司马迁对始皇、武帝的负面刻画，认为他极为排斥帝国中央集权。譬如，华兹生甚至将他描述为一位渴望回到过去的保守主义者，说他并不认为武帝政策对维系秩序有什么必要（*Ssu-ma Ch'ien*，p. 36）。季镇淮持论相似（《司马迁》，第111页）。然而，这类说法并没有考虑到司马迁虽未必心甘情愿，但《史记》多处强调了帝国制度之不可或缺。

另一些学者留意到了这些因素，企图解释司马迁叙述中这种看似矛盾的态度。面对这一问题，张大可、聂石樵的研究最为有趣。

上文一条注释有言，张大可意识到司马迁虽然抨击始皇，却仍以为他在历史上扮演了重要角色（《史记研究》，第362—363页）。又在另一处指出，司马迁对武帝也持如此态度：他不时批评武帝，有时又对他极为敬仰。为了解释这种明显的矛盾，张氏以为，司马迁评价时采取的原则不同。一方面，异于季镇淮、华兹生，张氏相信司马迁确然拥护中央集权，在历史、帝国问题上根本持有一种进步史观（第395—396页）。是故某些篇章之中，太史公赞扬了秦皇、汉武在制定中央集权统治上的贡献（第362—363，395—396页）。另一方面，他又极为反对苛政暴虐、压榨百姓，为此批评两位皇帝之严酷无情（第362—363，396—400页）。因此，张氏试图辨析司马迁所使用的不同评价准则，以此解释他叙述中貌似矛盾之处。

虽然着重点不同，聂石樵的看法多少与此相关（《司马迁论稿》，第54—55页）。他同样顺着类似的思路，以为司马迁讴歌大一统，故他在一定程度上赞许秦皇、汉武，贬斥叛乱诸侯。虽则如此，聂氏以为，司马迁对以刑罚达至一统的手段深恶痛绝，因此，《史记》意在揭露武帝凭借“内法外儒”获取的虚伪一统（第58页）。同样，如本章注〔78〕所言，聂氏以为司马迁对晁错的政策极不以为然（第56页）。

是故在二位学者的解读下，司马迁持论明显相悖之由，乃是因为他心里有一基本划分：支持一统，反对法治。笔者反而以为，这一似是而非的矛盾之所以会出现，并非因评判标准有异，而是由于他对历史，尤其是对将帝制引入中国的方式有自己的看法。在笔者看来，司马迁面对的问题恰恰与二位学者所言相反：问题并不在于他将“一统”与“法制”判然二分，说前者值得赞赏，后者应予摒弃；毋宁说，他以为此二者辅车相依，难解难分。

故笔者对张说不敢苟同。司马迁并不会毫无保留地支持中（转下页）

引　申

司马迁对汉武帝统治时期逐渐成为主流的两种创作观均持批评态度。他并不认为圣人以“作者”之身编纂经典的过程仅仅凝练了文理。笔者认为司马迁反倒是在主张，任何撰作实际上都包含了主动造作，是故这一过程不仅仅是在使文理得以兴起。而在帝国问题上，武帝认为的帝国与传统及自然之文理相契合而得以巩固的想法，为司马迁所讥。笔者相信，在这两个问题上，司马迁是在表明：“作”这一行为不可避免地包含着断裂，这一断裂既让人无法否认，又让人无能为力。

司马迁的想法对反思此前几个世纪诸家对“创作”问题的论辩具有重要意义。正如“绪论”引吉德炜言：“至少如神话及历史所载，这个讲求道德行为的宇宙从未阻于矛盾……宇宙严格遵循因果逻辑，善人繁盛，恶人衰微。”〔97〕笔者在第三章指出，这一规律适用于战国时期许多有关国家起

（接上页）央集权；相反，在他眼中，中央集权虽是时势之必需，其许多面向却应受谴责。笔者也不同意聂石樵说，尽管司马迁多以为“法治”有损于道德，“太史公曰”体现此一倾向尤为明显，但也认为“法治”与“一统”问题密不可分。譬如，聂石樵说司马迁对晁错仅持批判态度，便没有考虑到《史记》叙事部分有几处以相对同情的态度处理晁错的法家政策。所以，说司马迁毅然决然地摒弃法治，只是略见一斑，没有留意他处理历史的复杂性。正因为这种复杂性，我们才会要么如季镇淮与华兹生一般，以为司马迁意欲回归传统；要么如张大可与聂石樵一般，以为他全然支持帝国之一统。

〔97〕 Keightley, “Early Civilization in China,” p. 20.

源的叙事，却并未考虑叙事背后那股根深蒂固的焦虑：纵然圣人所制定的秩序最终能够克服断裂和僭越，但断裂、僭越或许是国家起源这一命题中的应有之义。司马迁不仅意识到了这一点，还在叙述帝国之创作过程时细究了这个问题。他质问最终确立的秩序在多大程度上仰赖于早先之僭越，以此扭转战国二元叙事之重心，极为精彩地阐明了自己对帝国兴起过程的批评。

210 与此同时，司马迁似乎也不完全反对僭越：在多大程度上，帝国的引入需要像秦始皇、晁错这样的僭越者？司马迁以为，秦始皇、晁错这类人制造的裂痕，乃是帝国兴起过程时必然会产生的，所以司马迁将他们定性为道德败坏的僭越者，其品行不足以巩固由他们自己引入的帝国。若以目的论来表述，司马迁是在坚持：历史进程之展开必须使他们付出毁灭的代价。

而如果司马迁扭转了二元模型，借此强调任何创新之中都包含着某些时刻的断裂，又意味着什么呢？此举的耐人寻味之处在于，司马迁对其自身所属的文明提出了一种批评，而这一批评或许可以用来修正“绪论”中提到的许多学者的观点。司马迁意识到创作问题背后的张力，于是，他追溯了帝国兴起的过程，思考了这一过程背后的创作问题，以此探索了这股张力的最终走向。所以，他强调秦皇、汉武这类模棱两可的人物，实是为了探究自身所属的帝国文明，与其说司马迁所为乃是在否认这一文明的道德基础，不如说他是在追问，将道德文理置于历史运作之中意味着什么。

诚然，司马迁给出的叙事与吉德炜“中国叙事全然合乎道义”的判断相符。描述帝国兴起之时，他也用了这一框架：合乎道义、遵循往昔之人受赏；德行败坏、弃绝往昔之人受罚。从这一框架中我们可以预料，创作之人僭制越分，终致毁灭。但是，司马迁又强调进入帝制多少又需要这种僭越，以此阐明历史的发展可能会留下一道伤疤：一套新秩序的创作需要僭越，然而这种僭越又根本不容于我们企图创制的秩序。我们早先讨论的与圣人有关的叙事显然也持有这种理解，但司马迁在此扭转了故事的寓意：他没有宣扬恰当秩序的最终胜利，而是强调在何种程度上，这一秩序之达成建立在僭越之上。

因此，与早先描述国家起源的叙事相反，司马迁以为即便恶人之创作被他人纳为己用，也无法去除它本身的僭越烙印。换言之，他认为早先二元模型那种既允许创作，又得 211
以排除隐患的做法并不可行。诚然，司马迁是在说，虽然后世可以成功巩固、成全那些出于僭越的创作，但这一创作依然不改其僭越的本性。

因此，司马迁意在以道德的眼光审视帝国之引入，致使他所叙述的帝国兴起，化为了一场对创作悲剧性的沉思。如果说创作并不可取却必不可少，那么一个根本性的悖论就凸显了出来：历史的发展理应被框定在道德、自然的循环之内，然而创作挣脱了这一循环，却又不可或缺。司马迁意在表明，只要认为唯有圣人的时代才合乎道德，或者换一种自然主义的语言表述——只要认为唯有原本存于自然的事物才是合乎道义的，就必然要面对这一悖论。如此一来，我们便陷入了一个命定的矛盾：唯有回归过去，才有真正的道德；可一旦承认断裂不可避免，这种回归又流于虚妄。无论圣人如何凝练自然之文理，抑或皇帝如何宣称自己与传统相关，都不可避免地引入了断裂。因此，在司马迁的时代，他说帝国制度或许有损于道德，全然出于始皇帝僭越的创作，但若要回归过往的分封制度，抑或复返自然世界之文理，却是天方夜谭。司马迁似乎在暗示：主张帝国实与往昔相连、与自然世界相关，实是愚不可及。〔98〕

因此，司马迁并不像有些学者所说那般保守，他并不眷恋过去，无意回到断裂尚未出现、帝国尚未创制之前。相反，他在其叙事中阐明，中国历史既已至此，进入帝制便是大势所趋。司马迁的批评意在求取一个恰当的解释，他呼吁时人承认：他们永远无法赎清僭越的罪过，如果帝国乃是一种僭越的创作，那么它便始终保留了僭越的本性；如果帝国被当作一套专制体系被创作出来，那么它将始终如此。换句

〔98〕张大可（《史记研究》，第 374—375 页）认为，司马迁对中国史学的巨大贡献之一，即发展出一套"进步主义史观"，将早先之循环概念取而代之。可此种想法或许误入歧途。诚然，司马迁并不仅仅将历史描绘成某种循环，但也不能说他持某种真正的进步主义史观。或许，更为准确的说法是，他将历史看成是某种"累积"的结果，即一旦引进了制度，便无法复归往昔。但他不认为此种"累积"之过程就必然是好的。事实上，张氏说，司马迁以为引进帝国中央集权乃是一种进步（第 395—396 页），而笔者则以为，纵使司马迁以为此举乃是必需的，又认为倘非如此，将导致彻底的混乱，他仍然是从道德的角度出发，眷恋着往昔。

话说，司马迁绝不以为可以简单地找到某位乱贼，使之顶替创作的罪名，然后让圣人（此处指汉武帝）将之纳为己用，重新使它成功与自然和先祖相联系。笔者以为，此即司马迁隐含的历史观——创作无一例外与毁灭并存，是故倘若时人能够诚实地将创作纳为己用，就必须承认其间的断裂。因 212
此，纵使司马迁说帝国是彼时社会的一套绝对必要的新准则，心底似乎总有一股怅然若失，一种时过境迁的喟叹。汉武帝得以借用一些国家起源叙事及封禅来解决创作与自然的矛盾，使自己昭告天下：无论出于怎样的造作，帝国本身全然合乎道德、合乎神意、合乎至圣黄帝条理下的原初国家。而司马迁的根本目的，在于揭示武帝之所为乃是一场海市蜃楼。

213 # 结 论

本书首章以许慎对文字起源的描述开篇。许慎以为，圣人使自然世界之文理得以兴起，将之引入人世，是故文化用具（cultural artifacts）与自然世界互相关联。此种观念之成立，既与当时已然成为主流的经学因素相涉，又与文论中发展出来的一套对“创作”的理解相关。

这种认为人类文化与自然相连续的观念，在早期中国学术中扮演了重要角色，而今日之学者往往将之与早期希腊，抑或更为广义的“西方”作比。本书则倡导另一种处理方式，仅将《说文》中所见的那类“连续说”视作一家之言，认为它背后尚有一场更大的论辩。笔者相信，分析之鹄的，应是重构这场使“连续说”得以产生的论辩；也应解释这些主张缘何而生，在当时又意味着什么？

为此，笔者追溯了战国到汉代前期有关创新与技艺问题的论辩。这些论辩产生的背景，乃是中央集权制官僚国家结构的崛起。从定义上说，此一国家结构极大地背离了青铜时代诸国的分封之治。随着此类新出建制与西周旧制
214 的渐行渐远：这些新的制度是否仍得以与往昔、神意互相关联？正是出于如此背景，“创新”“创作”逐渐成为诸家

公然聚讼的问题。

笔者追溯了这些论辩的历史，分析了论辩在不同时期所展现的不同形态——先是诸子哲学思辨之兴起，其次是国家起源叙事之展开，后来帝国真正被创制出来，人们企图奉之为全新的准则，最终，司马迁对此提出了深刻的批评。有趣之处多见于细微：诸家旨意各殊，一而再、再而三地阐释某些字词；每个人都想讲一套自己的故事，选择的叙事模型也因之而异；统治者用意有别，其所强调的圣人面向亦有不同。

笔者已经指出，影响许慎的“连续说”仅在战国末期方得以出现，由于学术与政治的原因，它不过在汉代前期才成为主流，纵使在当时也饱受争议，而《史记》之写作，或多或少是为了批评此类观念。

更具体地说，笔者以为在司马迁眼中，新事物的兴起必然会与自然断裂。圣人不单纯效法、凝练自然文理，也要创作。司马迁对创作的态度亦模棱两可：任何新事物的兴起都离不开创作，可创作又始终与自然断裂。处理帝国问题时，司马迁批评同属这一文明的武帝等人否认帝国出于僭越。言外之意是，即便帝国全然取得其合法性，倘若没有僭越，它就不可能被引进中国历史，是故帝国存在的前提将永远是僭越。没有了始皇帝，帝国便不会出现，纵使武帝合法地将之巩固，它也将依然继续它专制的本性。

所以，早期中国思想家并未假定自然与文化、过去与现在之连续性，也未必预设圣人在本质上与自然世界相互关联。与此相反，司马迁的说法似乎更为准确：对“连续性”的强调，恰恰意味着人们对断裂惶惶不安。

是故，与其认为早期中国诸家之思想预设了一种古希腊所否认的连续性，不如追问这两个文明是否同样为断裂、僭越而感到焦虑以及当这场围绕创作问题的论辩在思想和政治领域以不同方式展开后，又产生了怎样的历史影响。

附录 “作”字探源 217

本“附录”意在回顾、评述一些较为关键的对“作”字的研究。笔者讨论了一些围绕“作”字的文字学推论，并质疑了其中一些推论背后的预设。

一 现有的文字学讨论

曾宪通先生在其《“作”字探源——兼谈“耒”字的流变》(1992)一文中指出，“作”字本义是“耕作”。[1]曾说立足的数条证据，每一项都值得讨论，如此才能对其说予以恰当评价。

曾先生论证的第一部分，建立在对已知最早的“作”字字形的分析上，即殷墟卜辞中所见的“乍”字。诸种字形中，“乍”最常见的写法为[illegible]。学者多假定此字为象形字，但究竟其所象何形，诸家始终议论纷纭。或谓“象人伸脚而坐，有所操作之形”[2]，或谓像“一个工作的

---

〔1〕 曾宪通:《“作”字探源——兼谈“耒”字的流变》,《古文字研究》第十九辑，1992年，第408—421页。

〔2〕 此为郭沫若说，参李孝定:《甲骨文字集释》第八卷，台北:“中央研究院”历史语言研究所，1965年，第2637页。

手”[3]，或谓像“织布之形”[4]。曾文提出，“作”的乚构件实取象于耒耜。因为“耒”字甲骨文作𠃌。“作”字更小一构件乚“疑是以耒起土时随庛而起的土块”。据此，曾先生指出：“‘乍’字本义是‘以耒起土’，引申而为‘耕作’‘农作’之作”。[5]

218 曾先生正确指出，“乍”在许多早期卜辞中皆表示“耕作”。譬如殷墟一期卜辞有如下对贞：

> 令尹大乍田？[6]
>
> 勿令尹大乍田？[7]

就这两条卜辞而言，“乍”确有一相对具体的“耕作”义。

曾先生也讨论了“作”字的另一种主要写法𢦏，认为其上部构件应被视为“手”的象形，像手握持、操控某物。此说更加确证他将“作”字理解为积极主动地操控某物。[8]

曾先生给出的最后一条引证是说“作”字本义与“耤”相近，意为“翻地”“耕作”。首先，他论证二字古音相近。[9]

---

〔3〕 Tsung-tung Chang（张聪东），*Der Kult der Shang-Dynastie*，p. 215.

〔4〕 朱歧祥：《释“作”》，1991 年，未刊稿。

〔5〕 《“作”字探源》，第 411 页。

〔6〕 《合集》9472。
译文：令尹去耕作大田？

〔7〕 同上。
译文：令尹不应去耕作大田？

〔8〕 《“作”字探源》，第 412—416 页。

〔9〕 同上，第 419 页。许思莱（Axel Schuessler）认为“耤”读为 *dzjak*，“作”读为 *tsak*，分别见 *A Dictionary of Early Zhou Chinese*，pp. 268,（转下页）

其次，他试图证明二者古形相似，但这部分论述稍显牵强：甲文“耤”写作，而上述“乍”字初形作，尽管二者的相似并不直接显明，但曾先生说，倘若承认“乍”字包括一个像“耒”的构件，那么，至少二字共有此一构件。不仅如此，“作”字又写作，与“耤”字异体，字形极为相近，只要两字之中都有人形、耒形，那么他的解读便能成立。[10]因此，曾先生论证：基于“作”“耤”二字音、形的密切关系，且“耤”有具体的“翻土、耕作”义，故“作”字亦有此义。[11]

曾先生以为，将“作”坐实为“耕作”之义，比许慎的解释更为准确。他提出这一点时，简要讨论了将“作”释为“起”的卜辞，譬如：

辛亥卜，洋贞：龙不既作。其亦祓。隹丁巳彭。[12]

（接上页）874。许思莱的上古音构拟基本以李方桂系统为准。

〔10〕《“作”字探源》，第419页。

〔11〕同上书，第419—420页。

〔12〕《合集》25892。

译文：在辛亥（第48天）灼兆，洋预测：“龙还没有升起。我们会继续祈祷。在丁巳举行彭祭。”

缺少上下文，我们难以得知这段卜辞到底是什么意思，但龙可能和雨有关。我们可以在殷墟二期的另一组卜辞中见到证据：“其乍龙于凡田，又雨。”（《合集》29990）裘锡圭先生在一篇极为精彩的文章中，将此中涉及的宗教仪式，与后世所载之作土龙祈雨相联系，见《说卜辞的焚巫尪与作土龙》（“On the Burning of Human Victims and the Fashioning of Clay Dragons in Order to Seek Rain in the Shang Dynasty Oracle-Bone Inscriptions.”），*Early China* 9-10 (1983-1985): 290-306。所以，龙似乎与下雨相关，倘使龙没有升起，可能就意味着干旱。如果这样的话，占卜中的贞人可能会向神灵祈求下雨。

这片卜辞很有意思，它揭示了“作”字早期有“起”的意思，亦即许慎所理解的“作”字本义。而曾先生认为“起”乃是引申义，由“操耒起土”的本义发展而来。[13]

219 若曾先生对“作”字本义的推求成立，则意味着他的理解与许慎的解释完全不同。笔者在本书中已指出，许慎将“作”释为“起”，多半乃是基于他的政治与哲学观念，有使某物从某一领域“兴起”，将之引入另一领域的意思。换句话说，许慎对“作”字的定义恰恰旨在强调一种“效仿”（imitative）义，而非把一方意志强加给另一方。与此相反，曾氏以“以耒起土”“耕作”为“作”字本义，侧重“主动造作”，而这恰恰是许慎企图从“作”字身上抹去的。与释为“起”的许说大相径庭，曾氏将“作”字具体坐实在“整田”“耕地”之义上，或许为“作”字蒙上了一层很重的“主动造作”（active work）、“开垦”（domestication）意味。倘若曾说成立，这意味着“作”字后起的“建造”“造作”义就有了清晰的词根，而许慎所侧重的“效仿”义可能晚出，也偏离了“作”字表示“主动造作”“把意志强加在某物上”的本义。

不少当代文字学家对“作”字的研究都以为，它必然有一个具体的、表示动作的本义。尽管已提出了无数词源学上的假设，许多学者仍试图找到此类本义，或以“切割”“建造”“耕地”解之，或以为表示“把某人的意志强加在某物

---

〔13〕《“作”字探源》，第 417 页。

上”。例如，加藤常贤认为，“作”字字形像刀，本义为“切”或“凿”，从中引申出“塑造”、“打造”、“为”（making）、“创作”（creating）等后起义项。[14] 白川静释“作”字本义为“建造”，认为唯有如此，才能获得许慎所强调的“起”义。[15] 加藤常贤、白川静和曾宪通三位先生虽对“作”字本义说解不同，但都认为它必然表达一种特定的、具体的动作。

学者试图从表示“为”“作”的抽象词汇中，找到它更为具体的本义。这种做法在现代文字学中源远流长。事实上，印欧语系词汇的语文学研究即显示了相似的取径。例如，在吉冈源一郎对印欧语汇中表示“作”、“做”（doing）的语词的分析中，他说这类抽象词汇都有确切的、具体的词源。譬如吉冈认为，“τοιεω”（古希腊语的“作”“为”）本
义是“准备、安排”。[16] 与曾先生对“作”字的分析相同， 220
吉冈认为“τοιεω”的本义是一个具体的动作。

二 分析

上引一组卜辞表明，“作”字在殷商时期确被用为“耕作”义；同时可以明确的是，战国时期也如此使用“作”字，

---

〔14〕 加藤常贤：《汉字的起源》，东京：角川书店，1970 年，第 412—416 页。

〔15〕 白川静：《金文通释》，神户：白鹤美术馆，1962—1984 年，第 1631—1633 页。

〔16〕 Yoshioka，Gen-Ichiro（吉冈源一郎），*A Semanitc Study of the Verbs of Doing and Making in the Indo-European Languages*，Tokyo: Tokyo Tsukiji Type Foundry，1908，p. 38.

如曾先生尚未言及的《尚书·禹贡》中有“大陆既作”[17]之语。这种用“作”字表示人主动作用于自然、开垦自然的例子，既见于早期文献，又为稍晚的文献证明。事实上，“作”字的这种用法亦多见于西周文献（见本书第一章）。然曾先生说此即“作”字本义，仍待商榷。

曾氏以为，后来用以表示“创作”的早期汉字“作”很可能坐实到某一本义之上。在对这一点的论证上，曾氏与其他文字学家不谋而合：试图找到“作”字最有可能的原初含义，借此寻求该字最为“精确”的意思。此举往往包含了一种更深的预设，即相较于后起义而言，这种早期含义都更加具体。这就是说，在他们看来，词义的发展必然经历了从具象到抽象，从简单到复杂的历程。这点对于考察带有“作”“为”义的抽象语词时极为重要，因为这一预设暗示：我们应为这些抽象词找到一个更为具体的本义。

上述吉冈对早期印欧语词中表“做”“为”一词的研究即为一例。此书导言有云：“如‘做’‘为’这种含糊、抽象的概念应为引申义，皆建立在一些更为具体的影响之上。此乃人类心理之必然进程，而语言上的证据也完全证实了这一预设。”[18]虽然我们难以想象，像曾先生这样的当代文字学家会如此大而化之地立论，但笔者认为，这一取向确实隐含在曾氏以及其他文字学家对问题的处理当中。

---

〔17〕《尚书·禹贡》。

译文：大陆之泽已可为人耕作。

〔18〕 Yoshioka, *A Semantic Study of the Verbs of Doing and Making*, p. 7.

笔者以为，应避免这种取向。尽管一些词的古义可能 221
会取更为具体的用法，可反之亦然，时人亦很可能选取它们更为抽象的意思：何以语义之演变必然沿着一条自简而繁的进化论模式？我们并无颠扑不破之证据。我们必须对另一种可能性持开放态度：某个词在早期有丰富的含义，包括一些抽象义。

讲明了这点，笔者现在转而分析曾先生的具体论证。首先是他对“作”字甲骨文字形的讨论。笔者并不信从“作”字字形乃是一个耒耜、一抔土的象形的观点，但质疑的主要对象，并不在于曾先生对“作”字字形的具体分析，而是集中在“以形索义”的分析方法。在特殊情况下，字形可能会对确定词义有所帮助，尤其是对于那些高度象形化的字，抑或这一字形代表了给定上下文中，有一些具体指涉的名词（比如，“羊”这个词的早期字形，即羊的象形）。然而，从一字已知的最早字形即可断言其本义，或至少是殷商时期对该字本义的理解，难以令人信服。之所以决定用某一特定形状表示某个词，可能只是为了书写方便，抑或出于音近，假借另一个已有字形的词。必须记得，字形也有可能是任意的。因此，即便曾先生对于字形的解读准确无误，它也不能被用来阐释“作”字的本义。

另一存疑之处在于，曾先生利用“作”“耤”二字音近来推求“作”字字义。此处，曾氏的某些论点似乎相当可信。“作”“耤”二字上古音相近，此乃不刊之论。如上所述，许思莱（Axel Schuessler）将二字分别构拟为 *tsak*

和 *dzjak*。虽然高本汉（Bernard Karlgren）并未将其置于同一词族[19]，然二者之音近，确似支持了曾说。与此同时，“作”“耤”义近。在这一点上，更有一些曾氏本人尚未注意到的线索，使得他的论述更显可信。比如，表示“清理（土地）”的“作”后来在字形上被规范化，有了木字旁，写为“柞”。这个后起的“柞”明显与“作”字同源：“作”音 *tsak*，“柞”音 *tsrak*。[20] 由于发音相似，高本汉令人信服地
222 把它们归入同一族。[21] 鉴于“作”“柞”“耤”音、义相近，三者可能在词源上相关，应考虑将其列入同一词族。

然而，纵使这种说法真能成立，曾先生试图利用这一假设为线索，推求“作”字本义的做法，仍有瑕疵。总体说来，考察词族对于分析词源有所裨益，但是在讨论早期文字的时候，要慎用这种方法。关键在于，要避免简单地从某一词族中挑选几个特定意义，视之为这一词族的词源基础。具体到这一问题上，表现为曾先生提出“作”“耤”二字在词源上存在联系，借此指出“作”字也共有“耕作”义。虽然“柞”“耤”都与农业活动有关，且确实与“作”字音近，但还有许多表示动作的动词语音也与之相近。比如，“作”字的直系词族（immediate word family）不仅有“柞”，尚有

〔19〕 Karlgren，*Grammata Serica Recensa*. 高本汉基于语音、语义的相似性，将词源上相关的字组成词族。他将“耤”置于 #798 词族，将“作”置于 #806 词族。

〔20〕 Schuessler，*A Dictionary of Early Zhou Chinese*，分见 pp. 874，808。

〔21〕 这里谈到的包括“作”“柞”的词族即 #806。

意谓某种烹饪方式的“炸”，表示“欺骗、巧计”的“诈”（*tsrakh*）[22]等。并不能轻易地将它们的本义都归约为“用耒起土”。事实上，此处我们只能说，就词源上看，这一词族包含了大量表示动作的动词，与“改变”“欺骗”“技艺”有关。

简单地考察“作”字在晚商、西周文献中的不同用法，即可发现它的义域非常之广。曾先生试图说明，这些不同的意义仅仅是从他所假定的那个“本义”中引申而来的后起义，然笔者以为，“作”字的意义如此广泛，想象它们共同引申自一具体的“耕作”义，几无可能。

从很早的时代开始，“作”字就有“创作”“初次制造”的意思。如武王克商，建立周邦，大盂鼎有云“嗣玟**乍**邦”。[23]就商代卜辞而言，在殷墟一期的一些关于建城的卜辞中，“作”字显然也表示相似的意思：

> 贞：王**作**邑，帝若。[24]
> 贞：王勿**作**邑，帝若。[25]

“作”字也往往用来表示“为”，带有“建筑”“建造” 223
的意味。如尹姞鼎有云“穆公**乍**尹姞宗室”。[26]

〔22〕 Schuessler, *A Dictionary of Early Zhou Chinese*, p. 811.
〔23〕 Sh. 12.61: 647.
〔24〕《合集》14201。
〔25〕 同上。
〔26〕 Sh. 14.72: 794.

“作”字又表示“作曲、作诗”（compose），故常常用于讨论一段音乐抑或诗歌的创作：“君子**作**歌。”〔27〕

“作”还有一个意思“使某人成为……”（to make oneself into），亦即“去当（to act as）、去做（to be）……”。故如扬簋有命云：“扬，**作**工。”〔28〕班簋亦有类似用法：“王令毛伯更虢城公服，屏王位，**作**四方极。”〔29〕

上述辞例已清楚表明，“作”字被用来描述大量不同的动作。很难想象这里有哪个意思是从“耕作”这一“本义”中引申而来。因此，无论是曾先生将“作”字化归为“耕作”之本义，还是更早之前许慎将之释为“起”，皆不能令人信服：在所见最早的文献中，二义明显并存，且均不能涵盖“作”字的全部词义。

所以，早期的“作”字究竟何谓？“作”字在不同的上下文中出现，表示不同的意义。对此，似乎唯一与所有情况契合的答案是：“作”字表现了抽象的动作，它的本义也是多种多样，包括“创造”“制造”“做”“作为”“起”等。一切将之化归为某一具体的本义，认为从中引申出更为抽象的意义的做法，皆未必是：纵然我们追溯到最早的“作”字，它也有一重抽象意味。

---

〔27〕《诗·四月》。

〔28〕 Sh. 23.131.

译文：扬，命你去做司工。

〔29〕 Sh. 15.79:34.

译文：王命令毛伯继承虢城公的职务，夹辅王位，去做四方的典范。

明白了这一点后，我们讨论另一组卜辞，借以重新审视曾先生的论证：

> 癸亥贞：“王令多尹**启**田于西，受禾。”[30]
>
> 癸亥贞：“多尹勿**作**，受禾。”[31]

这组卜辞关心的是：多尹是否应该开辟西土？第一条卜辞用
了“启”字。“启”乃是表示具体动作的动词，意为“打开， 224
清理”。与之相应，另一条卜辞用了更为抽象的“勿作”，给出了另一种选择。我们看到，这一模式在早期的甲骨文、金文中反复出现：“作”字表示抽象的“做”，往往与形容某一特定动作的具体动词对文。

当我们讨论“作”字的时候，应该将其抽象性、含义之丰富性纳入考量。所以，就曾先生所强调的那些卜辞内容而言，从最为严格的语文学角度出发，“作”字未必仅仅表示“耕作”，它应该被解释得更“虚”、更抽象一些：他们“做”或“为”土地。当然，笔者并不是建议真的要如此翻译“作”字，只是想强调“作”字有一重抽象的意思，它在不同的语境中，可以呈现不同的意义，如“建造”“清理”等，不一而足。与其试图将“作”字的本义坐实为“清理”，笔者主张，它的真正本义是一种含义广泛的抽象动作。

---

〔30〕《合集》33209。

〔31〕同上。

同样的道理可能也适用于“τοιεω”。遵循“词义的演进乃是由具象到抽象、由简单到复杂的过程”这一逻辑，吉冈试图将“τοιεω”的本义溯源至“准备、安排”，并认为“做”这一抽象义乃是后起。[32]然而，之后的研究表明，“τοιεω”源于古印欧语“kuei”，而“kuei”已经有“做”的意义了[33]：似乎从很早的时代开始，抽象观念已然存在。这点有力地证明了，不同于吉冈和曾氏的观点，“τοιεω”的词义发展与“作”字相似，从早期开始，它们就都具有抽象的“做”和“创作”的含义。

战国时期，诸家何以如此关注“作”的问题？“作”字广泛的义域对理解这一问题尤为重要。战国争鸣之时，诸家并没有将“作”字认定为表示某一具体动作的动词。所有将“作”字解释为某一特定意义、认为这一词义代表了“作”字本义的努力注定失败：之所以论辩会挑出这“作”字，恰恰是因为它含义之丰富，意味之深长。

---

〔32〕 Yoshioka，*A Semantic Study of the Verbs of Doing and Making*，p. 38.

〔33〕 Pokorny，*Indogermanisches Etymologisches Wörterbuch*，p. 637.

参考文献

除非另外标注版本信息，传世文献均采用《四部备要》版。史书类则采用中华书局版（北京，1959 年起）。

Akatsuka Kiyoshi 赤冢忠 . *Chūgoku kodai no shūkyō to bunka* 中國古代の宗教と文化 . Tokyo: Kadokawa shoten, 1977.

Allan, Sarah. *The Heir and the Sage: Dynastic Legend in Early China*. San Francisco: Chinese Research Materials Center, 1981.

——. *The Shape of the Turtle: Myth, Art, and Cosmos in Early China*. Albany: State University of New York Press, 1991.

Arbuckle, Gary. "Restoring Dong Zhongshu(BCE 195–115): An Experiment in Historical and Philosophical Reconstruction." Ph.D. dissertation, University of British Columbia, 1991.

Bilsky, Lester James. *The State Religion of Ancient China*. 2 vols. Taipei: Orient Cultural Service, 1975.

Birrell, Anne. *Chinese Mythology: An Introduction*. Baltimore: Johns Hopkins Uiversity Press, 1993.

Bodde, Derk. *China's First Unifier: A Study of the Ch'in Dynasty as Seen in the Life of Li Ssu (280?–209 B.C.)*. Leiden: E. J. Brill, 1938.

——. *Festivals in Classical China: New Year and Other Annual Observances During the Han Dynasty, 206 B.C.–A.D. 220*. Princeton, N. J. : Princeton University Press, 1975.

——. "Myths of Ancient China. "1961. Reprinted in Bodde, *Essays on Chinese Civilization*. Edited by Charles Le Blanc and Dorothey Borei. Princeton, N. J. : Princeton University Press, 1981.

——. "The State and Empire of Ch'in." In *The Cambridge History of China*. vol. I: *The Ch'in and Han Empires, 221 B.C.–A.D. 220*, edited by Denis Twitchett and Michael Loewe, pp. 20–102. Cambridge: Cambridge University Press, 1986.

Boltz, William G. "Chou li." In *Early Chinese Texts: A Bibliographic Guide*, ed. Michael Loewe, pp. 24–32. Berkeley, Calif. : Society for the Study of Early China and Institute of East Asian Studies, 1993.

——."Philological Footnotes to the Han New Year Rites. "*Journal of the American Oriental Society* 99 (1979): 423–439.

Carson, Michael. "Some Grammatical and Graphical Problems in the Ho *Tsun* Inscription. "*Early China* 4 (1978–79): 41–44.

Chang, Kwang–Chih. "Ancient China and Its Anthropological Significance. " In *Archaeological Thought in America*, edited by C. C. Lamberg–Karlovsky, pp. 155–166. Cambridge: Cambridge University Press, 1989.

——. *The Archaeology of Ancient China*. 4th ed. New Haven, Conn. : Yale University Press, 1986.

——. *Art, Myth, and Ritual: The Path to Political Authority in Ancient China*. Cambridge, Mass. : Harvard University Press, 1983.

——. *Shang Civilization*. New Haven, Conn. : Yale University Press, 1980.

Chang, Tsung–tung. *Der Kult der. Shang–Dynastie im Spiegel der Orakelinschriften: Eine paläographische Studie zur Religion im archaischen China*. Wiesbaden: Otto Harrassowitz, 1970.

Chavannes, Edouard. *Le T' ai chan*. Paris: Annales du Musée Guimet, 1910.

Chen Keqing 陈可青 . "Sima Qian de shixue sixiang ji qi jieji xing" 司马迁的史学思想及其阶级性 . In *Sima Qian yu Shiji lunji* 司马迁与史记论集 , pp. 119–135. Xi'an: Shanxi renmin chubanshe, 1982.

Chen Mengjia 陈梦家 . *Liu guo jinian* 六国纪年 . Shanghai: Shanghai Renmin chubanshe, 1956.

——. "Shang dai de shenhua yu wushu" 商代的神话与巫术 . *Yanjing xuebao* 燕京学报 20 (1936): 485–576.

——. "Xi–Zhou tongqi duandai" 西周铜器断代 . *Kaogu xuebao* 考古学报 9 (1955–56): 137–175; 10: 69–142; 1: 65–114; 2: 85—94; 3: 105–127; 4: 85–122.

——. *Yinxu buci zongshu* 殷虚卜辞综述 . Beijing: Kexue chubanshe, 1956.

Cheng, Anne. "Lunyu. " In *Early Chinese Texts: A Bibliographic Guide*, ed. Michael Loewe, pp. 313–323. Berkeley, Calif.: Society for the Study of Early China and Institute of East Asian Studies, 1993.

de Condorcet, Antoine–Nicolas. *Sketch for a Historical Picture of the Progress of the Human Mind.* 1793. Translated by Jane Barraclough. London: Weidenfeld and Nicolson, 1955.

Creel, Herlee G. *The Origins of Statecraft in China.* vol. 1: *The Western Zhou Empire*. Chicago: University of Chicago Press, 1970.

Detienne, Marcel. "Between Beasts and Gods." In *Myth, Religion and Society: Structuralist Essays by M. Detienne, L. Gernet, J.–P.Vernant, and P. Vidal–Naquet*, edited and translated by R. L. Gordon, pp. 215–228. Cambridge: Cambridge University Press, 1981.

Detienne, Marcel, and Jean–Pierre Vernant. *The Cuisine of Sacrifice Among the Greeks*. Chicago: University of Chicago Press, 1989.

Diderot, Denis. "Supplement to Bougainville's Voyage. " In *Diderot: Interpreter of Nature: Selected Writings, 1771*. Translated by Jean Stewart and Jonathan Kemp. Edited by Jonathan Kemp. New York: International Publishers, 1963.

Ding Shan 丁山 . "You Chenhou Yinzi dun ming Huangdi lun wudi" 由陈侯因资敦铭黄帝论五帝 . *Zhongyang Yanjiuyuan Lishi Yuyan Yanjiusuo jikan* "中央研究院" 历史语言研究所集刊 3–4 (1934): 517–535.

Durrant, Stephen W. *The Cloudy Mirror: Tension and Conflict in the Writings of Sima Qian*. Albany: State University of New York Press, 1995.

Duyvendak, J. J. L. *The Book of Lord Shang: A Classic of the Chinese School of Law*. London: Arthur Probsthain, 1928.

Eno, Robert. *The Confucian Creation of Heaven: Philosophy and the Defense of Ritual Mastery*. New York: State University of New York Press, 1990.

——. "Was There a High God *Ti* in Shang Religion?" *Early China* 15 (1990): 1–26.

Fang Shouchu 方授楚. *Mo xue yuanliu* 墨学源流. Shanghai: Zhonghua shuju, 1937.

Fingarette, Herbert. *Confucius: The Secular as Sacred*. New York: Harper and Row, 1972.

Friedrich, Paul. *The Language Parallax: Linguistic Relativism and Poetic Indeterminacy*. Austin: University of Texas Press, 1986.

——. *The Princes of Naranja: An Essay in Anthrohistorical Method*. Austin: University of Texas Press, 1986.

Gernet, Jacques. *China and the Christian Impact: A Conflict of Cultures*. Translated by Janet Lloyd. Cambridge: Cambridge University Press, 1985.

Gernet, Jacques, with Jean–Paul Vernant. "Social History and the Evolution of Ideas in China and Greece from the Sixth to the Second Centuries B.C." In Jean–Paul Vernant, *Myth and Society in Ancient Greece*, pp. 71–91. London: Methuen, 1980.

Graham, A. C. "The Background of the Mencian Theory of Human Nature." 1967. In *Studies of Chinese Philosophy and Philosophical Literature*. Singapore: Institute of East Asian Philosophies, 1986: 7–66.

——. *Divisions in Early Mohism Reflected in the Core Chapters of the Mo–tzu*. Singapore: Institute of East Asian Philosophies, 1985.

——."How Much of *Chuang–Tzu* Did Chuang–Tzu Write?" 1979. In *Studies of Chinese Philosophy and Philosophical Literature*, pp. 283–321. Singapore:

Institute of East Asian Philosophies, 1986.

——. *Later Mohist Logic, Ethics and Science*. London: School of Oriental and African Studies, 1979.

——. "A Neglected Pre-Han Philosophical Text: *Ho-kuan-tzu.*" *Bulletin of the School of Oriental and African Studies* 52, no. 3 (1989): 497–532.

——. "The Nung-Chia 'School of the Tillers' and the Origins of Peasant Utopianism in China." 1971. In *Studies of Chinese Philosophy and Philosophical Literature*, pp. 67–110. Singapore: Institute of East Asian Philosophies, 1986.

——. "The Origins of the Legend of Lao Tan." In *Studies of Chinese Philosophy and Philosophical Literature*, pp. 111–124. Singapore: Institute of East Asian Philosophies, 1986.

——. *Yin-Yang and the Nature of Correlative Thinking*. Singapore: Institute of East Asian Philosophies, 1986.

Granet, Marcel. *La civilisation chinoise*. Paris: Editions Albin Michel, 1929.

——. *Danses et légendes de la Chine ancienne*. 2 vols. Paris: Librairies Felix Alcan, 1926.

——. *Fêtes et chansons anciennes de la Chine*. Paris: Leroux, 1929.

——. *La pensée chinoise*. Paris: La Renaissance du Livre, 1934.

Gu Jiegang 顾颉刚 et al., eds. *Gushibian* 古史辨. 1926–1941. Shanghai: Guji chubanshe, 1982.

Guan Donggui 管东贵. "Zhongguo gudai de fengshouji ji qi yu linian de guanxi" 中国古代的丰收祭及其与历年的关系. *Zhongyang Yanjiuyuan Lishi Yuyan Yanjiusuo jikan* "中央研究院"历史语言研究所集刊 31 (1960): 191–270.

Guan Feng 关锋. *Zhuangzi zhexue taolunji* 庄子哲学讨论集. Beijing: Zhonghua shuju, 1962.

Guo Moruo 郭沫若. *Liang-Zhou jinwenci daxi tulu kaoshi* 两周金文辞大系图录考释. 2d rev. ed. Beijing: Kexue chubanshe, 1957.

——. *Shi pipan shu* 十批判书, 1944. Beijing: Kexue chubanshe, 1966.

——. " 'Taishigong xingnian kao'you wenti" 太史公行年考有问题, 1955. In *Sima Qian yu Shiji lunji* 司马迁与史记论集, Xi'an: Shanxi renmin chubanshe, 1982.

Hall, David, and Roger T. Ames. *Thinking Through Confucius*. Albany: State University of New York Press, 1987.

He Lingxu 贺凌虚. "Lu Jia de zhengzhi sixiang" 陆贾的政治思想. In *Si yu yan* 思与言 6, no. 6 (1969): 30–35.

Hegel, Georg Wilhelm Friedrich. *Hegel's Philosophy of Right*. 1821. Translated by T. M. Knox. Oxford: Clarendon Press, 1942.

——. *Lectures on the Philosophy of World History. Introduction: Reason in History*. Translated by H. B. Nisbet. Cambridge: Cambridge University Press, 1975.

——. *The Philosophy of History*. 1899. Translated by J. Sibree. New York: Dover Publications, 1956.

Hsiao Kung-chuan. *A History of Chinese Political Thought*. vol. 1: *From the Beginnings to the Sixth Century A.D.*. Translated by Fredrick W. Mote. Princeton, N. J.: Princeton University Press, 1979.

Hsü cho-yun. *Ancient China in Transition: An Analysis of Social Mobility, 722–222 B. C.*. Stanford, Calif.: Stanford University Press, 1965.

Hsü Cho-yun and Katheryn Linduff. *Western Chou Civilization*. New Haven, Conn.: Yale University Press, 1988.

Hu Houxuan 胡厚宣. "Yin buci zhong de shangdi he wangdi" 殷卜辞中的上帝和王帝. *Lishi yanjiu* 历史研究 9 (1959): 23–50; and 10: 89–110.

Hulsewé, A. F. P. *Remnants of Ch'in Law: An Annotated Translation of the Ch'in Legal and Administrative Rules of the Third Century B. C. Discovered in Yunmeng Prefecture, Hu-pei Province, in* 1975. Leiden: E. J. Brill, 1985.

Itō Michiharu 伊藤道治. *Chūgoku kodai kokka no shihai kōzō* 中国古代王朝

の形成 . Tokyo: Sōbunsha, 1987.

——. *Chūgoku kodaiōchō no* keisei 中国古代国家の支配構造 . Tokyo: Sōbunsha, 1975.

Ivanhoe, Philip J. "A Happy Symmetry: Xunzi's Ethical Thought." *Journal of the American Academy of Religion* 59, no. 2 (Summer 1991): 309–322.

Jan Yun-hua. "The Change of Images: The Yellow Emperor in Ancient Chinese Literature. " *Journal of Oriental Studies* 19, no. 2 (1981): 117–137.

Ji Zhenhuai 季镇淮 . *Sima Qian* 司马迁. Shanghai: Shanghai renmin chubanshe, 1955.

Jin Xiangheng 金祥恒 . "Shi zuo" 释作 . *Zhongguo wenzi* 中国文字 19 (1966): 1–24.

Kanaya Osamu 金谷治 . *Rosō teki sekai: Enanji no shisō* 老莊的世界：淮南子の思想 . Kyoto: Heirakuji shoden, 1959.

——. "Senshin ni okeru hōshisō no tenkai" 先秦における法思想の展開. *Shūkan Tōyōgaku*. 集刊东洋学 47 (1982): 1–10.

——. *Shin Kan shisō shi kenkyū* 秦汉思想史研究 . Tokyo: Maruzen, 1961.

Karlgren, Bernhard. *Grammata Serica Recensa*. Stockholm: Museum of Far Eastern Antiquities, 1957.

——. "Legends and Cults in Ancient China." *Bulletin of the Museum of Far Eastern Antiquities* 18 (1946): 199–365.

Katō Jōken 加藤常贤 . *Kanji no kigen* 漢字の起源 . Tokyo: Kadokawa shoten, 1970.

Keightley, David. "Clean Hands and Shining Helmets: Heroic Action in Early Chinese and Greek Culture." In *Religion and Authority*, edited by Tobin Siebers. Ann Arbor: University of Michigan Press, 1993.

——."Early Civilization in China: Reflections on How It Became Chinese. " In *Heritage of China: Contemporary Perspectives on Chinese Civilization*, edited by Paul S. Ropp, pp. 15–54. Berkeley: University of California Press, 1990.

——. "The Religious Commitment: Shang Theology and the Genesis of Chinese Political Culture. " *History of Religions* 17 (1978): 211–225.

——. *Sources of Shang History: The Oracle–Bone Inscriptions of Bronze Age China*. Berkeley: University of California Press, 1978.

Kerényi, Karl. "The Trickster in Relation to Greek Mythology. "1956. Translated by F. R. C. Hull. In Paul Radin, *The Trickster: A Study in American Indian Mythology*, pp. 173–191. New York: Greenwood Press, 1969.

Knoblock, John. "The Chronology of Xunzi's Works. " *Early China* 8 (1982–1983): 28–52.

Ku Mei–kao. *A Chinese Mirror for Magistrates*. Canberra: Australian National University, 1988.

Lau, D. C. *The Analects*. Harmondsworth: Penguin, 1979.

——. "Theories of Human Nature in Mencius and Shyuntzyy."*Bulletin of the School of Oriental and African Studies* 15 (1953): 541–565.

——. "The Treatment of Opposites in Lao–tzu." *Bulletin of the School of Oriental and African Studies* 21 (1958): 344–360.

Le Blanc, Charles. *Huai–Nan Tzu: Philosophical Synthesis in Early Han Thought: The Idea of Resonance with a Translation and Analysis of Chapter Six*. Hong Kong: Hong Kong University Press, 1985.

——. "A Re–Examination of the Myth of Huang–ti. " *Journal of Chinese Religions* 13–14 (1985–1986): 45–63.

Leibniz, Gottfried Wilhelm. *Discourse on the Natural Theology of the Chinese*. 1716. Translated by Donald J. Cook and Henry Rosemont Jr.. Honolulu: Society for Asian and Comparative Philosophy, 1977.

——. *The Preface to Leibniz'* Novissima Sinica. 1697. Translation and commentary by Donald F. Lach. Honolulu: University of Hawaii Press, 1957.

Lévi, Jean. "Le Mythe de l'âge d'or et les théories de l'évolution en Chine ancienne. " *L'Homme* 17 (1977): 73–103.

Lewis, Mark Edward. *Sanctioned Violence in Early China*. New York: State

University of New York Press, 1990.

Li Ling 李零 . "Chutu faxian yu gushu niandai de zai renshi" 出土发现与古书年代的再认识 . *Jiuzhou xuekan* 九州学刊 3, no. 1 (1988): 105–136.

——. "Daojia yu 'Boshu'" 道家与 "帛书". In *Daojia wenhua yanjiu* 道家文化研究 . vol. 3, edited by Chen Guying 陈鼓应 , pp. 384–386. Shanghai: Guji chubanshe, 1993.

——. "Formulaic Structure of Chu Divinatory Bamboo Slips. " Translated by William G. Boltz. *Early China* 15 (1990): 71–86.

Li, Wai-Yee. "The Idea of Authority in the *Shih chi (Records of the Historian)*." *Harvard Journal of Asiatic Studies* 54, no. 2 (1994): 345–405.

Li Xiaoding 李孝定 . *Jiagu wenzi jishi* 甲骨文字集释 . 13 vols. Taibei: Zhongyang Yanjiuyuan Lishi Yuyan Yanjiusuo, 1965.

Li Xueqin 李学勤 . "*Mawangdui boshu* yu *Heguanzi*" 马王堆帛书与鹖冠子 . *Jianghan kaogu* 江汉考古 2 (1983): 51–56.

Li Yuning. *The Politics of Historiography: The First Emperor of China*. White Plains, N.Y.: International Arts and Sciences Press, 1975.

Liang Qichao 梁启超 . "Xun Qing ji *Xunzi*" 荀卿及《荀子》. In Gu Jiegang 顾颉刚 et al., eds., *Gushibian* 古史辨 4: 104–115. Shanghai: Guji chubanshe, 1982.

Liu, James J. Y. *The Art of Chinese Poetry*. Chicago: University of Chicago Press, 1962.

Loewe, Michael. "The Authority of the Emperors of Ch'in and Han." In *State and Law in East Asia: Festschrift Karl Bünger*, edited by Dieter Eikemeier and Herbert Franke, pp. 80–111. Wiesbaden: Otto Harrassowitz, 1981.

——. "The Concept of Sovereignity. "In *The Cambridge History of China*. vol. 1: *The Ch'in and Han Empires, 221 B.C.–A.D.220*, edited by Denis Twitchett and Michael Loewe, pp. 726–746. Cambridge: Cambridge University Press, 1986.

——. *Crisis and Conflict in Han China, 104. B.C. to A.D. 9*. London: George Allen and Unwin, 1974.

——. "The Cult of the Dragon and Invocation for Rain. " In *Chinese Ideas About Nature and Society: Studies in Honor of Derk Bodde, edited by* Charles Le Blanc and Susan Blader. Hong Kong: Hong Kong University, 1987.

——. "The Former Han Dynasty. "In *The Cambridge History of China*. vol. 1: *The Ch'in and Han Empires, 221 B. C.–A.D. 220*, edited by Denis Twitchett and Michael Loewe, pp. 103–222. Cambridge: Cambridge University Press, 1986.

——. "Hsin yü. " In *Early Chinese Texts: A Bibliographic Guide*, edited by Michael Loewe, pp. 171–77. Berkeley, Calif. : Society for the Study of Early China and Institute of East Asian Studies, 1993.

——. ed. *Early Chinese Texts: A Bibliographic Guide*. Berkeley, Calif.: Society for the Study of Early China and Institute of East Asian Studies, 1993.

Luo Genze 罗根泽 . *Guanzi tanyuan* 管子探原. Shanghai: Zhonghua Shuju, 1931.

——. "Lu Jia *Xinyu* kaozheng" 陆贾《新语》考证 . In Gu Jiegang 顾颉刚 et al., eds., *Gushibian* 古史辨 4: 198–202. Shanghai: Guji chubanshe, 1982.

——. "Xun Qing youli kao" 荀卿游历考 . In Gu Jiegang 顾颉刚 et al., eds., *Gushibian* 古史辨 4: 123–136. Shanghai: Guji chubanshe, 1982.

Ma Chengyuan 马承源 . "He zun mingwen chushi" 何尊铭文初释 . *Wenwu* 文物 1 (1976): 64–65.

Machle, Edward J. *Nature and Heaven in the Xunzi: A Study of the Tian Lun*. Albany: State University of New York Press, 1993.

Maeder, Erik W. "Some Observations on the Composition of the 'Core Chapters' of the *Mozi*. " *Early China* 17 (1992): 27–82.

Mair, Victor H. "The Narrative Revolution in Chinese Literature: Ontological Presuppositions. " *Chinese Literature: Essays, Articles and Reviews* 5, no. 1 (1983).

Major, John S. *Heaven and Earth in Early Han Thought: Chapters Three, Four, and Five of the Huainanzi*. Albany: State University of New York Press, 1993.

Marx, Karl. *The Eighteenth Brumaire of Louis Bonaparte*. 1869. New York: International Publishers, 1963.

Maspero, Henri. *China in Antiquity*. Translated by Frank A. Kierman Jr. Amherst: University of Massachusetts Press, 1978.

——. "Légendes mythologiques dans le *Chou king*." *Journal Asiatique* 204 (1924): 1–100.

Matsumaru Michio 松丸道雄 ."SeiShū seidōki seisaku no haikei" 西周青铜器制作の背景 . *Tōyō bunka kenkyōjo kiyō* 东洋文化研究所纪要 72 (1977): 1–128.

Mawangdui Hanmu Boshu 马王堆汉墓帛书 . Beijing: Wenwu chubanshe, 1980.

Mitarai Masaru 御手洗胜 ."Kōtei densetsu ni tsuite" 黄帝伝説について . *Hiroshima daigaku bungaku kiyō* 广岛大学文学部纪要 27 (1967): 33–59.

Mori Yasutarō 森安太郎 . *Kōtei densetsu: kodai Chūgoku shinwa no kenkyū* 黄帝伝説：古代中国神話の研究 . Kyoto: Kyoto Joshi Daigaku Jinbun Gakkai, 1970.

Mote, Frederick W. *Intellectual Foundations of China*. 2d ed. New York: McGraw–Hill, 1989.

Mungello, David E. *Leibniz and Confucianism: The Search for Accord*. Honolulu: University of Hawaii Press, 1977.

Needham, Joseph. *Science and Civilisation in China*. vol. 2. Cambridge: Cambridge University Press, 1956.

Nie Shiqiao 聂石樵 . *Sima Qian lungao* 司马迁论稿 . Beijing: Beijing shifan daxue chubanshe, 1987.

Owen, Stephen. *Readings in Chinese Literary Thought*. Cambridge, Mass.: Harvard University Press, 1992.

——. *Traditional Chinese Poetry and Poetics: Omen of the World*. Madison: University of Wisconsin, 1985.

Peerenboom, R. P. *Law and Morality in Ancient China: The Silk Manuscripts of Huang-Lao*. Albany: State University of New York Press, 1993.

Peterson, Jes Østergård. "Which Books *Did* the First Emperor of Ch'in Burn? On the Meaning of *Pai-Chia* in Early Chinese Sources. "In *Monumenta Serica* 43 (1995): 1-52.

Peterson, Willard J. "Making Connections: 'Commentary on the Attached Verbalizations' of the *Book of Change*. " In *Harvard Journal of Asiatic Studies* 42, no. 1(1982): 67-116.

——"Ssu-ma Ch'ien as Cultural Historian. " In *The Power of Culture: Studies in Chinese Cultural History*, edited by Willard J. Peterson, Andrew H. Plaks, and Yu Ying-shih. Hong Kong: Chinese University Press, 1994.

Pokorny, Julius. *Indogermanisches Etymologisches Wörterbuch*. Bern: Francke Verlag, 1959.

Prusek, Jaroslav. "History and Epics in China and in the West. " In *Chinese History and Literature, Collection of Studies*, pp. 17-34. Dordrecht, Holland: D. Reidet, 1970.

Puett, Michael. "Nature and Artifice: Debates in Late Warring States China Concerning the Creation of Culture. " *Harvard Journal of Asiatic Studies* 57, no. 2 (December 1997) : 471-518.

Qi Sihe 齐思和 . "Huangdi zhi zhiqi gushi" 黄帝之制器故事, 1934. In *Zhongguo shi tan yan* 中国史探研 , pp. 201-217. Beijing: Zhonghua shuju, 1981.

——. "Shang Yang bian fa kao" 商鞅变法考 . In *Zhongguo shi tan yan* 中国史探研 , pp. 128-143. Beijing: Zhonghua shuju, 1983.

Queen, Sarah. *From Chronicle to Canon: The Hermeneutics of the Spring and Autumn, According to Tung Chung-shu*. Cambridge: Cambridge University Press, 1996.

Radin, Paul. *The Trickster: A Study in American Indian Mythology*. New York: Greenwood Press, 1969.

Raphals, Lisa. *Knowing Words: Wisdom and Cunning in the Classical Traditions of China and Greece*. Ithaca, N. Y. : Cornell University Press, 1992.

Rickett, W. Allyn. *Guanzi: Political, Economic, and Philosophical Essays from Early China*. Princeton, N. J. : Princeton University Press, 1985.

Roth, Harold. "Psychology and Self-Cultivation in Early Taoistic Thought. " *Harvard Journal of Asiatic Studies* 51, no. 2 (December 1991): 599-650.

——. *The Textual History of the Huai-nan Tzu*. Ann Arbor, Mich. : AAS Monograph Series, 1992.

——. "Who Compiled the *Chuang Tzu*? " In *Chinese Texts and Philosophical Contexts: Essays Dedicated to Angus C. Graham*. vol. 1: *Critics and Their Critics*, edited by Henry Rosemont Jr., pp. 79-128. La Salle, Ill. : Open Court, 1991.

Sahlins, Marshall. *Islands of History*. Chicago: University of Chicago Press, 1985.

Saiki Tetsurō 斎木哲郎 . "Kōrō shisō no saikentō-Kan no kōso shūdan to rōshi no kankei o chūshin toshite" 黄老思想の再検討：漢の高祖集團と老子の関係を中心として . *Tōhō shōkyō* 东方宗教 62, no. 10 (1983): 19-36.

Saussy, Haun. *The Problem of a Chinese Aesthetic*. Stanford, Calif.: Stanford University Press, 1993.

Schuessler, Axel. A *Dictionary of Early Zhou Chinese*. Honolulu: University of Hawaii Press, 1987.

Serruys, Paul. "The Language of the Shang Oracle Inscriptions. " *T'oung Pao* 60, nos. 1-3 (1974): 12-120.

Shaughnessy, Edward L. "Extra-Lineage Cult in the Shang Dynasty: A Surrejoinder. " *Early China* 11-12 (1985-1987): 182-194.

——. "On the Authenticity of the *Bamboo Annals*. " *Harvard Journal of Asiatic Studies* 46, no. 1 (1986): 149-180.

——. "Shilun Zhouyuan buci si zi—jian lun Zhoudai zhen bu zhi xingzhi" 试论周原卜辞思字——兼论周代贞卜之性质 . *Guwenzi yanjiu* 古文字研究 17

(1990): 304–308.

——. *Sources of Western Zhou History: Inscribed Bronze Vessels*. Berkeley: University of California Press, 1991.

——. "Zhouyuan Oracle–Bone Inscriptions: Entering the Research Stage? A Review of *Xi–Zhou jiagu tanlun.*" *Early China* 11–12 (1985–1987): 146–163.

Shima, Kunio 岛邦男 . *Inkyo bokuji kenkyū* 殷虚卜辭研究 . Tokyo: Kyuko Shoin, 1958.

——. *Inkyo bokuji sōrui* 殷虚卜辭綜類 . 2d rev. ed. Tokyo: Kyuko Shoin, 1971.

Shirakawa Shizuka 白川静 . *Kinbun tsūshaku* 金文通释. 56 vols. Kobe: Hakutsuru bijutsukan, 1962–1984.

——. *Setsubun shinqi* 说文新义 . Tokyo: Hakutsuru bijutsukan, 1974.

Si Xiuwu 司修武 . *Huang–Lao xueshuo yu Han chu zhengzhi pingyi* 黄老学说与汉初政治平议 . Taibei: Xuesheng shuju, 1993.

Su Chengjian 苏诚鉴 . "*Shiji* shi dui Han Wudi de pipan shu" 史记是对汉武帝的批判书 . In *Sima Qian he Shiji* 司马迁和史记 , edited by Liu Naihe 刘乃和 . Beijing: Beijing chubanshe, 1987: 75–100.

Takeuchi Yoshio 武内义雄 . *Rongo no kenkyū* 論語の研究 . Tokyo: Iwanami, 1939.

Tang Lan 唐兰 . "He zun mingwen jieshi" 何尊铭文解释 . *Wenwu* 文物 1 (1976): 60–63.

——. "Luelun Xi–Zhou Weishi jiazu jiaocang tongqi qun de zhongyao yiyi" 略论西周微氏家族窖藏铜器群的重要意义 . *Wenwu* 文物 3 (1978): 19–24, 42.

——. "Mawangdui chutu Laozi yiben juan qian guyishu de yanjiu" 马王堆出土老子乙本卷前古佚书的研究 . *Kaogu xuebao* 考古学报 1 (1975): 7–38.

Thompson, Paul. *The Shen Tzu Fragments*. Oxford: Oxford University Press, 1979.

Tu, Wei–Ming. *Confucian Thought: Selfhood as Creative Transformation*. Albany:

State University of New York Press, 1985.

——. "The Thought of Huang-Lao: A Reflection on the Lao Tzu and Huang Ti Texts in the Silk Manuscripts of Ma-wang-tui. "*Journal of Asian Studies* 39, no. 1 (November 1979): 95-110.

Turner, Karen. "The Theory of Law in the Ching-fa. " *Early China* 14 (1989): 55-76.

Voltaire. *Oeuvres complètes de Voltaire*. Paris: Baudouin Frères, 1828.

Wang, C. H. "Towards Defining a Chinese Heroism. " *Journal of the American Oriental Society* 95 (1975): 25-35.

Wang Guowei 王国维 . "Taishigong xingnian kao" 太史公行年考 , 1923. In *Guantang jilin* 观堂集林 . Beijing: Zhonghua shuju, 1984.

Wang Huanbiao 王焕镳 . *Mozi jiaoshi* 墨子校释 . Hangzhou: Zhejiang Wenyi chubanshe, 1984.

Wang Yuxin 王宇信 . *Xi-Zhou jiagu tanlun* 西周甲骨探论 . Beijing: Chinese Social Sciences Press, 1984.

Watanabe Takashi 渡边卓 . "Bokka no shūdan to sono shisō" 墨家の集團とその思想 . *Shigaku zasshi* 史学杂志 70 (1961): 1198-1231, 1351-1385.

Watson, Burton. *Ssu-ma Ch'ien: The Grand Historian of China*. New York: Columbia University Press, 1958.

——, trans. *Records of the Grand Historian: Translated from the Shiji of Ssu-ma Ch'ien*. 2 vols. New York: Columbia University Press, 1961.

Weinstock, Stefan. *Divus Julius*. Oxford: Clarendon Press, 1971.

Williams, Bruce Charles. "*Ho-kuan-tzu*: Authenticity, Textual History, and Analysis, Together with an Annotated Translation of Chapters One Through Four. " Master' s thesis, University of California, 1987.

Wu Guang 吴光 . *Huang-Lao zhi xue tonglun* 黄老之学通论. Hangzhou: Zhejiang renmin chubanshe, 1985.

Wu Hui 吴慧 . *Sang Hongyang yanjiu* 桑弘羊研究 . Jinan: Qilu Shushe, 1981.

Xu Fuguan 徐复观 . *Liang Han sixiang shi* 两汉思想史 . Taibei: Taiwan xuesheng shuju, 1976.

——. *Zhongguo renxinglun shi* 中国人性论史 . Taibei: Xuesheng shuju, 1969.

Xu Zhongshu 徐中舒 . "Chen Hou si qi kaoshi" 陈侯四器考释 . *Zhongyang Yanjiuyuan Lishi Yuyan Yanjiusuo jikan* "中央研究院" 历史语言研究所集刊 3–4 (1934): 479–506.

Yang Jingshuang 杨景鹴. "Fangxiangshi yu danuo" 方相氏与大傩 . *Zhongyang Yanjiuyuan Lishi Yuyan Yanjiusuo jikan* "中央研究院" 历史语言研究所集刊 31 (1960): 123–165.

Yang Kuan 杨宽 . *Qin Shihuang* 秦始皇 . Shanghai: Renmin chubanshe, 1956.

——. *Shang Yang bian fa* 商鞅变法 . Shanghai: Renmin chubanshe, 1955. Translated by Li Yuning: *Shang Yang's Reform and State Control in China*. White Plains, N. Y.: M. E. Sharpe, 1977.

——. *Zhanguo shi* 战国史 . 2d ed. Shanghai: Renmin chubanshe, 1980.

——. "Zhongguo shanggushi daolun" 中国上古史导论 . In Gu Jiegang 顾颉刚 et al., eds., *Gushibian* 古史辨 7: 65–318. Shanghai: Guji chubanshe, 1982.

Yoshioka, Gen–Ichiro. *A Semantic Study of the Verbs of Doing and Making in the Indo–European Languages*. Tokyo: Tokyo Tsukiji Type Foundry, 1908.

Yu. Anthony C. "History, Fiction, and the Reading of Chinese History." *Chinese Literature, Essays, Articles, and Reviews* 10, nos. 1–2 (1988): 1–19.

Yu, Pauline. *The Reading of Imagery in the Chinese Poetic Tradition.*Princeton, N. J.: Princeton University Press, 1987.

Yuan Ke 袁珂 . *Zhongguo gudai shenhua* 中国古代神话 . Rev. ed. Shanghai: Shangwu Yinshuguan, 1960.

Zeng Xiantong 曾宪通 . "'Zuo' zi tanyuan–jian tan 'lei' zi de liubian" "作" 字探源——兼谈 "耒" 字的流变 . *Guwenzi yanjiu* 古文字研究 19 (1992): 408–421.

Zhang Dake 张大可. *Shiji yanjiu* 史记研究. Lanzhou: Gansu renmin chubanshe, 1985.

Zhang Zhenglang 张政烺. "He zun mingwen jieshibuyi" 何尊铭文解释补遗. *Wenwu* 文物 1 (1976): 66.

——. "Zhou Liwang Hu gui shiwen" 周厉王胡簋释文. *Guwenzi yanjiu* 古文字研究 3 (1980): 104–119.

Zheng Hesheng 郑鹤声. *Sima Qian nianpu* 司马迁年谱. Shanghai: Shangwu Yinshuguan, 1956.

Zhu Qixiang 朱歧祥. "Shi zuo" 释作. Unpublished ms., 1991.

索　引

（索引标记的页码为本书边码）

Bo Yi（伯夷[1]），180–181

Bodde，Derk（卜德），92–93

Bouvet，Joachim（白晋），4–5

Bronze Age China（中国青铜时代），18，24，25，25–28，93–94

Buddhism（佛教），14

Calendars（历法），120，144，159，174

Cang Jie（仓颉），22–23，81，82

Centralized government（中央集权政府）：as break with past（～与过去相断裂），141，145，146–147，189–190；charter myths（～的宪章神话），99–100；control of natural resources（～对自然资源的控制），125；debates on（对～的论辩），112，139–140，160，213–214；development as context of debates on creation（～的发展作为论辩"创作"问题的背景），39，80–81，106，160，213–214；of Han empire（汉帝国的～），150，158–159，168–170，175，196，197，206；of independent states in Warring States period（战国诸国的～），39，99–100；legitimacy（～的正当性），144，156，160，161；Mohist view of（墨子对～的看法），106；needed in context of time（～为时代所需），201–202，208；opposition to（反对～），108，110–111，166–167，170；problems with enfeoffment（～与分封制的冲突），37，145，164，165，183–184，197–198；of Qin State（秦国的～），113，114–115，145；Sima Qian's criticism of（司马迁对～的批评），187，201；use of organized violence（～对有组织的暴力的利用），104；in Warring States period（战国时期的～），99–100，113

Chang，K. C.（张光直），3，14–15，36

Chao Cuo（晁错），158，197–201，209

〔1〕 译按：一为《吕刑》中出现之伯夷，一为《史记·伯夷列传》中之伯夷。

Confucianism（儒家），169，170. 亦见 Ruists

Confucius（孔子）：*Analects*（《论语》），93；on Bo Yi and Shu Qi（～对伯夷、叔齐的评论），180–181；claim to be teacher rather than sage（～自谓教师，而非圣人），41；claim to transmit rather than create（～自谓承述，而非创作），16，40，42，43，49–51，55，76–77，178；craft analogies used by（～以技艺作比），45，47，49，53–54；on emergence of culture（～论文化兴起），90；love of past（好古），40–41；morality and ritual action（道德与礼仪），43–51；Ruist view of（儒生对～的看法），146n22；on sages' role in creation（～论圣人在创作中扮演的角色），42，49–50，55；Sima Qian's view of（司马迁对～的看法），177–178，180–181；*Spring and Autumn Annals*（《春秋》），56–57，59，167–168，177–178，179；viewed as sage（～对圣人的观点），56–57，59，167–168，177–178，179；Voltaire's praise of（伏尔泰对～的赞美），8；on weapons（～论兵器），130

Cosmology（宇宙论），13，16，60–61，75–76，85–86

Craft，vocabulary of（与技艺相关的语汇），45，47，49，51，53–55，58，59，66–67

Creation（创作）：as artifice（作为技艺的～），23–24，59，80–81；Confucian-Mohist debates（儒墨之争），42–43，50–51，55–56，70，77，78–80；correct usage（正确使用～），106；debates on（对～问题的论辩），56，209；discontinuity with the past（～与过去断裂），209，210，211，214；disjunction from nature（～与自然分离），63，78–80，211；innovation justified by changing times（时势变更，为创新正名），78，154–155，156–157，160–162，166，170，201–202；Laozi on（老子论～），60–61；of laws（法律的～），114–115；Mencius on（孟子论～），56–57，138；myths（关于～的神话），97；opposition to（反对～），16，41–42，43，190–191，200；plant growth metaphors（植物生长喻），57–58；political context of debate on（～论辩的政治背景），39，80–81，106，213–214；reconciling with adherence to classics（～与遵从经典相协调），

156–157，181；Sima Qian on（司马迁论～），209；stands for（赞成～），55，56；as transgression against nature（作为违反自然的～），79，80–81；Western Zhou view（西周对于～的看法），52–53；Xunzi on（荀子论～），70–73. 亦见 Culture；Material Culture；Sages，role in creation；*Zuo*

Creator gods（造物主），12，14，97，131–132，133，142. 亦见 Deities

Culture（文化、文明）：Confucius's view of（孔子对～的看法），43，50；continuity with Heaven（～与上天相连），70，90；defined by Xunzi as everyday craft（荀子视～为日常练习），66–67；defined in *Liji* as ritual and music（《礼记》视～为礼乐），73；divine inspiration（天启），109；lack of distinction from religion（宗教与～的混淆），9–10；Mencius's definition（孟子对～的定义），57；Mohist definition（墨家对～的定义），80；of "primitive" societies（"原始"社会之～），14，15，18；relationship to nature（～与自然的关系），16–18，76，86–91；Xunzi's definition（荀子对～的定义），70. 亦见 European analyses of Chinese culture；Material Culture；Rituals

Culture，continuity with nature（与自然相连续的文化），7–9，16，90–91，162；Confucius on（孔子论～），47，90；law generated from nature（自然生发法律），118，144；Mencius on（孟子论～），57–58，59；seen in Chinese thought by Europeans（欧洲人在中国思想中所见之～），3，9–10，11–15；*Xici* on（《系辞》论～），24，89，156，160，162，165. 亦见 Nature，patterns of

Culture，discontinuity from nature（与自然相断裂的文化），36；and creation of state（～与国家之创制），137，140；*Huainanzi* on（《淮南子》论～），81；Laozi on（《老子》论～），63，80；Mohist view（《墨子》论～），78–80；as part of debate（～作为论辩的一部分），91；similarities between Western and Chinese views（西方与中国皆以为～），140，214；views in late Warring States period（战国晚期对于～的看法），76；in Western culture（西方文化中～），6–9，11，14–15，140，214；Zhou view（西周对于～的看法），36，38. 亦见 Artifice；Transgression

Culture，emergence of（文化之兴起）：Confucian views（儒家对～的看

法），55，90；conscious creation（～出于刻意造作），66–67；created by ministers rather than sages（～源于臣下、而非圣人之造作），82–84，85–86，108；debate on（对～问题的论辩），24，64，80；divine inspiration（天启），103；Mencius view（孟子对～的看法），58，59，107，108–111；Mohist view（墨家对～的看法），51，55–56，90；role of sages（圣人在～中扮演的角色），23–24，64，65–68，69–70，73–75，117；*Xici* on（《系辞》论～），86–90；Xunzi on（荀子论～），64–70. 亦见 Sages，role in creation

Da Dai Liji："Yongbing，"（《大戴礼记·用兵》）129–131，138

Da Yu ding（《大盂鼎》），33

"Da Zhuan"（"Great Appendix"）to the *Yijing*（《易经·大传》），见 *Xici*

Deities（神灵）：arbitrariness（专断的～），27，28；continuity with humans（～与人类相连），29，30，31–33，34，35；control of nature（～控制自然），26–27；cults of Qin（秦国的～），113；*di*（帝），142；humanized as sages（～转化为人格化的圣人），93–94；inscriptions to（针对～的卜辞），25，29；possible conflicts with human actions（～与人类行为的可能冲突），27–28；relations with kings（～与王的关系），36. 亦见 Creator gods；Mythology，Chinese

Deng，Duke（邓公），198

Di（high god）（帝 / 至上神）：arbitrariness（专断的～），28；inscriptions to（针对～的卜辞），25，27；interchangeable with Heaven（与"天"不加区分），29n30；rituals（宾祭迎～），25n6；Zhou kings as descendants of（周王作为～的后嗣），29，32–33，34，35

Diderot，Denis（狄德罗），7

Disorder（动乱）：created by Chi You（蚩尤作～），102，116，123；emergence of（～的兴起），116，118–119，182；Mencius on（孟子论～），107，110；order brought by Qin（秦带来的秩序），187；order brought by sages（圣人带来的秩序），108，122–123，182–185；use of violence to

control（用暴力控制～），107，131. 亦见 Rebels
Divination（占卜），28. 亦见 Inscriptions
Dong Zhongshu（董仲舒），166–167，168，169，170，177–178，179，166n93
Dou Ying（窦婴），198
Du Zhi（杜挚），114

Eastern Zhou（东周），37
Education（教化）：introduction of（引入～），108
Emperors（皇帝），见 First emperor（始皇帝）；Gaozu（高祖）；Wudi（武帝）
Empire，creation of（创作帝国）：debate on legitimacy of（对～合法性的论辩），2，141；narrative in *Huainanzi*（《淮南子》对～的叙述），159–165；needed in context of time（～是时势所需），201–202，208；as rupture with past（～作为与过去的决裂），141，142，145，189–190，209；Sima Qian on（司马迁论～），177，181，185，187–188，197，201–202，206–212，209n96；tension between innovation and following past（创新与法古的张力），206–212，210–212，214；transgression in（～中的僭越），175，176，206–207，210–212，214. 亦见 Centralized government；Han dynasty；Qin dynasty；State，creation of
Enfeoffed lords（诸侯）：conflicts with central power（～与中央权力的斗争），37，145，164，165，183–184，197–198；in Han period（汉代～），157–159，197–198，199，200–201；rebellions（叛乱），152，158；under Xiang Yu（项羽统治下的～），149；in Zhou period（周代的～），37，39，145，186
Enfeoffment（分封）：debate in Qin empire（秦帝国统治时期对～的论辩），148，189–90；under Gaozu（高祖治下的～），151–152，163，165，192，195–196；terms（“封”的字义），173；under Wudi（武帝治下的～），158–159，168
Enlightenment（启蒙），6–7，9

Essai sur les moeurs et l'esprit des nations(Voltaire)(伏尔泰《风俗论》), 8, 9

Ethics(伦理), 155

European analyses of Chinese culture(欧洲人对中国文化的分析), 3, 8, 14, 19; anthropological analyses(人类学分析), 14, 15, 18; comparisons to other ancient cultures(与其他古代文明进行比较), 14–15, 18, 20; in eighteenth century(18 世纪~), 6–9; history seen as static(历史被视为静止的), 7–8, 9, 10–11; in nineteenth century(19 世纪~), 9–12; in seventeenth century(17 世纪~), 4–6; in twentieth century(20 世纪~), 12–15

Executions(杀), 106, 115

Exorcisms(禳祓), 26

Ex quo singulari(《自上主圣意》), 4

Femininity(阴性), 61, 84, 85

Feng sacrifice(封祭), 173; by First emperor(始皇所行~), 146, 203–204; purpose(~的目的), 173–174, 203, 205; by Wudi(武帝所行~), 159, 170–174, 173n129, 178, 202–206

Fiction(虚构的著作), 14

First emperor(始皇帝): association with early sages(~与早期圣人的联系), 147; attempts to control independent lords(~控制独立诸侯的努力), 145–146, 188, 189–190, 196; books proscribed(禁书), 148, 190; break with past(与过去断裂), 189–190; conflict with Ruists(与儒者的冲突), 146, 203–204; as creator(~作为创作者), 1–2, 147; death(~之死), 148; *feng* and *shan* sacrifices(封禅), 146, 203–204; hubris(狂妄自大), 190; influence on later dynasties(~对后来朝代的影响), 176; innovations(~的创新), 188; inscriptions(~石刻), 1, 146–147; palaces(~宫殿), 145; parallels to Wudi(~与武帝相似), 202, 203–204, 205, 206; Sima Qian's presentation of(司马迁对~的描述), 188–191, 191n43; as title(~作为称号), 142–143, 188; as

transgressor（～作为僭越者），209；view of ancient sages（～对古代圣人的看法），175；weapons confiscated by（～没收兵器），146. 亦见 Qin dynasty

Five–power theory of governance（五德终始说），143–144，151，174

Flood（洪水），109–110，127

Force（力量），见 Violence，organized

Gan Long（甘龙），114

Gao Yao（皋陶），82，153

Gaozu，emperor（高祖皇帝）：acceptance of imperial title（～接受帝号），195，196；account in *Shiji*（《史记》对～的记述），195–197；attempts to show legitimacy（～展示正当性的努力），151，163；centralized government（～中央集权政府），150，196；death（～之死），158，197；enfeoffed lands（～分封土地），151–152，163，165，192，195–196；legal code（法典），150–151；links with past（～与过去的联系），151，163，169n62；rebellions against（对～统治的叛乱），152，196，197；relations with enfeoffed lords（～与诸侯王的联系），195–197；sacrifice（～的祭祀），151

Gernet，Jacques（谢和耐），13

Gods（上帝），见 Creator gods；Deities

Gong，King（共王），34

Gong Mengzi（公孟子），43，43n12

Gonggong（共工），128，137n130

Gongsun Qing（公孙卿），170–171

Government（政府）：Heaven as model（以天为法），53. 亦见 Centralized government

Granet，Marcel（葛兰言），14，18–20，93，94，135–138，136n126

Greece（希腊）：contrasted with Chinese culture（与中国文明形成对照的～），3，7–9，11–15；culture distanced from nature（～文化与自然分离），7，

11，14–15，140，214；reason and natural law（理性和自然法则），4

Gu Jiegang（顾颉刚），93–94

Guan Zhong（管仲），125

Guanzi（《管子》）："Dishu，"（《地数》）125；"Wuxing，"（《五行》）131–133，131n116，139

Gun（鲧），126–127，133，134，135–136，137n130

Han Feizi（《韩非子》），78n121，156，160；"Wudu，"（《五蠹》）77–78，160

Han dynasty（汉代）：attempts to control independent states（～控制独立诸侯国的尝试），158；calendar and color（正朔、服色），159，174；centralized government（中央集权政府），150，158–159，168–170，175，196，197，206；commandery system（郡县制），150，158，168–169，196；consolidation of empire（帝国的巩固），141，207；debates on centralized government（对中央集权政府的论辩），158–159；enfeoffed lands（封土），157–159，197–198，199，200–201；founding of（～的建立），150，151，195–197；institutions（～制度），201；legitimacy（～的正当性），2，151，168，ministers（～臣子），197；power of earth（土德），174；power of water（水德），151；problems（面临的问题），157–158；revolts against（对～的反叛），158，198，201；ruler's title（～统治者的名号），150；as successor to Qin（～作为秦的继任者），174–175，207；as successor to Zhou（～作为周的继任者），151，168. 亦见 Gaozu；Wudi

Han，state of（韩国），149，150

Han Xin（韩信），192

Harmony（和谐），73，132，162

Heaven（天）：activity of（～的动作），75–76，84；arrows shot at（射～），18–19；creation of landscape（～创作土地），31–32；interchangeable with Di（～与"帝"不加区分），29n30；masculinity（雄性），85；patterns

Jesuit missionaries（耶稣会传教士），4–5，7

Ji（稷），103，134. 亦见 Hou Ji

Jia Yi（贾谊），158

Jin，state of（晋国），186

Jingdi（Jing，emperor）（景帝），158，197，197–198，199，200–201

Jingfa（《经法》），117–120，138

Kang，King of Song（宋康王），18

Kang，King of Zhou（周康王），33

Karlgren，Bernhard（高本汉），94，97–98，221

Katō Jōken（加藤常贤），219

Keightley，David（吉德炜），12–13，209

Kings（王）：arrows shot at Heaven（～射天），18–19；conscious activity（～有意造作），83；domestication of landscape（～御疆辟土），31，32–33；punishments used（～用刑），101–105；relations with deities（～与神灵的关系），36；stillness of（～的静止），61；Zhou（周～），29，30，32–33，34，35. 亦见 Enfeoffed lords

Kingship（王权）：Confucius on（孔子论～），46；Granet's view of emergence（葛兰言论～的兴起），135–137，136n126；rise of（～的兴起），18–19，129. 亦见 State，creation of

Language（语言）：invention by sages（～乃圣人所发明），72；invention of writing（文字的创造），22–23，81，82

Laozi（老子）：Confucius and（孔子与～），59n 72；criticisms of（对～的批评），64，66；definition of the way（～对道的定义），60–61；descriptions of sages（～对圣人的描述），84–85；influence（～的影响），85，118，161；opposition to artifice and cultural implements（～反对人工和文化用具），62–63，66，80；stillness of sages（圣人的静），82；use of *zuo*（～对“作”字的用法），61–62；view of creation（～的创作的

organized violence（对有组织的暴力的使用），101–107，110，116–117，123，138

Mair，Victor H.（梅维恒），13–14

Masculinity（雄性），85，135–136

Maspero，Henri（马伯乐），14，93，94，95

Material culture（物质文化）：creation of（～的创作），80–81，82–84，85–86；disjunction from nature（～与自然断裂），80–81；helpfulness（～对人的帮助），82–83；inspiration for sages' creations（对圣人创作的启发），88–89；mastery of implements（掌握工具），70；sages' inventions（圣人的发明），50，54–55，70，77，81，153，154–155，160；use opposed by Laozi（老子反对对～的使用），62–63，80–81．亦见 Culture

Mawangdui *Laozi* B（马王堆《老子》乙本），75n113，120n79．亦见 *Cheng*；*Jingfa*；*Shiliujing*

Mencius（孟子）：claim that Confucius was sage who created（～主张孔子乃是创作《春秋》的圣人），56–57，59，167–168；craft imagery not used by（～不取"技艺"的意象），58，59；creation as artifice（创作作为人工），138；criticism of（对～的批评），65；definition of culture（～对文化的定义），57；differences from Mohists（～与墨者的不同），57n63，109；on flood（～论洪水），109–110；Heaven's relationship to man（～论天人关系），57；on human nature（～论人性），57；on morality（～论道德），57–59，65，66；opposition to centralized rule（～反对中央集权统治），108，110–111；on rituals（～论礼），57，66；similarities to Laozi（～与老子的相近之处），60；use of *zuo*（～对"作"字的使用），56–57，179；view of disorder（～对混乱的看法），107；view of emergence of culture（～对文化兴起的看法），57–58，59，107，108–111；view of sages（～对圣人的看法），58–59，59n70，60，179；view of state use of violence（～对国家使用暴力的看法），110–111，138

Metallurgy（冶金术），125，135，136，137n130．亦见 Weapons

Miao people（苗民），102–104，105–106，116，117，123，127，134，137n130

Military（军队），26. 亦见 Violence, organized；Warfare

Mingtang（明堂），158–159，159n66，170，171，172

Ministers（臣下）：creation of culture（创作文化），82–84，85–86，108；in Han dynasty（汉代的～），197；of Huangdi（黄帝的～），100，131，132–133，136；relations with kings（～与王的关系），135–136；sages as（圣人作为～），59n70

Missionaries，Jesuit（耶稣会会士），4–5，7

Mohists（墨者）：belief that sages created cultural implements（～相信圣人创造了文化用具），50，54–55，70，77；on creation of culture（～论文化之创制），51，66–67，77，90；criticism of Confucian view of creation（～对孔子创作观的批评），42–43，50–51，78–80；differences from Mencius（～与孟子的不同），57n63，109；differences from Ruists（～与儒生的不同），163；Laozi's critiques of（老子对的批评），63；view of centralized rule（～对中央集权统治的看法），106. 亦见 *Mozi*

Morality（道德），210；as artifice（～作为技艺），65；Confucian（孔子论～），43–51，56；as conscious activity（～出于有意而为），65，70；creation by sages（圣人创作），65–66，72；Mencius on（孟子论～），57–59，65，66；as rooted in nature（～植根于自然），57–59，66，75；Xunzi on（荀子论～），65，70. 亦见 Punishments

Mote，Frederick W.（牟复礼），12，15

Mozi（《墨子》）："Ciguo,"（《辞过》）54,54n52,58,160；craft analogies（以技艺作比），51，54–55；creation of punishments and weapons（刑罚、兵器之创制），105–107，117；creation of state（创制国家），139；"Fayi,"（《法仪》）53；"Jieyong, shang,"（《节用·上》）107；myths recorded by（～记录的神话），95；relationship between Heaven and man（天人关系），51–53；sages as active creators（圣人主动造作），105，117；sages mentioned（～提到的圣人），93；"Shangtong, shang,"（《尚同·上》）

105；"Tianzhi，Zhong，"(《天志·中》)51；use of *zuo*（～对"作"字的用法），50. 亦见 Mohists

Mu King（穆王），101–105，102n29

Music（乐），73–75，76

Mythology（神话）：trickster figures（捣乱之神），134

Mythology，Chinese（中国神话），92–98，99–100，182

Names（名）：creation of（作～），71–72

Narrative genres（叙述文体），13，14

Nature（自然）：appropriation by sages（圣人操控～），125，126，154–155；control by deities（神灵控制～），26–27；cycles related to human history（与人类历史有关的～循环），16；disjunction of human activity（与人类活动相断裂），63，65，81；domestication of landscape（御疆辟土），31，32–33，36，49，52–53；effects of human craftsmanship（人类技艺的结果），47；European understandings of Chinese views of（欧洲人对中国～观念的理解），5–6，7–10，12–14；as generative process（～作为生长过程），90–91；human relationships with（人类与～的关系），36，132，136；Laozi's view of（老子对～的看法），63；relationship to state（～与国家的关系），19，117–120，121，136–137，140；stillness of（～的静），62. 亦见 Culture，continuity with nature；Culture，discontinuity from nature

Nature，patterns of（自然的文理）：appropriated by sages（圣人占用～），154–155；creation by Heaven（～由天所作），51–53；history reflecting（历史反映在～），143；poetry taken from（诗歌取自～），23；punishments related to（与～有关的刑罚），121；raised up or imitated by sages（圣人使～得以兴起/效法～），22–23，24，79，152–153，156，162，180，213；state modeled on（国家效法～），119，121；transmitted by sages（圣人承述～），47–49，50，57，86–90

North Star analogy（北辰喻），46，48

Oracle inscriptions（甲骨卜辞），28–29，31，35

Order（秩序）：Confucius on（孔子论～），46. 亦见 Disorder

Papal bulls（教皇诏书），4

Past（过去）：centralized government seen as rupture with（以为中央集权政府与～破裂），141，145，146–147，189–190；discontinuity with（与～断裂），194–195，210，214；importance of precedent in statecraft（依据～治术的重要性），152；innovation consistent with following（创新与法古相一致），156–157；tension with creation（～与创作的矛盾），160–161，207，209，211. 亦见 Classics

Patterns（文理），44–45，50，55. 亦见 Nature，patterns of

Peng Yue（彭越），192

Phases，five（五行），132

Philosophy of Right（Hegel）（黑格尔《法哲学原理》），9–10

Poetry（诗）：creation of（作～），23；*Shi*（《诗》），28，29–33；use of *zuo* in Zhou（周代～对"作"字的使用），30，31，32，36；Western Zhou（西周～），36，38

Political thought（政治思想）：five-power theory of governance（五德统治说），143–44，151，174；Western views of Chinese（西方对中国～的看法），13

Primitivism（原始主义），80–81，81n126，81n127

Punishments（刑罚）：created by minister（由臣下创作的～），82；created by sages（由圣人创作的～），105–106，153；death（死亡），106，115；introduction of（引入～），101–106，110，120–121；necessity（必然性），104；purpose（目的），106；relationship to nature（～与自然的关系），121，123；used by sages（圣人用～），105，106；used by Miao（苗民用～），102–104，105–106，116，117，123；used by Qin（秦用～），115，157

Qi，state of（齐国），112，149，186

Qin dynasty（秦朝）: attempts to control independent lords（～为控制独立诸侯所作的努力）, 145–146, 149, 188, 189–190, 196; break with past（～与过去断裂）, 141, 142, 145, 146–147, 148, 189–190; centralized government（中央集权政府）, 145–146, 149, 188, 189; fall of（～的衰亡）, 149, 192–195, 203; five power theory of governance（五德统治说）, 143–144; formation of empire（帝国的形成）, 1, 141, 142, 185–188; historical importance（历史重要性）, 186–187; institutions（制度）, 141, 142, 174–175, 176; later critiques of（后世对～的批评）, 156, 162–163, 166–167, 168; legal code（法典）, 150; legitimacy of（～的正当性）, 148, 156; power of water（水德）, 144; punishments（刑罚）, 155, 157; rebellions（动乱）, 148–149; ruler's title（统治者的称号）, 142–143, 188; second emperor（秦二世）, 148, 149, 155; as unending（～作为永存的朝代）, 143, 144, 147. 亦见 First emperor

Qin state（秦国）, 113, 114–115, 145, 149, 185–186

Qing Bu（黥布）, 158, 197

Qishan（岐山）, 30–32

Reality（真实、实在）: Chinese view of（中国对于～的看法）, 14

Rebels（乱贼）, 137n130; disturbances（动乱）, 128–129; Gun（鲧）, 126–127, 133, 134, 135–136; Huangdi's destruction of（黄帝摧毁了～）, 183–184; Liu Bang as（刘邦作为～）, 149, 150, 192; organized violence associated with（与～有关的有组织的暴力）, 124–127, 134; against Qin dynasty（～反叛于秦朝）, 148–149; Qing Bu（黥布）, 197; relations with sages（～与圣人的关系）, 135–136, 138; roles in creation of state（在创制国家中～扮演的角色）, 138; weapons created by（～创制兵器）, 138; Xiang Yu（项羽）, 192–195. 亦见 Chi You

Religion（宗教）: Buddhism（佛教）, 14; comparisons of Western and Chinese（中西～之比较）, 12; cults of Qin（秦国祭祀）, 113; European proofs of existence of God（欧洲人对上帝存在的证明）, 17; lack of distinction

from culture（～与文化缺乏明显差异），9–10. 亦见 Christianity；Mythology，Chinese

Ricci，Matteo（利玛窦），4，5

Rituals（礼仪）：*bin*（宾祭），25n6；in Bronze Age（青铜时代之～），25；creation by sages（～由圣人所作），65–66，72，73–75，116，153；culture as（文化作为～），50，70，73；Mencius on（孟子论～），57；practiced by sages（圣人践行～），46；relationship to nature（～与自然的关系），47；taught by sages（圣人所教之～），153. 亦见 *Feng* sacrifices；*Shan* sacrifices

Ruists（儒生）：classics taught by（由～所教之经典），146n22，161；criticism of First emperor's sacrifices（～批评始皇帝的祭祀），146，203–204；differences from Mohists（～与墨者之不同），163；Wudi and（武帝与～），204

Rulers（统治者），见 Empire；Enfeoffed lords；Kings

Sacrifices（祭祀），见 *Feng* sacrifices；*Shan* sacrifices

Sages（圣人）：chronology（～的年代序列），115n66；Confucius as（孔子作为～），56–57，59，167–168，177–178，179；Confucius on following（孔子论遵循～之道），40；first emperor associated with（始皇帝与～有关），147；five *di*（五帝），1，1n2，128，142 147；as humanized gods（～作为人格化的神），93–94；Laozi's description of（老子对～的描述），84–85；Mencius's view of（孟子对～的看法），58–59，60；as ministers（～作为臣下），59n70；ministers of（～的臣下），108，138；Mohist view of（墨者对～的看法），54；moral roles（道德角色），58–59；order restored by（～重新复原秩序），122–123；relations with rebels（～与乱贼的关系），135–136，138；self-cultivation（自修），164，165；stillness of（～的静），60，63，81，82，84，85；use of force（～用武），115；use of punishments（～用刑），105，106

Sages，role in creation（圣人在创作中扮演的角色）：appropriate for

Yandi（炎帝），183，184

Yang Kuan（杨宽），94，97

Yang Zhu（杨朱），57n63

Yantie lun（《盐铁论》），170，170n111

Yao（尧），47，88–89，93–94，108，115

Yi（益），108

Yi（《易》），86–87，180

Yi Yin（伊尹），59，59n70

Yijing（《易经》），5. 亦见 *Xici*

Yizhoushu（《逸周书》），28

Yoshioka，Gen-Ichiro（吉冈源一郎），219–220，224

Yu（禹），103，108，109–110，127，153

Yuan Ang（袁盎），198，200

Yuan Ke（袁珂），95–96，98

"Yueji,"（《乐记》）见 *Liji*

Zeng Xiantong（曾宪通），217，218，219，220，221，222，223，224

Zhanguoce（《战国策》），18

Zhao，state of（赵国），149

Zheng，King of Qin（秦王嬴政），142. 亦见 First emperor

Zhi，Robber（盗跖），180

Zhifu，Mount（之罘山），147

Zhou dynasty（周朝）：bronze inscriptions（青铜铭文），33–36；Confucius on（孔子论～），41；conquests（征服），33–34；decline（衰落），36–37，104；Eastern（东～），37；enfeoffed lands（封土），37，39，145，186；growth of state（国家的发展），35；inscriptions in Early Western（早期西周铭文），28–36；kings as descendants of Heaven（王作为上天的后嗣），29，30，32–33，34，35；later perceptions of（后世对于～的理解），37–38；lineage（～世系），34–35；poetry（～诗），28，29–33，49；power

of fire（火德），144；relations with independent states（～与独立诸侯国的关系），39；settlement at Qishan（～作邑岐山），30–32. 亦见 Warring States period

Zhouli："Kaogongji，"（《周礼·考工记》）76–77；myths rewritten in（～重新叙述了神话），95

Zhuangzi（《庄子》），81，81n126；"Zhibeiyou，"（《知北游》）79，80

Zigong（子贡），45，48，79–80

Zihou（子侯），205

Ziying，King of Qin（秦王子婴），149，150

Zou Yan（邹衍），143

Zuo（"作"）：as 'activity'（～表示"运动"），61–62，76；as 'construct'（～表示"建构"），27；as 'create'（～表示"创作"），23–24，77；as 'raising up' or 'making arise'（～表示"使……兴起"），23，74–75，76，180；Confucius' use of（孔子对～字的使用），40，49–50；as conscious creation（～表示有意造作），79；definition in *Liji*（《礼记》对～字的定义），73；etymology（～字词源），24；as imitation of nature's patterns（*Xici*）（《系辞》中～字表示效法自然之文理），87–90；initiation of conflict（～争），122；Laozi's use of（老子对～字的使用），61–62；Mencius use of（孟子对～字的使用），56–57，179；Mohist view（墨者对～的看法），50，55；philological discussions（对～字的文字学讨论），217–224；Sima Qian's use of term（司马迁对～字的用法），178–179；use in Bronze Age inscriptions（青铜铭文中～字的用法），23–24，27；use in Zhou dynasty poetry（西周诗歌中～字的用法），30，31，32，36；Xunzi's use of（荀子对～字的用法），71–73，74

Zuozhuan（《左传》），13，113

“古典与文明”丛书

第一辑

义疏学衰亡史论　乔秀岩　著

文献学读书记　乔秀岩　叶纯芳　著

千古同文：四库总目与东亚古典学　吴国武　著

礼是郑学：汉唐间经典诠释变迁史论稿　华喆　著

唐宋之际礼学思想的转型　冯茜　著

中古的佛教与孝道　陈志远　著

《奥德赛》中的歌手、英雄与诸神　〔美〕查尔斯·西格尔　著

奥瑞斯提亚　〔英〕西蒙·戈德希尔　著

希罗多德的历史方法　〔美〕唐纳德·拉泰纳　著

萨卢斯特　〔新西兰〕罗纳德·塞姆　著

古典学的历史　〔德〕维拉莫威兹　著

母权论：对古代世界母权制宗教性和法权性的探究

〔瑞士〕巴霍芬　著